ET SI MARX AVAIT RAISON ?

tome 1

Collection « L'esprit économique »

fondée par Sophie Boutillier et Dimitri Uzunidis en 1996
dirigée par Sophie Boutillier, Blandine Laperche, Dimitri Uzunidis

Si l'apparence des choses se confondait avec leur réalité, toute réflexion, toute Science, toute recherche serait superflue. La collection « L'esprit économique » soulève le débat, textes et images à l'appui, sur la face cachée économique des faits sociaux : rapports de pouvoir, de production et d'échange, innovations organisationnelles, technologiques et financières, espaces globaux et microéconomiques de valorisation et de profit, pensées critiques et novatrices sur le monde en mouvement...
Ces ouvrages s'adressent aux étudiants, aux enseignants, aux chercheurs en sciences économiques, politiques, sociales, juridiques et de gestion, ainsi qu'aux experts d'entreprise et d'administration des institutions.

La collection est divisée en cinq séries : *Economie et Innovation*, *Le Monde en Questions*, *Krisis*, *Clichés* et *Cours Principaux*.

Dans la série *Economie et Innovation* sont publiés des ouvrages d'économie industrielle, financière et du travail et de sociologie économique qui mettent l'accent sur les transformations économiques et sociales suite à l'introduction de nouvelles techniques et méthodes de production. L'innovation se confond avec la nouveauté marchande et touche le cœur même des rapports sociaux et de leurs représentations institutionnelles.

Dans la série *Le Monde en Questions* sont publiés des ouvrages d'économie politique traitant des problèmes internationaux. Les économies nationales, le développement, les espaces élargis, ainsi que l'étude des ressorts fondamentaux de l'économie mondiale sont les sujets de prédilection dans le choix des publications.

La série *Krisis* a été créée pour faciliter la lecture historique des problèmes économiques et sociaux d'aujourd'hui liés aux métamorphoses de l'organisation industrielle et du travail. Elle comprend la réédition d'ouvrages anciens, de compilations de textes autour des mêmes questions et des ouvrages d'histoire de la pensée et des faits économiques.

La série *Clichés* a été créée pour fixer les impressions du monde économique. Les ouvrages contiennent photos et texte pour faire ressortir les caractéristiques d'une situation donnée. Le premier thème directeur est : mémoire et actualité du travail et de l'industrie ; le second : histoire et impacts économiques et sociaux des innovations.

La série *Cours Principaux* comprend des ouvrages simples, fondamentaux et/ou spécialisés qui s'adressent aux étudiants en licence et en master en économie, sociologie, droit, et gestion. Son principe de base est l'application du vieil adage chinois : « le plus long voyage commence par le premier pas ».

Marco WOLF

ET SI MARX AVAIT RAISON ?

tome 1

L'Harmattan

Du même auteur :

La bosse des maths est-elle une maladie mentale ?
Éditions La Découverte, 1984

Comment apprivoiser son ordinateur sans le traumatiser
Éditions La Découverte, 1995

J'te raconte pas... (Les mots ont-ils encore un sens ?)
Éditions Balland, 2003

Pour joindre l'auteur : wolfmarco@orange.fr

5-7, rue de l'École-Polytechnique ; 75005 Paris

http://www.librairieharmattan.com
diffusion.harmattan@wanadoo.fr
harmattan1@wanadoo.fr

ISBN : 978-2-296-10696-3
EAN : 9782296106963

PROLOGUE

Le capitalisme est en train de s'autodétruire (mais il n'y arrivera pas tout seul)

C'était avant le krach boursier d'octobre 2008 et avant la crise des « subprimes » de l'été 2007. Les médias de toute la planète célébraient d'une même voix le triomphe du libéralisme. Le nombre de milliardaires dans le monde avait doublé en l'espace de quatre ans, le millième d'entre eux venait de se voir souhaiter la bienvenue au club. La Chine s'était convertie aux bienfaits de l'économie de marché ; l'Union soviétique et le Mur de Berlin n'étaient plus que de mauvais souvenirs pour la bourgeoisie.

« Le monde n'était plus divisé sur des bases idéologiques », écrivait alors l'économiste Joseph Stieglitz, ancien conseiller de Bill Clinton et vice-président de la Banque mondiale. « Le capitalisme avait triomphé du communisme, mais il y avait plus. Sa version américaine, fondée sur l'individualisme pur et dur, l'avait apparemment emporté sur d'autres conceptions plus édulcorées, moins tranchées, de ce système économique[1]. »

Il y avait bien quelques voix discordantes ici et là – dont celle de Stieglitz justement – parmi des gens haut placés. Des gens qui, sans être des adversaires du système, loin de là, en dénonçaient ce qu'ils considéraient comme des « excès » ou des « dérives » menant droit dans le mur.

---

[1] Joseph Stieglitz, *Quand le capitalisme perd la tête*, éditions Fayard, p. 37.

Le mur, nous y sommes, depuis plus d'un an. La crise des crédits immobiliers aux États-Unis s'est transformée en crise financière internationale. Une première panique a soufflé sur les places boursières en janvier 2008. En même temps, les capitaux spéculatifs qui refluaient du secteur de l'immobilier se sont rués sur d'autres marchés, provoquant la flambée des cours du pétrole et des matières premières. Et les mois de septembre et octobre de cette même année ont vu la faillite d'établissements financiers et l'effondrement du cours des actions, faisant planer sur le monde le spectre de la crise de 1929.

« Le comportement des marchés boursiers est devenu complètement irrationnel », commentait un trader sur une chaîne de télévision – comme si le comportement de ces marchés avait la réputation d'être rationnel le reste du temps !

Mais la crise n'est pas restée cantonnée dans le monde de la finance. Partout dans le monde, des vagues de licenciements et de fermetures d'entreprises ont déferlé pendant toute cette année, succédant à ceux des années précédentes.

Et on nous annonce que ce n'est pas fini et que le pire est encore devant nous. L'économie capitaliste est entrée dans une phase de récession, qui pourrait bien être la plus grave depuis 1929, si ce n'est pire. Une récession que les licenciements et les fermetures d'entreprises ne peuvent qu'aggraver : les réactions de chaque groupe industriel face à la crise ne font qu'approfondir cette dernière dans son ensemble. Mais c'est une contradiction inhérente au système capitaliste depuis ses origines.

Des milliards comme s'il en pleuvait

Contrairement à ce qui s'est passé en 1929, les gouvernements des pays industrialisés sont intervenus massivement, à partir de 2008, pour colmater les brèches du système. Partout les banques centrales ont volé au secours des banques privées, à coups de dizaines, puis de centaines de milliards d'euros ou de dollars – des chiffres qui donnent le tournis, et qui n'ont aucune signification concrète pour le commun des mortels.

Ainsi, à partir d'avril 2008, la Banque d'Angleterre rachetait les titres invendables des banques privées contre des bons du Trésor, une opération qui aura coûté à l'État britannique l'équivalent de 250 milliards d'euros. En août de la même année, c'est le gouvernement américain qui a mis 300 milliards de dollars à la disposition des banques, officiellement pour leur permettre de rééchelonner la dette des emprunteurs de l'immobilier.

Le même gouvernement américain, après la faillite de Lehman Brothers fin septembre 2008, sortait de son chapeau le plan Paulson : 700 milliards de dollars pour racheter (avec l'argent des contribuables) les créances douteuses et autres « produits toxiques » des banques.

La Banque centrale européenne, peu avant, avait « injecté » 380 milliards d'euros de liquidités sur le marché financier, euphémisme pour éviter de dire qu'elle a mis cette somme à la disposition des banquiers en difficulté.

Ce qui n'empêchait pas chaque État de la zone euro de mettre lui-même la main à la poche. Ainsi, le gouvernement français, lui qui se lamentait un an auparavant que les caisses étaient vides, a trouvé d'un seul coup 360 milliards d'euros (30 fois le trou de la Sécu dont on nous rebat les oreilles à longueur d'année) pour voler au secours des banquiers.

Sur ces 360 milliards, 40 ont été sortis presque immédiatement ; les 320 autres milliards, en théorie, ne sont là qu'à titre de garantie – mais au train où vont les choses, cette garantie pourrait y passer aussi vite que le reste.

Et à ces sommes qui défient l'entendement s'ajoutent, toujours pour la France, 22 autres milliards présentés comme des aides aux PME... mais néanmoins versés aux banques qui financent ces PME.

Début avril 2009, le montant cumulé des aides publiques aux banques de l'Union européenne s'élevait à 3000 milliards d'euros, soit l'équivalent de 25 % du Produit intérieur brut des nations concernées.

État, sauve nous !

Cet interventionnisme étatique débridé pourrait surprendre, de la part de gouvernements qui ne juraient que par le libéralisme il y a peu, répétant à qui mieux-mieux que la meilleure façon de régler les problèmes était de laisser agir les lois du marché.

Mais ces mêmes gouvernements sont allés bien plus loin dans le reniement de leur credo libéral. Eux qui privatisaient tant qu'ils pouvaient dans la période précédente, les voilà devenus des adeptes de la nationalisation, totale ou partielle, dès qu'une grande banque est menacée de faillite.

Le gouvernement britannique a donné l'exemple avec la Northern Rock, qu'il s'est décidé à nationaliser en février 2008 après l'avoir renflouée de 35 milliards d'euros. Sept mois plus tard, il en a fait autant avec la banque

Bradford & Bingley. En octobre de la même année, il annonçait un plan de soutien aux huit plus grandes banques du pays, passant par une prise de participation pouvant aller jusqu'à 50 milliards de livres (65 milliards d'euros), ce qui équivaut à une nationalisation partielle.

Début octobre 2008, ce sont les Pays-Bas, la Belgique et le Luxembourg qui ont nationalisé Fortis, la deuxième banque du Benelux, avant de la revendre en partie à la BNP-Paribas dont l'État belge devenait en contrepartie le premier actionnaire (depuis, c'est l'État français qui a pris la relève).

Le Danemark et l'Islande, dans le même temps, nationalisaient chacun un établissement financier en faillite, et l'Allemagne nationalisait partiellement la banque Hypo Real Estate.

Le gouvernement américain lui-même a dû se résoudre à commettre ce sacrilège contre la religion de la libre entreprise. Fin septembre, la première compagnie d'assurance mondiale, AIG, a été rachetée, quelques heures avant son dépôt de bilan, par la Réserve fédérale (l'équivalent de la Banque centrale aux États-Unis) pour la modique somme de 85 milliards de dollars, l'État américain recevant en échange 80 % de son capital.

Quelques jours plus tôt, les organismes de refinancement hypothécaire Freddie Mac et Fannie Mae avaient été placés sous tutelle gouvernementale en contrepartie de leur refinancement à hauteur de 100 milliards de dollars pour chacune de ces sociétés, un record mondial en matière de renflouement de sociétés privées par les pouvoirs publics. C'est le Trésor américain qui a désormais à sa charge les 5 400 milliards de dollars de prêts possédés ou garantis par les deux organismes.

Pas plus pour AIG que pour Freddy Mac et Fanny Mae, le mot « nationalisation » n'a toutefois été prononcé. Fanny Mae comme Freddie Mac sont pourtant d'anciens organismes étatiques (qui avaient été privatisés lorsqu'ils étaient devenus rentables). Mais il y a des mots qui restent tabous aux États-Unis…

Le libéralisme n'a plus la cote

Un autre mot était devenu tabou ces dernières années : *capitalisme*. Il n'était plus question que de *libéralisme*, un terme qui était censé faire meilleur effet en jouant sur l'amalgame avec la liberté politique. À la longue, c'est pourtant l'inverse qui s'est produit, et le mot « libéralisme » est devenu péjoratif pour la plupart des gens, synonyme de privatisation, déréglementation, démantèlement des services publics et remise en cause des acquis sociaux.

Et voilà qu'avec l'aggravation de la crise économique, l'échelle des valeurs s'est renversée chez les journalistes, les chroniqueurs économiques et les responsables politiques. Tous viennent maintenant nous dire que le capitalisme n'est pas en cause, et que nos ennuis ne viennent que des excès de libéralisme de ces dernières années.

« Les dérèglements actuels prouvent que l'on ne peut pas se reposer totalement sur le marché », déclarait ainsi un ancien ambassadeur des États-Unis dans une interview au journal *Les échos*. « Dans un pays où des ponts s'écroulent, des routes sont délabrées, où un ouragan comme Katrina détruit la Nouvelle-Orléans et symbolise l'impuissance du gouvernement, comment peut-on encore prétendre que l'État n'a pas de rôle positif à jouer ? »

L'ancien Premier ministre français Édouard Balladur s'est inquiété pour sa part des « dérives du libéralisme » à propos de l'affaire de la Société Générale, lorsque cette dernière a perdu cinq milliards d'euros à la suite des spéculations d'un de ses traders. « Nous sommes dans un monde dans lequel le crédit est créé de façon anarchique et circule également de façon anarchique », a-t-il affirmé. « Comme je suis libéral, je m'inquiète de ces dérives du libéralisme car la liberté doit être toujours contrôlée, organisée et les déviations doivent être sanctionnées, sans quoi c'est la loi de la jungle et pas le libéralisme ».

Pour ne pas être en reste, l'actuel Premier ministre, François Fillon, voit quant à lui « le monde au bord du gouffre par la faute d'un système irresponsable », pendant que Sarkozy multiplie les discours où il fustige les patrons voyous et pourfend le capitalisme financier sans morale (ce qui a beaucoup d'effet sur les patrons et les financiers assurément, en France comme dans le reste du monde).

Les « dérives » du système

Ces critiques contre les « excès » en matière de libéralisme ne font que reprendre aujourd'hui ce que des gens comme Stieglitz écrivent depuis plus de dix ans : « L'économie de marché, pour bien fonctionner, a besoin de lois et de règlements qui assurent une concurrence équitable, défendent l'environnement, protègent consommateurs et investisseurs afin qu'ils ne soient pas volés[1]. » Et plus loin, dans le même ouvrage : « Les mutations des folles années 1990 ont peut-être accru, en fait, notre vulnérabilité en rendant l'économie plus sensible aux chocs[2]. »

Un autre thème revient constamment dans la condamnation des « dérives » de l'économie capitaliste : la « bulle » spéculative et l'hypertrophie des marchés financiers au détriment de l'économie réelle.

« Que l'argent qui coule à flots actuellement dans l'économie mondiale soit utilisé à bon escient pour favoriser l'adaptation des économies, investir dans les ordinateurs, les usines, les infrastructures, la recherche et développement, et non pour alimenter la quête à court terme de rendements financiers déraisonnables, au détriment des entreprises et de leurs salariés comme de l'ensemble des économies », revendiquent ainsi Patrick Artus et Marie-Paule Virard, dont le livre porte le titre prémonitoire *Le capitalisme est en train de s'autodétruire*[3].

Que le capitalisme soit en train de s'autodétruire ou qu'il ait seulement perdu la tête, dans les deux cas le point de vue des auteurs de ces livres est qu'il faut malgré tout le défendre – y compris contre lui-même.

Stieglitz prend donc bien soin de fixer des limites au rôle que doit jouer l'État dans l'économie selon lui : « La puissance publique, comme les marchés, souffre de toute une série d'imperfections, et elles conduisent à des « échecs de l'État », aussi problématiques que ceux du marché. C'est bien pourquoi État et marché doivent coopérer, se compléter, chacun complétant les faiblesses de l'autre et prenant appui sur ses forces[4]. »

Ce Prix Nobel d'économie rêve ainsi d'un capitalisme raisonnable, qui saurait « coopérer et se compléter » avec l'État. Mais c'est précisément ce que fait le capitalisme en ce moment même, et ce qu'il n'a cessé de faire depuis ses origines en vérité. Les profits pour le capital, les pertes pour l'État : les rôles de l'un et de l'autre ne se complètent-ils pas merveilleusement en définitive ?

Artus et Virard, eux, rêvent de restaurer un capitalisme de l'âge d'or (qu'on a dû leur conter dans leur enfance). « Le capitalisme est normalement conçu comme le système qui assure l'allocation la plus efficace des ressources rares, l'épargne en particulier », affirment-ils ainsi, avant de

---

[1] Joseph Stieglitz, *Quand le capitalisme perd la tête*, p. 131.
[2] Ibid., p. 257.
[3] Patrick Artus et Marie-Paule Virard, *Le capitalisme est en train de s'autodétruire*, éditions La Découverte, p. 70.
[4] Joseph Stieglitz, *Quand le capitalisme perd la tête*, p. 50.

poursuivre : « Or, l'obsession de la rentabilité à court terme pervertit totalement le système (et *in fine* apporte de l'eau au moulin de ses contempteurs...) : les entreprises ne sont plus incitées à imaginer et réaliser les projets qui créeraient de la croissance et de la rentabilité dans le long terme et les investisseurs se concentrent sur leurs décisions dans un horizon court et ne surpaient plus celles qui investissent sur le long terme, bien au contraire. Or, cette logique court-termiste à rentabilité élevée porte en elle-même sa propre fin, puisqu'elle suppose de sacrifier l'avenir. Notre propos n'est donc pas de condamner le capitalisme, mais de tirer la sonnette d'alarme[1]. »

À en croire ces auteurs, le système capitaliste serait donc « normalement conçu » pour réaliser des projets et créer de la croissance. C'est pour s'être écarté de ce droit chemin, pour s'être fourvoyé dans la recherche du profit avant tout et dans « l'obsession de la rentabilité à court terme », qu'il connaitrait aujourd'hui les graves difficultés que l'on sait.

Ah, si seulement on avait écouté ceux qui tiraient la sonnette d'alarme !

Et si Marx avait raison ?

La crise actuelle n'est pourtant pas la première du genre, même si on n'en avait plus connu d'aussi grave depuis 1929. Les crises économiques accompagnent en fait le capitalisme depuis deux siècles et sont un des traits caractéristiques de cette forme d'économie.

On nous explique sur les médias que ce que nous sommes en train de vivre est fondamentalement une crise *financière*, qui va malheureusement se répercuter sur l'économie réelle et a même déjà commencé à le faire. Mais c'est le genre d'explication qui n'explique rien. L'économie réelle avait donné de nombreux signes de mauvaise santé non seulement avant le krach boursier d'octobre 2008, mais même avant la crise des « subprimes » de l'été 2007. La crise financière actuelle est autant une conséquence de cette mauvaise santé que la cause du marasme économique à venir dans les mois et les années qui viennent.

La spéculation financière peut en partie masquer la situation économique réelle, les cours de la bourse continuant à monter un certain temps pendant que l'industrie et les services sont déjà entrés en semi-récession. La chute

---

[1] Patrick Artus et Marie-Paule Virard, opus cité, p. 70

des cours n'en est que plus brutale au moment où elle se produit, avec des répercussions d'autant plus graves sur la production et sur l'emploi.

La crise des « subprimes » a elle-même été déclenchée par la hausse des taux d'intérêts. Mais celle-ci a été provoquée à son tour par l'emballement du secteur de l'immobilier, face à des acheteurs de milieux populaires contraints de s'endetter toujours plus pour acheter leur maison ou leur appartement. En dernière analyse, d'un point de vue marxiste, il s'agit donc d'une classique crise de surproduction, même si elle a pris la forme extérieure d'une crise des crédits immobiliers (qui s'est propagée à l'ensemble du système financier par le biais des produits dérivés basés sur ces crédits).

Là où les meilleurs économistes bourgeois, malgré toute leur science et leur familiarité avec le monde des affaires, en restent à l'aspect extérieur des phénomènes, le marxisme a l'incomparable avantage d'aller au fond des choses et de dévoiler les mécanismes internes de l'économie capitaliste dont la crise n'est que la conséquence ultime.

Il arrive que des économistes chevronnés, voire des grands patrons, le reconnaissent eux-mêmes, loin des oreilles indiscrètes. Le magazine économique *Challenges*, peu suspect de sympathies pour le marxisme, publiait ainsi en décembre 2007 une interview de Pascal Lamy, directeur de l'Organisation mondiale du commerce, reconnaissant que « Personne depuis Marx n'a inventé une analyse de la même importance » et que ses travaux fournissent une parfaite « boîte à outils intellectuelle pour analyser le capitalisme de marché d'aujourd'hui ». Même hommage de la part d'Alain Minc, ex-patron d'Air Industries et de Saint-Gobain, grand apôtre du libéralisme et de la déréglementation, affirmant dans la même revue que le marxisme donne « la meilleure explication du capitalisme d'aujourd'hui ».

Avant eux, Jacques Attali, ancien conseiller de Mitterrand passé au service de Sarkozy, s'est fendu d'un livre, *Karl Marx ou l'esprit du monde*[1], dans lequel il dit sa fascination pour « la précision de sa pensée, la force de sa dialectique, la puissance de son raisonnement, la clarté de ses analyses » et bien d'autres choses encore.

Hélas pour ces représentants du grand patronat, Marx ne s'en est pas tenu à ces travaux économiques. Il a aussi fait de la politique, et on chuchote même qu'il aurait été communiste.

Mais après tout, peut-être que sur ce plan-là non plus il n'avait pas tort.

---

[1] Éditions Fayard.

PREMIÈRE PARTIE

Pour en finir avec l'immobilisme...
vive la marche arrière !

Quarante annuités, voire plus si affinités

Dans une contrée retirée du Japon au XVIII° siècle, la coutume voulait qu'à l'âge de soixante-dix ans les vieux soient conduits au sommet du mont Nara, où on les abandonnait et où les corbeaux pouvaient les dévorer tranquillement. C'est ce qu'on peut voir dans un film d'il y a vingt-cinq ans, *La ballade de Narajama.*

Inutile de préciser qu'on n'a pas ces mœurs-là dans la France du XXI° siècle. Chez nous, on respecte les vieux ; on supprime des jours fériés en leur nom ; on instaure des franchises médicales pour mieux traiter leurs maladies de vieillesse.

On pousse même la délicatesse jusqu'à les appeler des *seniors*, et non des vieux.

Le problème, c'est qu'il y a des seniors qui exagèrent.

Non contents d'avoir pu prendre leur retraite à soixante ans et après seulement trente-sept années et demie de travail, ils s'acharnent maintenant à vivre jusqu'à plus d'âge. (La canicule de 2003 en a bien éliminé quinze mille, mais les autres s'accrochent de plus belle.)

Résultat : de plus en plus de retraités, pour de moins en moins d'actifs. Et qui est-ce qui se retrouve en déséquilibre ? Les caisses de retraite, évidemment.

Les caisses sont vides (air connu)

Des esprits mal tournés feront valoir qu'elles seraient moins en déséquilibre, les caisses en question, sans les allègements de cotisations multiples et variés dont les entreprises ont bénéficié depuis de nombreuses années. Ou sans les retards de cotisations de l'État lui-même en tant qu'employeur (fin 2006, il devait plus de 5 milliards d'euros au Fonds de solidarité vieillesse). Ou encore sans les ponctions dans les caisses de salariés pour renflouer les régimes des non-salariés (plus de 7 milliards au total, toujours en 2006).

Des esprits plus pervers encore ajouteront que moins d'actifs peuvent très bien produire davantage de richesses grâce à l'augmentation de la productivité, comme le montre l'évolution du Produit Intérieur Brut qui n'a pratiquement jamais diminué en France depuis soixante ans. Entre 2000 et 2006 par exemple, il a augmenté de plus de 10 % (en euros constants). Le nombre de retraités augmentant moins vite que la richesse de la société, où est le problème ?

Mais ce sont là des raisonnements simplistes de gens qui ne connaissent rien des *réalités économiques*.

Car pendant que le PIB augmente pour le bonheur de tous, les entreprises, elles, doivent affronter la concurrence de pays où les coûts salariaux sont dix fois moins élevés que chez nous et où les retraites n'existent pas. Comment veut-on qu'elles s'en sortent, les entreprises ? Nul n'ignore qu'elles sont écrasées par les *charges sociales*, une expression qui dit bien ce qu'elle veut dire (elle le dit même si bien qu'on pourrait la croire inventée à dessin pour nous faire ressentir à quel point les entreprises sont écrasées).

Et comme les caisses de retraite sont en partie alimentées par ces écrasantes charges sociales, voilà pourquoi la retraite à soixante ans, après trente-sept annuités et demie de cotisation et calculée sur les dix meilleures années en termes de salaire, ce n'est vraiment plus possible.

Ça ne pouvait pas continuer comme ça. Il fallait que ça change.

Le Medef en avait rêvé, les gouvernements l'ont fait.

Ils ont dû s'y reprendre à pas mal de fois, nos gouvernants : les salariés du privé d'abord, les fonctionnaires ensuite, et les régimes spéciaux pour terminer. Il paraît qu'il a fallu pour cela un certain courage aux ministres (et beaucoup de journalistes pour parler de ce courage dans leurs journaux). Mais bon, c'est le résultat qui compte.

De trente-sept annuités et demie, on est donc passé à quarante, avec une pension calculée sur les vingt-cinq meilleures années au lieu de dix, et indexée sur les prix et non plus sur les salaires. Ce qui fait une différence en bas de la feuille, certes. Mais au risque de me répéter, ça ne pouvait pas continuer comme ça. Il fallait que ça change.

D'autant que la France est l'un des pays d'Europe où le taux d'emploi des plus de 54 ans est le plus bas. À qui la faute ? On se le demande bien. Des mesures ont pourtant été prises au nom de cet emploi, comme l'instauration d'un Contrat à Durée Déterminée de dix-huit mois pour les plus de 57 ans. Mais les plus de 57 ans n'ont pas voulu profiter de cette offre généreuse.

Les caisses sont toujours vides (on s'en serait douté)

Le passage de trente-sept annuités et demie à quarante pour toucher sa retraite à taux plein, lui aussi, aurait dû logiquement faire remonter l'emploi des seniors. Pour l'instant, il a surtout fait baisser le montant de leurs pensions.

Mais les seniors, incorrigibles, s'obstinent imperturbablement à vivre de plus en plus vieux, même avec des pensions diminuées. Et qui est-ce qui se retrouve en déséquilibre du coup ? Les mêmes caisses de retraite que tout à l'heure naturellement.

Comme ces mêmes caisses sont alimentées par ces mêmes charges sociales par lesquelles les mêmes entreprises continuent à être écrasées, la conclusion s'impose : Ça ne peut pas continuer comme ça. Il faut que ça change.

La retraite après quarante annuités, ça ne va pas tarder à ne plus être possible non plus, comme l'affirme un rapport remis aux députés en décembre 2007 : De quarante ans de cotisation, il faudra bientôt passer à quarante et un et demi.

...Voire plus si le vieillissement de la population ne veut pas s'arrêter. Quarante-deux annuités, quarante-trois, quarante-cinq ? On y réfléchit déjà. De même qu'on vient de prendre des dispositions pour « permettre » aux salariés de travailler au-delà de soixante-cinq ans.

Les jeunes entrant de plus en plus tard dans la vie active à l'autre bout de la chaîne, le temps n'est peut-être plus éloigné où on pourra « bénéficier » de la retraite à soixante-dix ans.

Avec en prime, comme cadeau de départ et d'anniversaire, une excursion touristique au sommet du Mont Nara.

Il faudra bien se décider à faire comprendre aux seniors qu'ils ne peuvent rester éternellement un poids pour la société.

35 heures : Pile, ils gagnent, face, je perds

Il paraît que nous sommes vraiment un cas d'espèce : La semaine de 35 heures n'existerait nulle part ailleurs que chez nous.

Sauf en Allemagne, dans cinq branches de l'industrie (et même avec dix ans d'avance sur nous pour la Métallurgie). Oui, mais ces branches d'industrie d'outre-Rhin ont obtenu des assouplissements et peuvent avoir jusqu'à 50 % de salariés effectuant 40 heures hebdomadaires.

En France aussi à vrai dire, à peu de choses près... Mais il n'empêche : nous sommes quand même un cas d'espèce. Aucun autre pays industrialisé n'a mis en place une réforme similaire de réduction *imposée* et *généralisée* du temps de travail.

Et aujourd'hui, nous voilà bien punis de notre témérité : « La réforme des 35 heures, en augmentant le coût du travail pour les entreprises, a réduit la compétitivité-prix de l'économie française ». C'est ce qu'on peut lire dans l'article *35 heures* de Wikipedia sur Internet. (Mais que ceux qui n'ont pas accès à Internet se consolent, on peut lire la même chose dans n'importe quel journal ou l'entendre sur n'importe quel média.)

Face à un aussi grave problème, que croyez-vous qu'ont fait les patrons ? Ils ont réclamé des allègements de charges et des dégrèvements fiscaux (vous l'avez deviné, sans aucun doute). Allègements et dégrèvements qui leur ont été accordés (vous l'avez deviné de même). Pour un montant s'élevant à 16 milliards d'euros chaque année, toujours d'après Wikipedia.

Mais ça n'a pas suffi à rétablir la « compétitivité-prix » de l'économie française.

Une loi faite pour être négociée

Le patronat a donc négocié les modalités d'application des 35 heures. Et par bonheur pour lui, la loi Aubry était conçue pour que son application soit négociée.

Cette loi sur les 35 heures n'a en effet jamais signifié qu'il était interdit de travailler plus, contrairement à ce que des naïfs (mais vraiment naïfs) pourraient croire. Elle signifie que les heures supplémentaires au-delà de ces trente-cinq heures doivent en principe donner lieu à compensation. Ce qui laisse tout de même une place pour la discussion, non seulement sur le « en principe », mais aussi sur la forme et le montant de la compensation.

Comme on ne prend jamais trop de précautions, la discussion avait d'ailleurs commencé avant même que ces lois ne soient votées. Grâce à quoi, dès le départ, les entreprises de moins de dix salariés ont obtenu la possibilité de faire travailler leurs employés 39 heures par semaine comme auparavant, les quatre dernières heures étant simplement majorées de 10 %. Ce qui revenait à remplacer la réduction d'horaire par une augmentation de salaire de 1 % (10 % sur un dixième des heures). Ces patrons pouvaient aussi choisir d'appliquer les 35 heures payées 35, soit une diminution de salaire de 10 % cette fois.

Dans les entreprises de plus de vingt salariés, les 35 heures devaient théoriquement s'appliquer sans réduction de salaire. En contrepartie, les salariés se sont vu imposer pour les années à venir une « modération salariale », jolie trouvaille linguistique pour éviter l'expression qui fâche « gel des salaires ».

À cela est venu s'ajouter (ou plutôt se soustraire) la limitation du paiement des astreintes à la partie pendant laquelle le salarié a effectivement travaillé. On pouvait donc dès lors être d'astreinte tout un week-end sans toucher un centime d'indemnité. De même, dans certaines entreprises, la pause casse-croûte ou le temps passé au vestiaire étaient désormais décomptés du temps de travail.

Quant aux heures supplémentaires, au lieu d'être rémunérées comme c'était le cas jusque-là, elles donnaient lieu désormais à un repos compensateur (les RTT) ; et cette règle valait non seulement à partir de la 36ème heure, mais même au-delà de la 39ème. Les ouvriers qui travaillaient 42 heures et qui touchaient précédemment 3 heures supplémentaires, voyaient donc leur salaire amputé de ces 3 heures en contrepartie de 7 heures de RTT.

La hausse des prix n'ayant pas pris de vacances pour autant, toutes ces mesures se sont traduites pour beaucoup par une baisse du pouvoir d'achat, particulièrement sensible avec le passage à l'euro en 2002, puis avec la poussée d'inflation de 2007-2008.

Sans doute pour faire *bref* (les journalistes adorent faire bref), cette baisse du pouvoir d'achat a été présentée comme une conséquence des trente-cinq heures, et non du gel des salaires ou du non-paiement d'heures autrefois rémunérées.

Les 35 heures, mode d'emploi : aménager avant de s'en servir

Mais cette modération salariale n'a toujours pas suffi à rétablir la compétitivité-prix.

Le patronat a donc négocié des *aménagements* aux 35 heures.

Dès janvier 2000 (sous le gouvernement Jospin), une loi introduisait la modulation des heures de travail, autrement dit la fameuse flexibilité des horaires tant réclamée par les employeurs. Il leur suffit pour cela de signer un accord de branche avec les organisations syndicales les plus compréhensives, ou un accord d'entreprise avec les représentants du personnel les plus raisonnables. Moyennant quoi la modulation permet de répartir la durée du travail sur tout ou partie de l'année en augmentant les horaires en période de haute activité et en réduisant les horaires en période de basse activité.

Dans ce cadre, la semaine de travail peut dépasser la durée légale (35 heures) sans pour autant donner droit à des RTT, tant que la durée annuelle ne dépasse pas 1600 heures (1607 depuis que le lundi de Pentecôte n'est plus férié).

Là où aucun accord de modulation n'a pu être soutiré ni aux uns ni aux autres, en guise de lot de consolation, le nombre total maximum d'heures supplémentaires a été porté à 180 par an, puis à 220, au lieu des 130 initialement autorisées. Il est d'ailleurs possible de dépasser ce maximum à condition d'obtenir l'autorisation de l'inspecteur du Travail.

Malgré toutes ces excellentes choses, la compétitivité-prix n'était toujours pas au rendez-vous. Il restait un dernier effort à faire pour y parvenir. La réduction du temps de travail a donc été accompagnée, un peu partout, de mesures de restructuration et de pressions diverses visant à augmenter l'intensité du travail.

À l'issue de cette ultime épreuve, il semble qu'on ait enfin vu le bout du tunnel, et même un peu plus d'après le « baromètre de la productivité individuelle des salariés » établi par le cabinet Proudfoot Consulting : Cette productivité individuelle aurait augmenté de 10 % en France entre 2001 et 2004 – ce qui est une autre façon de dire que le salarié accomplissait désormais en 35 heures le même travail qui lui en demandait 39 auparavant.

L'INSEE, de son côté, estime que la productivité horaire du salarié français en 2004 était supérieure de 16,5 % à la moyenne de l'Europe des Quinze. Alors qu'en 1996, d'après la même étude, la productivité horaire en France était « seulement » de 11 % supérieure à celle de nos partenaires européens. Finalement, on n'est pas si mauvais que ça...

Circulez, y'a plus rien à voir

Depuis 2004, on a progressivement assoupli le régime des RTT, autorisé les salariés à les verser sur un Compte Épargne Temps (CET), autorisé les entreprises à solder les CET sous forme d'argent. Un argent qui ne sera pas de refus pour bon nombre de salariés, même s'il est loin de combler la baisse de leur pouvoir d'achat ces dernières années.

Plus récemment, en juillet 2008, un texte adopté par le parlement permet à chaque entreprise de négocier sa durée du travail et ses contreparties en dérogeant aux obligations jusqu'ici fixées par les accords de branche. L'annualisation du temps de travail et le dépassement du contingent d'heures supplémentaires ne sont plus soumis à l'autorisation de l'inspection du travail.

Mais du coup, que reste-t-il de la loi des 35 heures ? Tout juste un cadre fixant la durée légale du travail, plus une jungle de textes fixant ses modalités d'application, de dérogations et d'assouplissements.

Alors, maintenant que les 35 heures ont permis d'imposer aux salariés flexibilité, augmentation des cadences et gel des salaires, pourquoi les patrons s'embarrasseraient-ils plus longtemps de cet « archaïsme », de ce « carcan », de cet empêcheur de travailler en rond ? Pourquoi ne pas en conserver les retombées heureuses (pour le patronat) tout en revenant aux 39 heures... ou plus ?

« Il faut abandonner la durée légale du travail, pour définir la durée du travail entreprise par entreprise », proclame même Laurence Parisot, la présidente du Medef.

On y pense très fort en haut lieu. Mais de nombreuses entreprises n'ont pas attendu le feu vert du gouvernement pour passer à l'acte. Tantôt par le biais d'un accord avec les syndicats, tantôt en faisant voter le personnel lui-même, brandissant ici la menace de délocalisation, là le spectre de la fermeture du site, les directions ont arraché le retour à 36, 37, 38 heures, ou la suppression de jours de RTT, sans aucune compensation salariale le plus souvent.

La presse économique commence d'ailleurs à minimiser les avantages que le patronat a pu tirer des 35 heures. L'augmentation de la productivité, en particulier, n'aurait vraiment joué que les premières années paraît-il.

En clair, il est temps de passer à la suite...

Travailler plus pour leur faire gagner plus

Travailler plus pour gagner plus, voilà une idée qu'elle est bonne ! Que n'y avait-on pensé plus tôt ! Dès demain, comme un seul homme, tous les salariés se précipiteront chez leur patron :

– Bonjour, monsieur le patron, je voudrais travailler plus pour gagner plus.

– J'allais vous le proposer. Combien d'heures souhaitez-vous faire, 42 ? 45 ? Affaire conclue, vous commencez tout de suite.

(Comme chacun sait, ce sont les salariés qui décident de leur horaire de travail et les employeurs qui adaptent la production en fonction des souhaits du personnel).

Pour l'instant, les choses ne se passent pas exactement ainsi. La faute en incombe aux 35 heures, qui empêchent ceux qui veulent travailler plus de le faire. Ce qui prouve bien que cette loi est injuste et nuisible.

Dans quelques cas (deux millions tout au plus), l'entrevue ci-dessus pourrait donner lieu à des variations mineures :

– Bonjour, monsieur le patron, je suis à temps partiel non voulu, je souhaiterais travailler à temps plein pour gagner un salaire plein.

– À temps plein ? Mais il fallait me le dire, voyons ! Aucun problème, vous y êtes à compter d'aujourd'hui.

(Là encore, c'est la faute aux 35 heures si les chefs d'entreprise sont induits en erreur et croient que leurs employés veulent travailler moins pour gagner moins).

Dans d'autres cas tout aussi exceptionnels, la scène pourrait se jouer dans un autre décor :

– Bonjour, monsieur le pôle-emploi, je suis sans emploi, je voudrais travailler plus pour gagner plus.

– C'est comme si c'était fait, monsieur le chômeur. On vous attendait justement, nous avons tout ce qu'il vous faut.

Mais à nouveau, tout cela n'est que de la fiction – et à qui la faute s'il vous plaît ? Aux 35 heures, c'est bien, il y en a qui suivent. Parce que les 35 heures découragent les investisseurs de créer des emplois. Ils l'ont même dit à la télé l'autre soir.

Arrêtons de décourager les investisseurs !

Une autre plaie qui dissuade les investisseurs d'investir (malgré toute leur bonne volonté), c'est le niveau trop élevé des salaires. C'est du moins ce qu'on entend sur les médias du matin au soir.

Prenez le Smic par exemple. En juillet 2007, il a encore augmenté de 2,1 %, alors que la hausse (officielle) des prix n'était que de 1,2 % depuis un an. Avec plus de deux millions de smicards, comment voulez-vous que les entreprises s'en sortent ? Je vous le demande. Elles ne s'en sortent pas, ou elles le disent en tout cas, et c'est pourquoi le Medef réclame qu'on en finisse avec ces revalorisations systématiques du Smic chaque année. Le patronat réclame aussi que les primes, les indemnités, le 13ème mois, soient désormais inclus dans le salaire minimum au lieu de venir s'y ajouter. Un minimum, c'est un minimum, ou alors les mots n'ont plus aucun sens...

Mais il n'y a pas que le Smic. Pour les autres salaires, ce serait pire encore. Ce sont des sommes folles que les patrons doivent dépenser tous les mois, les pauvres. Ils ont donc réagi comme il se devait. La situation ne pouvait s'éterniser, il fallait bien que ça cesse un jour ou l'autre. Ça fait déjà quelques années en réalité. Peut-être même un peu plus.

D'après les chiffres de la Commission européenne, la part des salaires dans le Produit intérieur brut a diminué de plus de 9 % en France, entre 1993 et 2006. Dans le reste de l'Europe aussi d'ailleurs ; et dans le reste du monde il n'en va pas autrement.

Comme rien ne se perd et rien ne se crée, la part des profits en a profité, si l'on ose dire. Au sein du G7 (réunissant les sept pays les plus riches du monde), ils représentaient 14 % du PIB en 2004, contre 10 % seulement au début des années 1980.

Ce qui n'empêche pas le niveau des salaires de rester trop élevé. Puisqu'on vous le dit.

La seule façon de gagner plus

En vingt ans (fin 1987 – fin 2007), le CAC 40 (l'indice de la bourse de Paris qui représente la moyenne du cours des 40 plus grosses sociétés cotées), est passé de 1000 à 5000. Il est bien retombé depuis, mais reste malgré tout à plus de 3400 fin juillet 2009.

Sur la même période, le Smic est passé de 4,24 euros de l'heure (27,844 F) à 8,44. Augmentation tout à fait excessive mettant en péril la santé des entreprises.

Si les salaires avaient évolué au même rythme que les indices boursiers, il est vrai que le Smic serait actuellement à 14,4 euros de l'heure, ce qui ferait plus de 2000 euros brut mensuels sur la base des 35 heures hebdomadaires. Et avant le krach boursier de l'automne 2008, le Smic serait même monté jusqu'à 3600 euros par mois. Voilà ce qu'affirme la propagande marxiste – mais là, on est en en plein rêve.

Il faut avoir le courage de dire la vérité aux gens. Ceux qui veulent gagner plus doivent travailler plus, un point c'est tout.

Ou alors avoir de l'argent et l'investir en bourse.

Il n'y a pas d'autre alternative.

Le remède favori des médecins de Molière

Lavement d'intestin + saignée + purge, c'était leur recette miracle, à ces médecins-là. En latin de cuisine dans le texte :
Clysterium donare
Postea seignare
Ensuita purgare[1].

Ça guérissait de tout ce qu'on n'avait pas, à condition de survivre au traitement bien entendu.

Médecine d'un autre âge ? Moins qu'on ne le croit. Elle continue d'avoir ses adeptes aujourd'hui.

Dans une entreprise de 250 employés, on voit un jour débarquer un « cost-killer », jeune diplômé venu pour faire un audit. Il se met à chronométrer les gestes de travail, à éplucher les livres de comptes, à consulter les statistiques sur l'absentéisme. Et voilà que cette usine qu'on croyait en bonne santé se révèle gravement « malade » elle aussi, comme dans Molière. D'où prescription : Clysterium donare, postea seignare, ensuita purgare. Le rapport d'audit préconise d'abandonner les activités les moins rentables et de supprimer 87 postes.

Finalement, la fabrique est rachetée par un grand groupe. C'était prévu dès le départ, mais les ouvriers l'ignoraient bien sûr. La réduction des effectifs entre-temps aura juste permis au patron d'en tirer un meilleur prix.

[1] *Le malade imaginaire*, scène finale.

Demain, on purge gratis

Ce n'était qu'un film cette fois-ci[1]. Toute ressemblance avec des pratiques existantes ne saurait donc être qu'une coïncidence. Mais les coïncidences prolifèrent par les temps qui courent. Un téléfilm sur le même sujet avait été diffusé quelques mois plus tôt. Et dans le même temps, du côté de la vraie vie, purges et saignées (ou dégraissages, comme on dit si joliment) n'en finissent pas de défrayer la chronique, des plus petites entreprises aux plus grandes.

En janvier 2008, les salariés de l'aciérie de Gandrange, appartenant au géant de la sidérurgie ArcelorMittal, apprenaient ainsi la suppression programmée de 600 des 1000 emplois de leur site, dans le cadre d'une « réorganisation ». La demande mondiale d'acier n'avait pourtant jamais été aussi forte, ni les profits du groupe aussi élevés (en hausse de 30 % sur un an). Oui, mais l'usine de Gandrange, elle, avait de mauvais résultats voyez-vous (entendez par-là des résultats inférieurs à la moyenne de cette multinationale). Dans un tel cas, il n'y a pas à hésiter : clysterium donare, postea seignare, ensuita purgare. De toute façon, le patron d'ArcelorMittal avait racheté l'usine pour un franc symbolique en 1999 – c'était avant le passage à l'euro. On ne va pas pleurer pour un franc[2]...

Chez EADS non plus, il n'y avait pas à hésiter, quand on a appris que l'A380, le futur avion gros porteur, avait pris un énorme retard. Comment fait-on pour rattraper le retard ? On diminue les effectifs, c'est la logique même ! Clysterium donare, postea seignare, ensuita purgare 10 000 emplois dans le cadre du plan de restructuration Power8. (Au préalable, on se sera dépêché de revendre ses actions pour aider l'entreprise à se redresser, merci messieurs Forgeard et Lagardère).

Mêmes prescriptions chez Miko à Saint-Dizier (254 suppressions d'emplois sur 493), chez DMC à Illzach (208 emplois supprimés), chez Arc International dans le Pas-de-Calais (560 suppressions d'emplois d'ici à fin 2010), chez Sanofi-Aventis à Vitry-sur-Seine (471 emplois sur 661 à dégraisser d'ici 2012), chez Goodyear-Dunlop à Amiens (402 sur 1400 dès la fin 2008) – et tout cela, avant le krach boursier d'octobre 2008 !

La saignée peut être utilisée comme médecine préventive, c'est même un cas de figure des plus fréquents. En juillet 2008, Renault et Saint-Gobain,

---

[1] *Violence des échanges en milieu tempéré* (janvier 2004).

[2] Fin novembre 2008, le groupe annonçait une charrette de 9000 suppressions d'emplois dans le monde, dont 1600 en France.

deux entreprises en parfaite santé, venant de réaliser des bénéfices confortables et en hausse sur l'exercice précédent, annoncent ainsi respectivement 5000 et 4000 suppressions d'emplois. Pour Total, ce seront « seulement » 550 emplois supprimés dans les prochaines années – mais après des profits record (14 milliards d'euros) en 2008.

Mais le champion toutes catégories de la purge et de la saignée, c'est Michelin. À Clermont-Ferrand, le Bibendum s'est dégonflé de moitié depuis 1983, passant de 30 000 à 15 000 salariés. 1999 : plan de restructuration sur l'ensemble du groupe, 10 % des effectifs supprimés. Octobre 2007 : annonce de la fermeture de l'usine Kleber de Toul employant 826 personnes. Depuis vingt-cinq ans, pas moins de huit plans sociaux se sont ainsi succédé. Reseignare, repurgare, reclysterisare, aurait dit Molière. Maladus dût-il crevare.

Purger les uns pour soigner la santé des autres

Il y a une catégorie de gens à qui cette médecine réussit tout à fait : les actionnaires de ces sociétés. Et la bonne santé de ces gens-là, ce n'est quand même pas rien. Or, c'est bien connu, rien de tel qu'une bonne saignée dans le personnel pour faire monter le cours des actions d'une société. Mieux même, il suffit de *l'annonce* du plan social pour que l'action en bourse prenne immédiatement 10 % – c'est magique !

On l'a très bien compris à la direction d'EDF depuis que l'entreprise est cotée en bourse. On l'avait compris bien avant, en réalité, d'autant que le statut d'entreprise publique n'empêche nullement la présence de capitaux privés. Mais l'introduction en bourse fin 2006 et l'ouverture du marché de l'électricité, en plaçant l'entreprise en situation de concurrence avec d'autres groupes européens, ont accru ses « exigences de rentabilité ». Un docteur Diafoirus est donc venu, qui a ordonné clystère, saignée, purge de 6000 postes, et le cours en bourse de l'action EDF a aussitôt augmenté. Mais il faudra sans doute d'autres purges et d'autres saignées pour réaliser les 1,5 milliards d'économie sur les coûts salariaux programmés dans le projet industriel 2005-2007.

Le Premier ministre de l'époque, Dominique de Villepin, l'a bien dit d'ailleurs : la suppression de postes à EDF fait partie des « exigences du monde d'aujourd'hui ». « Comment une grande entreprise comme EDF fait-elle pour être compétitive ? », s'est-il interrogé. « Comment fait-elle pour se moderniser, comment fait-elle pour rester une grande entreprise mondiale dans le domaine énergétique ? »

Elle fait comme tout le monde. Clysterium donare, postea seignare, ensuita purgare.

Les profits d'aujourd'hui sont les plans sociaux de demain

Devinette : Qu'est-ce qui sera les investissements de demain et les emplois d'après-demain ? Réponse : Les profits d'aujourd'hui. Mais c'était trop facile, vous la connaissiez déjà.

Si vous êtes patron et si vous avez fait des profits aujourd'hui, rassurez-vous cependant : rien ne vous *oblige* à créer des emplois, ni demain, ni après-demain. Ce n'est qu'un slogan. Il paraît même que dans certains pays, on en a fait une chanson pour bercer les enfants : Dors, petit homme, les profits d'aujourd'hui sont les emplois de demain...

Rien ne vous oblige à investir non plus. Commencez donc par verser des dividendes à vos actionnaires. On leur en a toujours versé, car qui voudrait être actionnaire sans cela ? Et on leur en verse de plus en plus ces derniers temps : 40 % des bénéfices en moyenne, 60 % dans certains groupes comme Suez ou Accor. Chez Michelin, les dividendes par action ont augmenté de 100 % en sept ans.

Même en 2008, malgré la crise, les grandes entreprises du CAC 40 ont versé 54 milliards d'euros à leurs actionnaires, soit à peine moins que les 57,2 milliards de 2007, année où la Bourse était encore florissante.

Une fois les dividendes distribués, il vous reste encore pas mal d'argent sur les bras ? C'est certain. Mais là non plus, rien ne vous oblige.

Prenez le groupe pétrolier Total par exemple. En 2004, il a utilisé 38 % de ses bénéfices non pas à investir (et encore moins à embaucher), mais à racheter ses propres actions, pour un montant de 3,5 milliards d'euros. Quel intérêt ? Élémentaire, mon cher Watson : en diminuant le nombre des actionnaires, on augmente d'autant le dividende versé à ceux qui restent. Et en prime, l'augmentation du dividende fait monter le cours de l'action en bourse.

Ça se fait de plus en plus, d'autant que la législation française a été modifiée en 1998 pour faciliter ce type d'opération. Mais il n'y a pas qu'en France. Aux États-Unis, depuis le début de 2005, près de la moitié des profits ont été utilisés pour des rachats d'actions ; les grandes sociétés ont dépensé 1318 milliards de dollars pour racheter leurs propres actions, contre 1 276 milliards seulement consacrés aux investissements.

Il y a investissement et investissement

Ce qui prouve bien qu'il y a quand même des investissements. Mais qui dit investissement ne dit pas fatalement création d'emplois, notez bien. On peut même s'arranger pour en économiser.

Ce qui marche très bien depuis quelque temps, ce sont les fusions-acquisitions entre sociétés, ou encore les offres publiques d'achat. Un jeu de Monopoly à l'échelle mondiale en quelque sorte. En 2007, le montant total de ces rachats entre groupes s'est élevé à 4500 milliards de dollars, en hausse de 24 % par rapport à 2006. C'est même la forme d'« investissement » la plus répandue en ce moment.

Et il est rare qu'une fusion-acquisition ne s'accompagne pas d'un dégraissage au niveau du personnel. On vient de le voir une fois de plus après le rachat de la compagnie d'assurances AGF par le groupe Allianz : le groupe issu de la fusion prépare un plan social prévoyant la suppression de 1 500 à 2 000 emplois. Avant Allianz-AGF, des dizaines de multinationales ont pratiqué ce sport, d'Alcatel-Lucent à ArcelorMittal.

Mais on n'est pas forcé d'attendre une fusion ou un rachat pour diminuer les effectifs, voire fermer un site. Quand il faut, il faut, n'est-ce pas ? Et il faut beaucoup en ce moment : ArcelorMittal à Gandrange, Continental à Clairoix, Kodak à Chalon-sur-Saône, Miko à Saint-Dizier, DMC en Alsace, Kleber-Michelin en Lorraine, Arc International dans le Pas-de-Calais, Ford à Bordeaux, Sanofi-Aventis dans le Val-de-Marne, Caterpilar à Grenoble, Sony dans les Landes, Faurecia dans l'Essonne – c'est comme s'il en pleuvait. Après 2007 où près de 50 000 emplois industriels ont été supprimés en France, 2008 est bien parti pour être un cru encore meilleur (52 700 emplois supprimés d'après le journal l'Expansion), et 2009 devrait pulvériser tous les records.

À noter que parmi les firmes ci-dessus, bon nombre affichent une santé insolente : profits en hausse de 30 % sur un an pour ArcelorMittal, de 35 % pour Michelin, bénéfices record pour Unilever, la maison mère de Miko. Mais la santé, c'est avant tout une question d'hygiène justement. Rien ne vaut une bonne cure d'amaigrissement pour se maintenir au top de la forme.

Si vous tenez absolument à créer des emplois, c'est malgré tout votre droit bien évidemment. Mais faites-le en connaissance de cause. Sachez par exemple que le coût d'une heure de main d'œuvre dans l'industrie manufacturière atteint en moyenne (charges sociales comprises) 24 dollars en Allemagne, 21 aux États-Unis, 19 au Japon, 17 en France, 5 en Pologne ou en République tchèque. Et 0,6 en Chine.

Aussi, avant de vous lancer dans des investissements risqués, méditez ce proverbe empreint de la sagesse populaire : Les profits d'aujourd'hui sont les profits d'aujourd'hui.

Et demain est un autre jour.

Le grand méchant État

« Nos nouveaux héros financiers ont fait chorus avec d'autres pour propager un mythe supplémentaire : les problèmes de l'économie viennent du big government, ce Grand Méchant État qui nous force à payer des impôts écrasants et nous accable de réglementations. »
(Joseph Stieglitz, *Quand le capitalisme perd la tête*)

Lu sur le site du Medef

« La France de demain est celle d'un État plus efficace et plus économe. Qui ne cherche plus à tout faire. Qui accepte de confier des missions au secteur concurrentiel. Qui réduit la dépense publique. Qui fasse confiance à ceux qui produisent et qui travaillent. »

(Qui se contente de subventionner les entreprises sans se mêler de ce qui ne le regarde pas.)

« Aline Mériau dirige l'entreprise Elicaum spécialisée dans le secteur du Bâtiment. Principal souci dans la gestion de son entreprise : le poids des charges administratives qui se sont alourdies de plus d'un tiers ces dernières années. Un exemple parmi tant d'autres, pour pouvoir bénéficier de quelques euros de réductions de charges sociales, il faut appliquer des formules de calcul complexes aussi lourdes qu'incompréhensibles. »

(Pauvres patrons ! Non seulement on les écrase de charges sociales, mais voilà qu'on les persécute avec des formules de calcul.)

« Paul Hermelin, directeur général du groupe Cap Gemini, est venu témoigner d'une expérience originale. Au Royaume-Uni, son groupe a remporté le contrat d'externalisation d'un des services de l'État. Désormais, c'est une entreprise privée qui émet 33 millions de rôles fiscaux pour les particuliers et 5 millions pour les entreprises. L'année dernière, l'entreprise a inauguré une première mondiale en permettant au contribuable britannique de remplir sa déclaration d'impôt par téléphone sur un serveur vocal, encore plus simple à utiliser qu'Internet. »

(Quel pays exemplaire que ce Royaume-Uni où l'on fait appel au secteur privé pour faire rentrer les impôts de l'État !)

Lu sur le forum des lecteurs du journal Sud-Ouest

« L'État, c'est l'auteur de la violence légalisée et arbitraire. Au nom de l'intérêt général, il bafoue l'intérêt particulier. Au nom de la solidarité, il cherche à collectiviser et à fonctionnariser tout ce qu'il touche au lieu de rechercher le plus petit dénominateur commun permettant d'élargir l'éventail des possibilités laissées à chaque individu. D'où la nécessité de le réduire au minimum ! »

(Si quelqu'un a trouvé le plus petit dénominateur commun permettant d'élargir l'éventail, merci de l'envoyer au journal.)

« Beaucoup des services de l'État ne font que de l'administration, c'est-à-dire fabriquer des papiers pour les envoyer à d'autres administrations qui fabriqueront d'autres papiers pour dire qu'ils les ont bien reçus et les archiveront, et la machine infernale de l'administration inutile tourne à vide, mais à plein régime. Il n'en sort pas grand chose de vraiment utile pour les citoyens qui se contentent de payer et de constater la gabegie. Une étude sur l'utilité réelle de dizaines de ministres et de millions de fonctionnaires n'a semble-t-il jamais été faite par l'État car il n'a aucun intérêt à démontrer qu'il ne sert pas à grand chose. »

(En somme, ce lecteur réclame à l'État une étude... qui sera envoyée à d'autres administrations qui fabriqueront d'autres papiers pour dire qu'ils l'ont bien reçue.)

« Enfin, avec l'Europe, nous sommes arrivés dans une société concurrentielle et ce n'est pas avec les modes de fonctionnement des services publics que l'on pourra se montrer compétitifs sur le marché. »

(Si on passe à l'économie de marché, ce n'est pas pour être au service du public. Merci du renseignement.)

« Depuis que l'État, même parfois en restant majoritaire, s'est désengagé, que les personnels ne bénéficient plus de ces énormes avantages, et que la concurrence est ouverte, nous assistons à une transformation de nos anciens services publics. »

(C'est clair : Un fonctionnaire payé 1000 à 1500 euros par mois bénéficie d'énormes avantages. Contrairement à un PDG à 300 000 euros par mois qui ne perçoit qu'une modeste rémunération.)

« Ainsi on peut énumérer simplement ce qui doit rester du domaine de l'État : Armée et gendarmerie, Police, Justice, Impôts et Éducation Nationale, en y ajoutant bien entendu les employés des Ministères, des assemblées parlementaires et des autres administrations qui permettent à l'État de fonctionner, comme le Conseil Constitutionnel ou la cour des comptes. En revanche, je suis pour une libéralisation des autres services et je veux dire pourquoi. SNCF, RATP, Transports Aériens (Air France), transports publics, la poste, France télécoms, Gaz de France, la télévision, EDF... Lorsqu'ils dépendaient en totalité de l'État c'était un véritable gouffre financier. »

(Si l'armée doit rester du domaine de l'État, c'est qu'elle n'a jamais été un gouffre financier.)

« Oui, il faut moins d'État, car l'État coûte trop cher. La volonté de Sarkozy de ne créer que 15 ministères, de ne remplacer qu'un fonctionnaire sur deux et de ne mettre des fonctionnaires que dans des emplois vraiment utiles est une première bonne approche. »

(Une deuxième bonne approche a été l'augmentation de 170 % du salaire présidentiel.)

Moins d'État : des résultats encourageants

Au Royaume Uni, les chemins de fer ont été privatisés en 1996 par Margaret Thatcher. British Railways, l'entreprise nationale, a été découpée en morceaux concédés en franchise à des entreprises privées. Cette privatisation, d'après ses promoteurs, devait se traduire par une amélioration du service et une baisse des tarifs. Pendant dix ans, les tarifs ont subi une augmentation continue pendant que le service ne cessait de se dégrader (multiplication des retards, nombreux déraillements, trente et un morts en octobre 1999 à la gare londonienne de Padington, quatre morts lors d'un déraillement un an plus tard suite à la rupture d'un rail).

Dans le même temps, la subvention annuelle de l'État britannique aux chemins de fer est passée de 1,9 milliards d'euros à 6,5 milliards. Mais qui a dit que « moins d'État » signifiait « moins d'argent de l'État » ?

En Italie, le traitement des ordures est assuré par des entreprises privées. Au mois de janvier 2008, les médias ont montré des images de Naples ensevelie sous les immondices (5000 tonnes pour la ville, 110 000 pour sa province). Des ordures ménagères, mais aussi des déchets industriels, chimiques, hospitaliers, en provenance de toute l'Italie.

Ce trafic est entre les mains de la mafia napolitaine (la Camorra) et s'effectue en dehors de tout contrôle : l'économie de marché à l'état pur en quelque sorte. L'incinérateur qui serait nécessaire pour éliminer ces ordures attend depuis quatorze ans d'être terminé. L'État, quant à lui, a dépensé un milliard d'euros dans l'affaire. Ces fonds publics ont alimenté un large réseau de consultants et de consortiums, eux-mêmes contrôlés par la mafia.

« Que vient-on de voir à La Nouvelle-Orléans ? Que s'y est-il passé, si ce n'est l'échec d'un État incapable de secourir ses citoyens, la rupture de digues que les restrictions budgétaires avaient empêché d'entretenir et le déferlement des eaux sur tous ceux qui n'avaient pas de voiture pour fuir par eux-mêmes ? Ce sont les trois dogmes libéraux selon lesquels l'impôt est un poison, chacun doit se débrouiller par lui-même et « l'État n'est pas la solution, mais le problème », qui viennent d'être cruellement démentis.

Sur tous les écrans de la terre, c'est le « moins d'État », et non plus le « trop d'État », qui est au banc des accusés. »

(*L'Express*, 15 septembre 2005, après le passage de l'ouragan Katrina)

« Le réseau électrique français, nationalisé, est plus efficace que celui des États-Unis. Le professionnalisme de ses techniciens a été noté de longue date, ainsi que la qualité de ses ingénieurs. »

(Joseph Stieglitz, *Quand le capitalisme perd la tête*)

D'après une chronique de France Info en date du 10 avril 2008, les sociétés du Cac40 paient peu ou pas du tout d'impôt, alors qu'elles affichent des profits insolents. C'est le cas du groupe Lagardère qui n'a payé aucun impôt depuis 2003. La technique est simple pour ces groupes qui ont tous des filiales à l'étranger : à l'étranger les profits, en France les pertes. En jouant sur la fiscalité différente selon les pays, les profits apparaissent là où la fiscalité est la plus avantageuse. Et les pertes, souvent fictives et résultant de manipulations des chiffres, en France.

Ce qui provoque le courroux des PME qui ne peuvent pas en faire autant…

Morale de l'histoire, après le krach boursier d'octobre 2008 : Les dix commandements du libéralisme

L'État chaque jour tu maudiras
Ses impôts tu dénonceras
Les privilèges de ses agents tu fustigeras
Son excès de réglementation tu condamneras
Ses entraves à la libre entreprise tu réprouveras
Sa bureaucratie tu vilipenderas
Son inefficacité tu blâmeras
Sa gabegie tu flétriras
Ses subventions tu solliciteras
Sa protection tu imploreras

Bon pour la réforme

> « Ma mission est de faire en sorte que toutes les réformes qui n'ont pas été engagées en France depuis tant d'années soient conduites à leur terme. »
> (Nicolas Sarkozy)
>
> « La liberté d'entreprendre s'arrête là où commence le code du travail. »
> (Laurence Parisot à l'Assemblée générale du MEDEF en janvier 2005)

Le sens premier du mot « réforme » n'est pas forcément ce qu'on croit. D'après le *Petit Robert* :

« *Réforme*

De réformer : rétablir dans sa forme primitive

1° Rétablissement de la discipline primitive dans un ordre religieux.

2° La Réforme : mouvement religieux du XVI° siècle, qui fonda le protestantisme et voulait ramener la religion chrétienne à sa forme primitive. »

Voilà qui est tout à fait d'actualité en dépit des apparences. Il convient certes de substituer le capitalisme à la religion chrétienne, mais à ce détail près l'objectif est le même : revenir à la forme primitive. Celle du capitalisme du XIX° siècle, où il n'y avait ni carcan des 35 heures, ni charges sociales, ni rigidité de la masse salariale, ni entrave à la liberté de licencier. Rien que du bonheur.

Par un trait d'humour bien de chez nous, ce retour à la forme ancienne a été rebaptisée « modernisation » du marché du travail. La modernité consistant principalement à inventer des mots nouveaux, on ne parlera donc plus de liberté de licencier, mais de « flexisécurité ».

Flexisécurité, mode d'emploi. La recette est la même que celle du célèbre pâté d'alouette, mélange d'un cheval et d'une alouette. En guise d'alouette, le travailleur licencié conservera des *droits* : le droit à une formation, le droit de conserver quelques mois une assurance complémentaire santé. Ce ne sont que des droits, direz-vous. Mais on aurait pu les lui enlever si on avait voulu être méchant.

Voilà pour la sécurité. Côté flexibilité, les chômeurs qui refuseront deux offres « acceptables » d'emplois verront leurs allocations baissées, voire supprimées. Quant au salarié licencié, en contrepartie de ses fameux droits et de son indemnité de départ, il doit renoncer expressément à porter son licenciement devant les Prud'hommes. C'est ce qu'on appelle la « rupture à l'amiable » du contrat de travail. La fin d'une histoire d'amour entre partenaires sociaux en quelque sorte.

Mais il y a aussi la flexibilité du contrat de travail lui-même. Aux nombreuses formes de contrat précaire déjà existantes (Contrat à Durée Déterminée, Contrat Nouvelle Embauche, intérim et autres emplois jeunes) vient désormais s'ajouter le *CDI de mission*, qui est bien à durée indéterminée comme son nom l'indique... mais s'achève avec la mission, comme son nom l'indique également. Et pour les CDI classiques, la période d'essai a été allongée.

Sans oublier bien sûr la flexibilité des horaires de travail, qui permet de les réduire en période de creux, et de les augmenter en période de bourre sans avoir à payer d'heures supplémentaires.

Oui vraiment, quelle chose admirable que cette modernisation-là, et comme on plaint tous les anciens qui n'auront pas connu notre époque formidable !

L'objectif du Medef : zéro tracas, zéro blabla

Moderniser le marché du travail, c'est bien. Mais il y a d'autres réformes qui s'imposent, et que le Medef appelle de ses vœux. C'est d'ailleurs parce qu'il les appelle de ses vœux qu'elles s'imposent. Comme le déclarait la patronne des patrons Laurence Parisot, dans une interview à *La Tribune* en février 2008 : « Nicolas Sarkozy a mis la France en mouvement puisque, dans de nombreux domaines, des transformations sont en cours pour nous moderniser et nous adapter. Mais si nous allons dans la bonne direction, il faut toutefois veiller à ne pas se priver de donner à chacune des mesures toute son amplitude. »

Il y a ainsi la réforme des régimes de retraite, qui va bien « dans la bonne direction » mais qui est loin d'avoir atteint « toute son amplitude ». Le nombre d'années de cotisation pour toucher sa pension à taux plein a en effet été porté de 37,5 à 40, c'est un début. Il faudrait maintenant passer à 41 ou 42, voire plus. Et ce serait même tellement mieux si on supprimait carrément les charges patronales à ce sujet, si on laissait les salariés se constituer eux-mêmes un fonds pour leurs vieux jours...

Et puis il y a l'indispensable, l'urgente réforme de l'État, ce grand méchant État qui fait rien qu'à nous prendre nos sous. Là aussi, les choses sont en bonne voie avec la privatisation de GDF et le non-remplacement d'un fonctionnaire sur deux partant à la retraite. Mais comme aurait dit mon instituteur (qui était pourtant fonctionnaire) : Peut mieux faire.

Mais où sont les réformes d'antan ?

Voilà donc pour le premier sens du mot « réforme » selon le *Petit Robert*. Il en est d'autres cependant :

« 3° [...] Amélioration partielle et progressive de l'ordre social (opposé à révolution). »

Cette réforme-là était même devenue le sens courant depuis la fin du XIX° siècle. Dans les partis et les syndicats ouvriers, la tendance réformiste s'opposait alors aux méthodes révolutionnaires, mais luttait néanmoins (avec plus ou moins de conviction) pour une amélioration de la condition salariale à travers des réformes telles que la journée de 8 heures, la retraite à 60 ans ou la limitation du droit de licenciement pour les patrons.

Mais là, comme dirait l'autre, je vous parle d'un temps que les moins de vingt ans ne peuvent pas connaître. Lorsqu'il est question de « syndicats réformistes » dans un journal télévisé ou une chronique radio d'aujourd'hui, cette expression désigne les organisations syndicales comme la CFDT, qui acceptent ouvertement les « réformes » voulues par le Medef. Les réformes au sens 1° ou 2° donc, qui consistent à revenir sur les acquis sociaux que les syndicalistes d'autrefois (même réformistes) avaient arrachés par leurs luttes.

Améliorer la condition salariale par des réformes au sens 3° est aujourd'hui impossible : c'est le Medef lui-même qui s'acharne à nous le répéter du matin au soir. « La précarité est une loi de la condition humaine », déclarait Laurence Parisot sur France-Inter le 3 septembre 2005. « Se dire ou laisser croire à tout le monde aujourd'hui en France que nous pouvons entrer dans un métier, prendre un emploi et le garder quasiment à vie, c'est de l'utopie. Ou alors c'est de la fonctionnarisation, c'est proche de l'utopie communiste. »

Message reçu, mon colonel. La réforme au sens 3° a vécu, paix à son âme. Il reste toutefois un dernier sens de ce mot, mentionné par le dictionnaire :

« 4° Mise hors de service de ce qui y est devenu impropre (« mettre des vieux meubles à la réforme »). »

Mettre à la réforme est donc synonyme de mettre à la casse. C'est la seule « réforme » qui soit encore applicable au système capitaliste – sauf à revenir au capitalisme du XIX° siècle, comme la « modernisation » version Medef nous y conduit tout droit.

La loi de la jungle

« La vie, la santé, l'amour sont précaires, pourquoi le travail échapperait-il à cette loi ? »
(Laurence Parisot, interview au *Figaro*, 30 août 2005)

Pourquoi le travail y échapperait-il en effet ? Il n'y a pas de raison. La loi, c'est la loi pour tout le monde. Et cette loi-là plaît beaucoup à Laurence Parisot. C'est même un de ses thèmes favoris, qu'elle ne se lasse pas de ressortir encore et encore.

Elle n'est pas la seule d'ailleurs. Tous les défenseurs du capitalisme – pardon, du libéralisme – adorent invoquer la nature pour se placer sous son autorité. L'écologie n'est certes plus très à la mode ces temps-ci ; mais le mythe de la communion avec dame nature marche encore assez fort pour être utilisé.

Il faut dire qu'elle a bon dos, la nature. C'est fou, ce qu'elle fait comme efforts pour ressembler à la société humaine. Regardez : N'y a-t-il pas une reine chez les abeilles, et des ouvrières chez les fourmis ? La sélection naturelle au sein des espèces est-elle autre chose qu'une imitation maladroite de la guerre commerciale entre multinationales ? Et la précarité de la vie dans la nature ne s'inspirerait-elle pas du travail précaire cher à la reine des abeilles – pardon, à la patronne des patrons ?

Cette précarité ferait donc partie de ces lois de la nature auxquelles nul ne saurait échapper. Il convient toutefois de noter qu'elle a des échelles de temps fort diverses, du papillon qui ne dure que quelques heures à la tortue qui peut vivre cent ans, sans oublier les chênes millénaires. Ce qui laisse une certaine marge pour l'établissement des contrats de travail, si l'on veut vraiment s'inspirer de la nature.

Mais la précarité n'est pas la seule loi de la nature, où toute action a sa réaction comme chacun sait. La lutte *contre* la précarité est donc un principe tout aussi universel – que certains préfèrent appeler lutte pour la vie, mais on ne va pas se battre pour des mots. Conformément à ce deuxième principe, depuis des millions d'années, chaque être vivant s'acharne à repousser l'instant de sa mort, autrement dit à obtenir la prolongation de son contrat. Voire même la requalification de son CDD en CDI.

Ce combat pour l'existence n'est pas qu'une affaire individuelle au demeurant. Des fourmis aux abeilles en passant par la plupart des mammifères, la nature grouille d'espèces qui ne doivent leur survie qu'à l'organisation en sociétés, et où l'individu n'existe que dans et par le groupe.

Et l'homme dans tout ça ?

Au départ, il avait tout faux celui-là. La nature ne l'avait vraiment pas gâté : pas de dents dignes de ce nom, pas de griffes, trop lourd pour courir, trop gros pour se planquer. Une créature débile, un blaireau de chez blaireau (quoi que les vrais blaireaux se débrouillent très bien en vérité).

Toute son histoire n'a été qu'une longue lutte contre sa précarité, l'une des pires dans le monde animal en matière d'insécurité alimentaire et de faiblesse face aux prédateurs.

Pour éloigner les prédateurs, il a domestiqué le feu.

Pour se prémunir contre la précarité alimentaire, il s'est mis à pratiquer l'élevage et l'agriculture.

Contre la précarité de la santé dont parle Laurence Parisot, il a inventé la médecine.

Contre la précarité de l'amour, il n'a rien trouvé d'efficace pour l'instant.

Pour le reste, il a fait comme beaucoup d'autres espèces : il a vécu en société, appliquant la maxime bien connue qui dit qu'on se sent moins seul quand on se met à plusieurs.

Et pour finir, il a inventé l'économie de marché, et le Medef pour en vanter les mérites.

Et si Marx avait raison ?

Le principal mérite de l'économie de marché, paraît-il, est que ses lois reproduisent celles de la nature : la lutte de chacun contre tous, le droit du plus gros à manger le plus petit, le droit du plus faible à disparaître pour permettre à l'évolution de continuer ; et même la précarité, contre laquelle l'humanité se débat depuis ses origines.

Depuis ses origines, l'humanité s'est éloignée de la nature. Trop même, disent certains. Heureusement, le Medef est là aujourd'hui, pour nous en faire redécouvrir les lois et les enseignements. La présidente du Medef est même une spécialiste de la question. Tous ses dimanches, elle les passe dans la jungle, avec pour tout bagage sa carte de crédit et son téléphone portable.

Et tout le monde, dans la jungle, connaît la présidente du Medef. On se re-raconte ses bons mots comme « La vie, la santé, l'amour sont précaires », qui font toujours autant rigoler.

Mais celui qu'on préfère, c'est « On embauchera plus s'il est moins compliqué de licencier ». On lui a même trouvé un titre au fond de la jungle : L'histoire du serpent qui se mord la queue.

La décentralisation, c'était pour rire

> « Est-ce qu'il est raisonnable de garder deux Tribunaux de grande instance à dix-huit kilomètres de distance ? Est-ce que vous croyez que la France de 1958, c'est la France de 2007 ? »
> (Nicolas Sarkozy, 18 septembre 2007)

Non bien sûr, monsieur le président. La France de 1958 n'est pas la France de 2007, vous avez mille fois raison. Il y a des choses qu'on pouvait se permettre en 1958, alors qu'on ne le pouvait plus en 2007. Ce qui prouve tout le chemin parcouru depuis.

En 1958 par exemple, la population française était de 20 % inférieure à ce qu'elle est aujourd'hui. Malgré cela, avoir deux Tribunaux de grande instance à dix-huit kilomètres de distance ne semblait pas poser de problème à l'époque, alors qu'à présent c'est devenu un luxe tout à fait au-dessus des moyens de la nation.

D'autant qu'un citoyen qui se rend au tribunal a forcément quelque chose à se reprocher, si on y réfléchit. Il est bon, dès lors, qu'il soit déjà puni en ayant au moins cinquante kilomètres à parcourir pour y aller, et autant pour en revenir. (Du coup, les juges et les avocats aussi sont punis, mais aucun système n'est parfait.)

Et puis, rendez-vous compte : cela faisait quarante ans – quarante ans ! – que la carte des tribunaux n'avait pas changé. Un tel immobilisme était-il encore concevable, je vous le demande ? Nous étions la risée du monde entier ; on en parlait à tous les coins de rue, de Zanzibar à Honolulu :

« Savez-vous que les Français n'ont pas changé la carte de leurs tribunaux depuis quarante ans ? » « Non ? » « Si ! » « C'est à peine croyable ! »

Il fallait en finir avec ces petits tribunaux éparpillés à droite et à gauche, qui traitent un nombre d'affaires insuffisant. La rentabilité, il n'y a pas de raison qu'elle ne s'applique pas aux tribunaux comme à tout le monde. C'est un point sur lequel les délinquants sont tout à fait d'accord avec le gouvernement pour une fois.

Quant aux mauvaises langues qui se plaignent des lenteurs de la justice, qu'elles sachent bien ceci : Quand on veut que les choses aillent plus vite dans une entreprise aujourd'hui, on commence par virer une partie du personnel et fermer une partie des unités.

Pas de charité pour l'hôpital

Mais il n'y a pas que les petits tribunaux. Il y a les petits hôpitaux. Ceux qui pratiquent moins de deux mille actes chirurgicaux par an. Comment peut-on être rentable à ce train-là, dites voir un peu ?

Pire encore, un rapport publié en avril 2006 a découvert que « la sous-production chirurgicale pose clairement la question du maintien des blocs opératoires où exercent trois chirurgiens ou moins, qui assurent parfois moins de deux interventions par jour » ; bref, que ces services de chirurgie ne répondraient pas aux normes de sécurité et de qualité. Ce qui tombe bien, car le gouvernement avait justement l'intention d'en fermer un certain nombre.

C'est en train de se faire du reste. Les services de chirurgie concernés sont au nombre de 113, soit 20 % de l'existant. Les patients iront se faire opérer ailleurs, « le plus souvent à moins de 50 kilomètres » précise le rapport. Dans un de ces grands hôpitaux dont la qualité de l'accueil est légendaire et la sécurité au-dessus de tout soupçon comme chacun sait. Comme l'hôpital Saint-Antoine de Paris par exemple, vous savez, celui dont l'un des groupes électrogènes n'a pas fonctionné lors de la dernière panne EDF, en juin 2008, obligeant à évacuer vers d'autres hôpitaux six patients du service de réanimation.

De toute façon, là encore il fallait en finir avec notre immobilisme congénital. Pensez donc, en France, le nombre d'hôpitaux par rapport à la population est deux fois plus élevé que dans le reste de l'Europe – un scandale intolérable assurément.

Heureusement, les choses sont en bonne voie. En moins de vingt ans, les capacités d'hospitalisation ont quand même diminué de 134 000 lits, et ce malgré l'augmentation des naissances et l'allongement de la durée de la vie. Sans compter 726 maternités qui ont également fermé leurs portes entre 1975 et 2002.

On a fait aussi de gros progrès en matière de fermetures de bureaux de postes. Et de même pour tout ce qui est « de proximité » (jusqu'à la police du même nom) : on a compris que c'est du gaspillage. La proximité, c'est bien gentil, mais ça a un coût. Or, ne l'oublions pas : nous sommes en 2009. Pas en 1958.

Finalement, le centralisme a quand même du bon

Il est vrai que pendant toute une période, qui va de 1958 (quelle coïncidence) à l'instant où j'écris ces lignes, le mot d'ordre dans ce pays a été la décentralisation. L'excès de centralisme était le mal dont la France souffrait en effet, depuis Napoléon selon les uns, depuis Louis XIV selon les autres (mais en cherchant bien on peut remonter jusqu'à Charlemagne).

On s'est donc mis à tout décentraliser, ce qui veut dire que l'État s'est déchargé de ses responsabilités sur les collectivités locales à différents niveaux (sans aller toutefois jusqu'à leur donner les moyens financiers correspondants).

Ce sont donc les régions et les départements qui gèrent désormais toutes sortes de choses qui relevaient autrefois de la compétence de l'État : lycées, hôpitaux publics, équipements et infrastructures diverses.

C'est par les collectivités territoriales également que passe maintenant une partie des subventions aux entreprises, près de 6 milliards d'euros par an distribués par le biais de 5 000 régimes d'aides différents – ça, c'est de la décentralisation.

En revanche, un tribunal dans chaque sous-préfecture, un hôpital dans chaque ville moyenne, un bureau de poste dans chaque village important – ça, c'est de la gabegie.

Vas-y, fais-moi honte

« Nous nous étions endormis, ces dernières années, nous ne vivions plus au même rythme que le reste du monde »
Laurence Parisot, *La Tribune*, février 2008

« Partout dans le monde, ils encouragent le travail, depuis des décennies en France on l'a découragé »
Nicolas Sarkozy, automne 2007

C'est devenu un sport national en France. Il ne se passe pas de jour sans qu'un représentant du patronat, un journaliste économique ou un responsable politique ne nous jette à la figure ce qu'on nous présente comme nos tares congénitales : nos prétendus archaïsmes, nos supposées rigidités sociales, le poids réputé monstrueux de l'État, les privilèges exorbitants des fonctionnaires, et quelques autres maladies honteuses du même genre. La majorité des médias leur emboîte le pas, et une partie de l'opinion publique se met à son tour à fantasmer sur ces graves problèmes.

Toute cette intox n'a rien d'innocent bien sûr. C'est une véritable guerre psychologique contre les salariés que mènent les milieux patronaux, relayés par les médias à leur service, pour mieux faire passer toutes les mesures de régression sociale votées ces derniers temps.

Voici quelques échantillons de ce bourrage de crâne, pêchés sur Internet ou dans la presse.

Rigidités

« Christine Lagarde a dénoncé jeudi le *carcan des 35 heures*. « Le *carcan des 35 heures* me paraît désuet et daté d'époque », a déclaré la ministre en défendant son projet de loi pour le travail, l'emploi et le pouvoir d'achat, actuellement examiné à l'Assemblée nationale, qui favorise le recours aux heures supplémentaires. » (Lu sur MSN)

« Les *rigidités* sociales et fiscales freinent les relocalisations » (*Les Echos*, 22 janvier 2007)

« Les sénateurs déplorent « les *rigidités* » du marché de la formation et proposent des pistes pour optimiser l'appareil de formation. » (Lu sur MSN le 16 juillet 2007)

« Les coûts salariaux sont aujourd'hui un frein à la modernisation des grandes entreprises publiques. [...] Ainsi, France Télécom a indéniablement été handicapée par la *rigidité* de sa masse salariale. » (Lexinter.net)

Archaïsmes

« Les *archaïsmes* de la Sécu. Bravo pour votre dossier sur le déficit de l'assurance-maladie. [...] Toutefois, il me semble que vous auriez pu insister beaucoup plus sur les coûts de fonctionnement de la Sécurité sociale. Gestion *archaïque* et gaspillages : on ne saurait imaginer un système plus antiproductif. » (Courrier des lecteurs du journal *L'Expansion*, 13 novembre 1995)

« *Archaïsme* de la gauche. Le PS, comme l'a souligné François Fillon, est un parti « parmi les plus rétrogrades d'Europe ». Une formation coupable de « socialisme figé, de résignation, qui habitue le pays à baisser les yeux devant les perspectives de réussite, les motifs de fierté », à l'opposé « des gauches d'avenir » : le New Labour du Premier ministre britannique Tony Blair, le SPD de l'ex-chancelier allemand Gerhard Schröder. » (Blog de jeunes de l'UMP de Saint-Mandé, 14 juin 2007)

« Pensez-vous que les *archaïsmes* du PS sont encore en phase avec les attentes du pays ? Non, c'est démodé depuis les années 30. [...] Le jour où le PS arrêtera de faire des promesses démagogiques basées sur une redistribution toujours plus large de richesses dont nous ne disposons plus, les choses auront peut-être des chances d'avancer. D'autre part, je crois que les Français comprennent enfin que de vouloir mettre à dos les défavorisés contre les prétendus riches est une démarche complètement stérile qui ne fait avancer personne. » (Blog sur Yahoo, mars 2007)

Le grand méchant État (encore lui)

« La dépense publique va en se développant. Plus grave encore, l'écart entre la France et les autres pays de la zone euro s'accroît considérablement. [...] La France hypothèque ainsi son avenir, gaspille ses ressources et prend du retard. [...] La moitié de la France vit de la redistribution. Il faut profiter d'une occasion historique : la moitié des fonctionnaires partent à la retraite dans les prochaines années. Ce n'est pas quelques milliers de postes, mais au moins 500 000 qu'il faudrait supprimer ! » (Site du Medef, le 18 janvier 2005)

« La France dans le peloton de tête pour les prélèvements fiscaux, selon une étude. Les prélèvements obligatoires ont atteint un niveau record en 2006 avec 44,5% du PIB et la France risque de devenir le plus mauvais élève de l'OCDE en matière de dépense publique, selon une étude publiée jeudi par la société d'avocats Ernst & Young. »

Pour remettre les pendules à l'heure

D'après une enquête réalisée par KPMG, un cabinet canadien d'experts-conseil pour les investissements des sociétés, la France, loin de l'image calamiteuse qu'on nous en présente, serait le pays européen le plus « attractif » pour les entreprises étrangères.

Cette étude a été réalisée entre 2006 et 2008 dans 136 villes de pays industrialisés. Elle intègre 27 facteurs d'attractivité, dont notamment la fiscalité, les salaires et les compétences de la main-d'œuvre.

En tenant compte de tous ces critères, la France arrive quatrième au niveau mondial et première au niveau européen. Elle serait même le pays européen le plus compétitif pour le coût de la main-d'œuvre !

On fera le parallèle entre les résultats de cette enquête et la déclaration de Sarkozy selon qui « partout dans le monde, ils encouragent le travail, depuis des décennies en France on l'a découragé ».

Pendant qu'on nous fait la leçon sur nos archaïsmes et nos odieux privilèges, la presse économique (qui n'est généralement pas lue par le grand public) publie parfois des chiffres qui donnent un éclairage quelque peu différent sur la question.

D'après le mensuel *Capital*, le salaire mensuel moyen des cinquante premiers PDG de France s'élevait en 2007 à 380 000 euros : cent fois la paye d'un ingénieur et trois cent dix fois celle d'un smicard.

Mais ces salaires ne sont encore que l'arbre qui cache la forêt. Ainsi, Bernard Arnault, patron de LVMH, a touché 4,1 millions d'euros au titre de son salaire annuel de PDG… et 372 millions de dividendes en tant qu'actionnaire principal du même groupe. François-Henri Pinault, en tant que PDG du groupe Pinault-Printemps-Redoute, a dû se contenter d'un modeste salaire annuel de 2,7 millions d'euros, abandonnant 259 millions d'euros de dividendes à son fils.

« Nous nous étions endormis, ces dernières années, nous ne vivions plus au même rythme que le reste du monde », se lamentait Laurence Parisot dans *La tribune*. Apparemment, il y en a qui se sont bien réveillés quand même !

Rappelons par ailleurs que depuis 1985, l'impôt sur les bénéfices des sociétés est passé de 50 % à 33 % dans notre beau pays…

Le progrès a-t-il encore un avenir ?

« Tu finiras caissière, comme la dame »
(Remontrance à enfant pas sage, entendue par de nombreuses caissières d'hypermarché)

Les jeunes doivent désormais se préparer à vivre moins bien que leurs parents. C'est ce que tout le monde dit. Même Laurence Parisot, dans une interview à *La Tribune* : « Dans les années soixante, une famille française pouvait espérer en une génération voir son niveau de vie doubler alors qu'aujourd'hui, il faut au moins trois générations. »

Au train où vont les choses, il faudra moins de trois générations pour voir le niveau de vie divisé par deux, et non doublé. Mais l'essentiel, c'est que la patronne des patrons a trouvé le coupable. « Plusieurs facteurs expliquent cette situation. Le principal vient de la mise en place des 35 heures. »

On aurait dû s'en douter.

Du temps où les étudiants étaient tous des fils de bonne famille, ces jeunes gens constituaient une bonne partie de la clientèle des maisons closes. Autres temps, autres mœurs, aujourd'hui, plusieurs milliers d'étudiantes se prostitueraient pour financer leurs études.

Pour la clientèle, on n'a pas de statistiques.

Conséquence de la flambée du cours du pétrole, dans certaines communes de Belgique, on ne chauffait plus les salles de classe en 2008. L'hiver, les écoliers ont dû garder leurs manteaux pendant les cours.

Aux États-Unis, 47 millions de personnes (soit un sixième de la population) vivent sans assurance maladie.

Ça doit faire partie de l'*american way of life*, comme ils disent.

La Grande Bretagne comptait en 2006 11,4 millions de personnes en dessous du seuil de pauvreté.

Et 54 milliardaires en livres sterling (1 livre = 1,28 euros).

En France, il n'y a que 7 millions de personnes en dessous du seuil de pauvreté (817 euros par mois pour une personne seule).

Mais nous n'avons aussi que 24 milliardaires à aligner. Et encore, en euros seulement !

Ces statistiques ne tiennent cependant pas compte des milliardaires français ayant fait passer leur magot de l'autre côté de la Manche.

En 2006, les restos du cœur ont servi 82 millions de repas à 700 000 personnes, soit dix fois plus qu'à leur ouverture en 1985.

Depuis, le nombre de personnes accueillies a encore cru de 10 %.

Contrairement à une idée reçue, les personnes ayant recours aux restos du cœur ne sont pas seulement des chômeurs. On trouve parmi elles des RMIstes, des femmes seules avec enfants, des travailleurs et des retraités pauvres.

En somme, une diversité culturelle à l'image de notre société.

Une autre diversité dont la société libérale peut s'enorgueillir est celle des contrats précaires. Contrat à Durée Déterminée, Contrat Nouvelle Embauche, CDI « de projet », CDD de 18 mois pour les seniors, sans oublier la « flexisécurité » et ses CDD « à objet défini », les emplois jeunes, les stages bidon, les petits boulots divers et variés, l'intérim, les intermittents du spectacle, travail au noir, travail à mi-temps non volontaire – n'en jetez plus, la cour est pleine.

Selon l'Insee, le taux de chômage serait passé en 2008 sous la barre des 8 % de la population active en France métropolitaine.

À force de trafiquer le mode de calcul, de radier une partie des chômeurs et d'en dissuader une autre de s'inscrire, on a fini par y arriver. En prenant soin d'exclure de plus les départements d'outre-mer, où le taux de chômage dépasse les 30 %.

Principe des vases communicants, pendant que le chômage diminue ainsi sur le papier, c'est le temps partiel imposé qui augmente. Il touche actuellement 1,4 million de personnes. Sans parler des 800 000 « inactifs » rayés des statistiques pour une raison ou une autre.

Le développement de la précarité n'est pas spécifique à la France. En 2007, 32 millions de travailleurs étaient en CDD dans l'Union Européenne. Les CDD représentent 30 % du total des emplois en Espagne. Ce sont les jeunes qui, partout en Europe, sont les plus touchés par ce type de contrats, avec des taux de 40 à 50 % chez les 16-25 ans.

Le nombre de travailleurs employés à temps partiel, quant à lui, est passé en dix ans de 32 millions à 40 millions, soit 20 % des actifs. En Grande Bretagne, les emplois à temps partiel atteignent même 25 % du total.

1,2 million de salariés, en France, doivent cumuler plusieurs emplois pour vivre. Dans 70 % des cas, le premier emploi est à temps partiel imposé. Dans les autres cas, même un travail à plein temps ne permet pas de s'en sortir.

Ces chiffres ne portent que sur les emplois déclarés et ne tiennent donc pas compte des petits boulots effectués à droite et à gauche, au noir, chez les particuliers.

La France n'a pas le monopole en matière de double emploi. Aux États-Unis, 8 millions de personnes doivent cumuler plusieurs jobs pour boucler leurs fins de mois.

2,8 milliards d'êtres humains dans le monde survivent actuellement avec moins de deux dollars par jour, dont 1,2 milliard avec moins d'un dollar.

Avant même la flambée des prix de 2007-2008, 854 millions de personnes étaient gravement sous-alimentées, d'après l'universitaire suisse Jean Ziegler. Jusqu'à présent, la faim était surtout présente dans les régions rurales des pays en voie de développement. Aujourd'hui, elle apparaît dans les régions urbaines de pays à revenus intermédiaires, comme au Mexique.

Le 3 mars 2008, à Bangkok, la tonne de riz s'échangeait à 460 dollars. Cinq semaines plus tard, elle en coûtait 780. En Haïti, le prix du riz est passé en quelques jours de 35 à 51 dollars les 100 kg.

La Banque mondiale estime que la hausse des prix du blé a atteint 181% en trois ans et celle des prix alimentaires 83% sur la même période. Selon la FAO, les prix des céréales ont augmenté de 131 % en un an.

Début 2008, la flambée alimentaire a entraîné des manifestations violentes en Égypte, au Cameroun, en Côté d'Ivoire, en Mauritanie, au Sénégal, en Ethiopie, à Madagascar, aux Philippines, en Indonésie.

« Le doublement des prix alimentaires au cours des trois dernières années pourrait pousser plus profondément dans la misère 100 millions d'individus vivant dans les pays pauvres », a déclaré de son côté le président de la Banque Mondiale en avril 2008.

Lors de son intervention, le président de la Banque Mondiale a indiqué que le « Programme alimentaire mondial » avait déjà reçu plus de la moitié des 500 millions de dollars qu'il a demandés à la communauté internationale.

On comparera ces 500 *millions* avec les 700 *milliards* du plan de relance du gouvernement américain en octobre 2008 ; ou aux 380 milliards d'euros injectés dans les circuits financiers par la Banque Centrale Européenne... ou même aux 5 milliards d'euros perdus par la Société Générale suite aux manipulations d'un de ses agents.

En France, les pauvres ne sont pas encore menacés de famine.

Il suffit pourtant de se promener dans Paris à certaines heures pour voir des gens faire les poubelles à la sortie des Monoprix et autres Franprix.

Ils sont des milliers dans la capitale. Pas spécialement des chômeurs ni des SDF. Des femmes seules, des retraités, des étudiants, ou ceux que l'on appelle des *travailleurs pauvres*. Des gens à l'air correct en tout cas, vêtus à peu près correctement. Des gens comme vous et moi.

D'après le journal *L'Expansion*, les revenus des patrons du CAC 40 ont augmenté de 58 % en 2007, avec un gain moyen de 4 millions d'euros, notamment grâce aux stock-options.

Le monde n'a jamais compté autant de milliardaires (en dollars) : 691 en 2005, avec une fortune nette cumulée de 2200 milliards – plus que le PIB de la France.

Début 2007, ils étaient 946, et 1.125 un an plus tard.

Il faut en finir avec les notions désuètes et surannées. Le progrès, notamment.

Le progrès a fait son temps.

Le XXI° siècle sera celui de la *modernisation*.

Elle est déjà en bonne voie.

Les bienfaits du colonialisme (si, si)

Ça n'a duré que le temps d'une campagne présidentielle. Le temps de récupérer les voix Front National et assimilées. Il a fallu bien vite ensuite battre en retraite, pour ne pas compromettre les affaires avec les pays du Maghreb ou de l'Afrique noire. Dès le mois de décembre 2007, lors de sa visite en Algérie, le président fraîchement élu faisait amende honorable et se fendait même d'une dénonciation en bonne et due forme du colonialisme, « injuste par nature » et qui « ne pouvait être vécu autrement que comme une entreprise d'asservissement et d'exploitation ».

Il faut préciser que le président, comme dans chacun de ses déplacements à l'étranger, emmenait dans ses bagages une brochette de grands patrons en plein marchandage de contrats, qui pour un métro, qui pour un tramway, qui pour la construction d'une usine pétrochimique, qui pour une centrale thermique ou pour l'exploitation de gisements d'uranium. Contrats qui ont été *finalisés* (c'est le mot à la mode) au cours de la visite. Il y en avait pour plus de 5 milliards d'euros au total, dont 2 pour Total justement – mais Alstom a fait mieux, avec 2,4 milliards (sur deux projets). À ce prix-là, on peut bien reconnaître que le colonialisme a été injuste.

Le président a toutefois refusé de présenter les excuses de la France pour les crimes liés à la colonisation, comme le réclamaient les Algériens. Histoire sans doute de ne pas déjuger le candidat Nicolas Sarkozy huit mois plus tôt, vantant les « bienfaits » de cette colonisation pendant sa campagne électorale. Il n'était pas entré dans les détails de ces bienfaits malgré tout, nous faisant grâce de « tout ce qu'on a apporté à ces gens-là » : les routes, les écoles, la civilisation, et même le droit d'aller se faire trouer la peau pour la France au cours des deux guerres mondiales.

La libre concurrence… à l'abri de la concurrence

Mais le passé, c'est le passé. Les anciennes colonies sont devenues indépendantes depuis un demi-siècle. Ce qui ne signifie pas que les entreprises françaises n'y font plus d'affaires – ni même qu'elles en font moins, comme on l'a vu ci-dessus. Simplement, elles n'y sont plus toutes seules. Elles doivent y affronter la concurrence internationale, comme partout ailleurs. Alors que pendant toute une époque, elles y étaient comme qui dirait... en territoire conquis.

Car c'était d'abord cela, le colonialisme : un système dans lequel les puissances coloniales (l'Angleterre et la France principalement, mais d'autres pays également comme la Belgique, les Pays-Bas ou le Portugal) s'étaient taillé des empires, véritables chasses gardées où leurs capitaux prospéraient à l'abri de la concurrence.

Pendant que ses idéologues prêchaient aux quatre vents le marché libre et la libre concurrence, la bourgeoisie de ces pays s'enrichissait dans les faits en se créant partout où elle le pouvait des situations de monopole, sous la protection des fusils des troupes coloniales.

Ces situations de monopole, cette absence de concurrence dans le cadre de l'économie capitaliste, ont permis à l'industrie française, pendant des décennies, de réaliser des surprofits sans avoir à moderniser son outil de production ni ses structures. Elles ont permis à la France de rester un pays de boutiquiers et de conserver une agriculture familiale bien plus longtemps que les autres pays industriels. Elles sont en grande partie à l'origine des archaïsmes et de l'immobilisme dont il paraît que nous souffrons tant aujourd'hui.

En somme – et même si ce n'est pas une consolation pour les ex-colonies –, les pays colonisateurs ont eux-mêmes été d'une certaine façon « victimes » du colonialisme.

Des bienfaits dont les mêmes continuent à profiter

Tout cela ne remet pas en cause les bienfaits de la colonisation, dont certains continuent à se faire sentir cinquante ans après qu'elle ait cessé. Ces bienfaits se sont déversés en premier lieu sur des entreprises, sur des groupes industriels et financiers.

Le Groupe Bolloré, par exemple (surtout connu en France pour ses yachts, ses avions privés et ses liens d'amitié avec le président), possède en Afrique des plantations, il y contrôle des zones portuaires en Côte-d'Ivoire, au Gabon, au Nigeria. Des pays où les soldats français sont toujours présents après cinquante ans d'indépendance, de même qu'au Sénégal, au Tchad, en Centrafrique et à Djibouti.

Mais ça n'a plus rien à voir avec le colonialisme, évidemment.

Ceux qui nous prennent en otages

Allumer son ordinateur est un geste on ne peut plus anodin. Si vous saviez, pourtant, tout ce que ce simple geste peut déclencher en quelques secondes, vous seriez soit rempli d'admiration, soit très inquiet.

C'est qu'il y en a, sous le capot de votre ordinateur ! Vous n'imaginez pas toutes les bonnes choses que Microsoft y a fourrées (pour votre bien, naturellement). Tous ces programmes dont vous ne soupçonnez même pas l'existence et qui s'activent à votre insu pour scruter le contenu de votre disque dur, dresser la liste des logiciels que vous utilisez (surtout sans licence), noter tous les fichiers que vous téléchargez (surtout illégalement), surveiller vos connexions, observer vos habitudes…

Eh oui, Big Brother vous regarde. Mais le coup de maître de Microsoft est surtout d'avoir réussi à rendre le grand public captif de Windows et des applications qui tournent sous Windows : une fois que vous avez commencé à travailler dans cet environnement, s'il vous prend l'envie de passer à la concurrence, vous risquez fort de perdre tout vos travaux antérieurs, à moins d'être un expert en informatique.

Si vous écoutez la voix de la sagesse et restez fidèle à Microsoft, ne vous croyez pas tiré d'affaire pour autant. La firme de Big Brother (Bill Gates pour les intimes) a fait en sorte que vous soyez contraint, tôt ou tard, de suivre les évolutions de ses produits. Et donc de repasser régulièrement à la caisse. Faute de quoi vous pourrez certes continuer à travailler dans votre coin, comme un ringard, mais votre ordinateur ne reconnaîtra pas les fichiers créés sous des versions plus récentes. Rapidement, vous vous retrouverez au piquet, isolé du reste du monde.

N'allez pas dire toutefois que Microsoft *prend l'utilisateur en otage.* « Prendre en otage », dans ce contexte, c'est une métaphore. Et il ne faut pas abuser des métaphores.

Halte aux abus de langage !

Ce que Microsoft a su faire en grand, d'autres parviennent à le reproduire en modèle réduit. Quand une société de services réalise un logiciel pour un client, le programme est habilement conçu de façon à ce que la société cliente reste dépendante du réalisateur pour tout ce qui concerne la maintenance et les évolutions futures du produit. Il existe pour cela une grande variété de techniques, tournant toutes autour du principe bien connu « pourquoi faire simple quand on peut faire compliqué ». On veillera en outre à ce que la documentation livrée avec le produit, tout en respectant scrupuleusement le Plan Qualité du projet, reste aussi énigmatique et nébuleuse que possible (ce pour quoi on n'a généralement pas besoin de forcer les ingénieurs).

Mais là encore, n'allons pas abuser des métaphores et accuser les sociétés d'informatique de *prendre leurs clients en otages.*

Il n'y a pas que l'informatique du reste. Il fut un temps où l'automobiliste moyen pouvait sans trop de mal effectuer des interventions légères sur son véhicule, telles que changer la batterie ou les bougies. Aujourd'hui, grâce au progrès technique, la plupart des pièces sont devenues inaccessibles à moins de disposer d'un outillage spécialisé. La roue de secours elle-même, sur certains modèles, ne peut s'extraire qu'au terme d'un véritable parcours du combattant.

Tout cela fait bien l'affaire des garagistes, dira-t-on. Dans ce cas non plus, cependant, on n'ira accuser ni ces derniers, ni les constructeurs, de *prendre l'automobiliste en otage.* Ce n'est pas avec ce genre d'abus de langage qu'on règle les problèmes, qu'on se le dise.

D'autant qu'il y a bien d'autres situations où l'on peut parler de prise en otage, si on va par-là. Ceux qui n'aiment pas la pub, par exemple, peuvent s'estimer pris en otages lorsque le film qu'ils sont en train de regarder à la télé est coupé en deux (ou même en trois) pour faire place à une page de réclame. De même que, pour bien des parents, leurs enfants sont littéralement pris en otages par les marchands de jeux vidéo ou par les lobbies de l'agroalimentaire.

Mais au risque de me répéter, il ne faut pas user de cette métaphore à la légère. Une prise d'otage est un acte grave. Il ne faut donc utiliser cette image que dans les cas où elle s'impose.

Le seul cas où l'expression s'impose

Le seul cas où elle s'impose, de toute évidence, est celui des grèves dans les transports. On n'en a pas souvenir d'une seule, en tout cas, où le thème de *l'usager pris en otage* par les grévistes n'ait pas fait la une des journaux ou le leitmotiv des reportages à la télé.

Les jours de grève dans les transports, en effet, on peut rencontrer, sur les quais du métro et dans le hall des gares, des voyageurs d'une espèce inhabituelle. Ils se promènent avec un micro et sont accompagnés d'un type qui tient une caméra. Ils abordent les usagers en souffrance et leur demandent si ça va bien, et s'ils n'ont pas trop mal, et ce qu'ils pensent de toutes ces grèves, et si c'est normal de se retrouver pris en otage. Et le pauvre usager, qui attend son train ou son métro depuis une demi-heure, répond que toutes ces grèves, ça commence à bien faire, et qu'on nous prend en otage. CQFD, aurait dit mon prof de maths.

Parfois, le pauvre usager ajoute que ça va vraiment mal, et qu'un jour ça va péter, parce qu'il n'y a pas que les cheminots qui – mais à ce moment-là, le type avec la caméra coupe tout, parce que ce n'est pas le sujet du reportage.

Et puis la grève prend fin. C'est le *retour à la normale*. Il n'y a plus que les problèmes de trains supprimés, métros bondés, pannes de signalisation et autres avaries de matériel, qui font l'ordinaire de la vie des usagers.

Et plus personne pour les plaindre ni les interviewer, les usagers.

Ou pour leur demander s'ils ne se sentent pas *pris en otage* par le ministre des Transports.

Non, vraiment, il ne faut pas abuser de cette métaphore.

Haro sur soixante-huit

En 1960, la ville de Nanterre, qui n'était pas encore préfecture des Hauts-de-Seine, comptait deux gares SNCF : Nanterre-Ville et Nanterre-La Folie. Quelques années plus tard, comme la construction de la nouvelle université s'achevait, la deuxième gare a été rebaptisée, et pendant un certain temps les panneaux y ont porté l'inscription suivante :

La Folie
Complexe Universitaire

On était à la veille de mai 68.

Un mois de mai qui, exceptionnellement, avait commencé le 22 mars. Sur le campus de Nanterre précisément.

Un mois de mai qui fut assez animé, non seulement à Nanterre mais dans les autres universités, dans les rues des villes et dans les usines.

Un mois de mai pendant lequel on vit des choses assez inhabituelles : des bâtiments et des entreprises occupés, des rues barrées par des barricades, et des personnages officiels qui faisaient une drôle de tête.

Un grand nettoyage de printemps

La face du monde n'en a pas été changée. 1968 ne fut ni 1789 ni 1917. Ni même 1936. Tout au plus un nettoyage de printemps, dans un pays où les femmes avaient encore besoin de l'autorisation de leur mari pour ouvrir un compte en banque ou même pour exercer un emploi ; où l'avortement était puni de prison et la contraception tout juste tolérée ; où les chansons de Boris Vian étaient interdites d'antenne à la radio, tandis que des nervis d'extrême-droite matraquaient chaque semaine des étudiants au Quartier Latin.

L'enseignement secondaire et l'université avaient tout juste commencé à s'ouvrir aux enfants des classes populaires, mais les programmes et les méthodes d'enseignement avaient une guerre de retard, comme bien d'autres choses d'ailleurs. L'atmosphère politique était étouffante, marquée par l'autoritarisme de l'État gaulliste et le verrouillage de ce qu'on n'appelait pas encore les médias.

L'économie se portait mieux, mais les salariés étaient les grands laissés-pour-compte de l'expansion. C'est ce qui explique la grève générale de trois semaines, suivie par une grande partie de la classe ouvrière.

Cette grève est restée entièrement sur le terrain revendicatif. Mai 68 n'a pas été une révolution, même si certains se le sont figuré à l'époque. Tout juste une révolte étudiante, dont les travailleurs ont profité pour faire valoir leurs revendications. Avec en prime un parfum de liberté comme on n'en avait pas connu depuis longtemps, un débat quasi permanent dans les facs, dans les usines, dans la rue – où toutes les idées se sont discuté, des plus sérieuses aux plus farfelues.

Mais comme le chantait autrefois Brassens :

« Le temps passa sur les mémoires
On oublia l'événement
Seuls des vieux racontent encore à leurs p'tits-enfants... »

Quarante ans après, ils en font toujours des cauchemars

Ce qu'on raconte aux petits-enfants sur mai 68 se résume le plus souvent à des clichés, qui occultent le véritable esprit de ce mois de mai pour n'en retenir que les aspects caricaturaux ou folkloriques : les voitures brûlées au Quartier Latin, les slogans plus poétiques que politiques comme « Sous les pavés, la plage » ou « Il est interdit d'interdire ».

Chez les gens de droite, mai 68 est vite devenu l'objet d'une haine inexpiable, qui n'est toujours pas retombée quarante ans après. Tout ce qui n'allait pas dans ce pays, c'était désormais la faute à mai 68[1]. La

[1] Depuis 2001, il est vrai, la droite a découvert un nouveau coupable : la loi des 35 heures bien sûr.

dégradation de l'enseignement ? Mai 68. La démission des parents ? Mai 68. La grossièreté chez les enfants ? Mai 68, comme le dénonçait récemment Sarkozy quelques jours avant de traiter de pauvre con un visiteur au salon de l'Agriculture. (En mai 68, parmi les centaines de mots d'ordre et slogans qui ont fleuri, c'est à peine si on peut relever une ou deux grossièretés, mais passons...)

« Ayant vécu mai 68, écrit un internaute d'aujourd'hui, j'ai surtout le souvenir d'un immense bordel. Que s'est il passé au fait ? Une montée de sève des étudiants qui avaient envie de baiser librement dans les amphis, et devant le bordel croissant les syndicats se sont dit qu'il pouvait y avoir quelque chose à faire. »

« À partir de mai 68, renchérit un autre, l'enfant est devenu un petit roi. L'enfant n'a plus de barrière, il doit se former tout seul, sans contrainte. Les parents laissent faire. Les enfants n'ont plus de repères entre ce qui est bien et mal. Les enseignants baissent les bras. Les jeunes commettent des violences, des agressions, des incendies… Ils ne respectent plus rien. »

« Aujourd'hui, s'indigne une enseignante, j'ai dû exclure des élèves qui avaient dix minutes de retard, dont un ne voulait pas se justifier, et s'est permis de rentrer dans mon cours malgré mes consignes. Une anecdote parmi tant d'autres, qui me dégoûte de ce métier, métier supposé d'ailleurs « transmettre » un savoir, mais quel savoir ???? Sous quelles conditions ?? On nous demande aujourd'hui de faire du social, de tenir compte des problèmes personnels des élèves, de faire avec leur susceptibilité, etc. .... bref de les plaindre...... J'avoue que j'ignorais qu'être prof aujourd'hui consistait à jouer les assistantes sociales devant un tableau noir. Une génération d'abrutis arrive sur le marché du travail, génération assistée et trop peu curieuse pour s'intégrer dans la vie active. Halte à la permissivité !!!!! Elle va nous coûter cher !!!! »

Et tout ça à cause de quoi, braves gens ?

« Mai 68, un désastre dont les conséquences pèsent lourd !!!!!!!!!!!!! » (N.B. : J'ai respecté la ponctuation de cette prof courroucée).

Devinette : Qu'est-ce qui est pire que soixante-huit ?

Réponse : Les soixante-huitards. D'après un certain Christian Authier (sur Internet) :

« Les soixante-huitards ont fait carrière sur l'apologie débridée de la subversion et de la transgression face à toute forme d'autorité (politique, religieuse, morale, sociale, familiale). Leur drame est d'être aujourd'hui au pouvoir. Ils n'en reviennent pas, partagés entre le contentement et le dégoût de soi (pour les moins cyniques), d'incarner l'ordre bourgeois et moral qu'ils vomissaient. Certes, ils s'habillent « jeune », tentent de parler « branché », de poser en éternels rebelles contestataires et de ne rater aucune mode, mais ce sont des notables confits dans des idées plus vieilles qu'eux. Jouhandeau les imaginait notaires, ils sont plutôt ministres, éditorialistes influents ou patrons de presse. Ils défendent le FMI, la Banque mondiale et l'OTAN. Que leur reste-t-il ? La posture. Celle de l'ado révolté et de l'enfant insoumis. [...] Mais ils ont beau singer la modernité, elle s'enfuit devant ces ringards et ne leur laisse que ses bijoux de pacotille.»

Ainsi, non seulement ce sont eux qui détiennent le pouvoir, mais tous les maux dont nous souffrons, ne cherchez pas ailleurs, c'est à eux que nous en sommes redevables !

Sarkozy ne disait pas autre chose lors du dernier meeting de sa campagne électorale : « Mai 68 nous avait imposé le relativisme intellectuel et moral. Les héritiers de mai 68 avaient imposé l'idée que tout se valait, qu'il n'y avait aucune différence entre le bien et le mal, entre le vrai et le faux, entre le beau et le laid. [...] Voyez comment le culte de l'argent roi, du profit à court terme, de la spéculation, comment les dérives du capitalisme financier ont été portés par les valeurs de Mai 68. »

Eh oui, même la course au profit, la spéculation et le capitalisme financier, c'est encore un coup des soixante-huitards. Ces gens-là sont partout, je vous le dis. Les soixante-huitards sont à la France de 2008 ce que les Juifs étaient à la France de l'affaire Dreyfus.

Heureusement, Saint Nicolas est arrivé, qui va bientôt liquider – il l'a promis – cet héritage de mai 68.

Une promesse qui va lui demander un grand courage s'il veut réellement la tenir.

Parce qu'avant mai 68, il eût été impensable, inouï, inimaginable qu'un président de la République divorce et se remarie pendant son mandat.

DEUXIÈME PARTIE

Le charme discret de la bourgeoisie

Qu'elle était belle mon entreprise !

« En avant l'entreprise ! Parce que l'entreprise, c'est la vie ! » (Laurence Parisot au congrès du Medef)

L'envolée lyrique ci-dessus date de juillet 2005, lors de l'élection de Laurence Parisot à la présidence du syndicat patronal.

Seule ombre au tableau en cette journée radieuse, cette élection s'est faite contre la volonté de l'UIMM, la puissante fédération patronale de la Métallurgie, qui avait présenté son propre candidat. Il y avait donc de l'eau dans le gaz dès le départ entre les anciens et les modernes, entre la vieille industrie de papa d'un côté, et de l'autre la fringante nouvelle présidente qui avait fait l'essentiel de sa carrière dans le tourisme et les instituts de sondage[1].

Deux ans plus tard, la querelle de famille prenait brusquement des allures de rififi au Medef, avant de tourner carrément au règlement de comptes à OK Coral. Les dirigeants de l'UIMM, et notamment son président Denis

---

[1] « En 1985, elle entre à l'institut de sondages Louis Harris, dont elle devient directrice l'année suivante, sous la protection de Pierre Weil, PDG de la Sofres. Depuis 1990, elle dirige l'institut de sondages IFOP, dont elle détient 75% du capital. Elle est aussi PDG de la PMI d'ameublement Optimum, dont elle a en fait délégué la gestion, et de diverses sociétés touristiques à Saint-Barthélemy. » (Article sur Laurence Parisot paru dans *Wikipedia*).

Gautier-Sauvagnac, se retrouvaient en effet sous l'inculpation d'abus de confiance pour avoir retiré frauduleusement 19 millions d'euros en liquide des caisses de leur organisation, entre 2000 et 2007.

Le principal inculpé démentait comme il se doit toute malversation et toute utilisation à des fins personnelles ; les syndicats ouvriers de la Métallurgie, de leur côté, démentaient les rumeurs d'après lesquelles une partie de ces sommes auraient pu servir à acheter des militants syndicaux (ou à « fluidifier les relations sociales » comme on dit entre gens bien élevés).

À quoi aurait servi cet argent alors ? Selon une formule consacrée, les enquêteurs n'écartent aucune hypothèse.

Ce qui est certain en revanche, c'est que la patronne des patrons n'a pas tardé à obtenir la tête de Gautier-Sauvagnac, écarté de son mandat de négociateur du Medef en octobre 2007 et de ses fonctions à la tête de l'UIMM deux mois plus tard.

La presse a cru alors savoir que le patron de l'UIMM aurait négocié son silence contre 1,5 million d'euros d'indemnités de départ. Mais pas du tout en fait. Les 1,5 millions, c'était juste au titre de sa mise à la retraite. Et son silence n'a pas duré longtemps, puisque dès le mois de mars 2008 il accusait Laurence Parisot d'avoir été au courant de longue date des pratiques de caisses noires et autre système occulte de retraits en espèces. Ce à quoi l'intéressée s'empressait de répondre en le traitant de « sacré menteur », de même que son prédécesseur à la tête de l'UIMM, Daniel Dewavrin. C'est fou, ce qu'on s'aime au Medef.

« Je crois qu'il est temps que l'UIMM passe à autre chose clairement et nettement et vienne au contraire avec moi fonder, construire le patronat du XXI° siècle », a conclu Parisot. Dans le cadre de ce programme ambitieux, elle a demandé aux dirigeants de l'UIMM de remettre les mandats nationaux qu'ils exercent au nom du Medef dans diverses institutions. Pour le reste, on verra plus tard.

Qui a balancé à la justice Gautier-Sauvagnac et ses copains, au fait ? On ne le saura sans doute jamais. Petit détail en passant : deux des comptes sur lesquels ont été effectués les retraits incriminés étaient déposés à la BNP, banque dont le Conseil d'administration, depuis, 2006, compte parmi ses membres une certaine Laurence Parisot. Mais il s'agit probablement d'une simple coïncidence. Une parmi d'autres.

En Allemagne aussi, elle est belle, mon entreprise

En Allemagne, l'une des plus grandes sociétés du pays, Siemens, est au centre d'une vaste affaire de corruption qui défraie la chronique depuis l'automne 2007.

Tout est parti d'un contrat de deux milliards de dollars conclu avec le gouvernement argentin en 1998 pour la livraison d'un système de passeports électroniques. La commande aurait ensuite été annulée après un changement de gouvernement en 1999. On a en fait appris que Siemens aurait gagné le contrat de 1998 grâce à un pot de vin de 10 millions de dollars… et que le nouveau gouvernement argentin lui aurait tout simplement demandé de repasser à la caisse.

Par la suite, l'enquête serait remontée jusqu'à des comptes dans des banques suisses, qui servaient de caisses noires pour graisser la patte à de hautes personnalités lors de la signature de contrats. Siemens a reconnu l'existence de ces caisses noires, d'un montant de 1,3 milliard d'euros, et a été condamné à une amende en tant que personne morale par la justice allemande, qui enquête désormais sur des personnes physiques, des anciens dirigeants de la société.

D'après l'hebdomadaire *Der Spiegel*, l'ex-patron de Siemens, Heinrich von Pierer, aurait été mis personnellement en cause par un deuxième dirigeant, qui l'accuse d'avoir couvert ces pratiques. D'autres dirigeants de la société sont également mouillés dans l'affaire, notamment un ancien chef du conseil de surveillance et un ancien membre du directoire, qui étaient au courant dès 2000 de l'existence de comptes en Suisse. « Étaient au courant », « avoir couvert ces pratiques », tout le monde aura compris qu'il s'agit d'euphémismes délicats.

Même motif, mais pas encore même punition

Dans la série « c'est pas chez nous qu'on verrait des choses pareilles », une convention internationale de 1997 sur la lutte contre la corruption dans les transactions commerciales est entrée en vigueur en France le 1er juillet 2000. Pourquoi au bout de trois ans seulement ? Allez le savoir ! Aucun rapport, en tout cas, avec l'enquête ouverte par la justice suisse à l'encontre d'Alstom pour blanchiment d'argent et versement de pots-de-vin lors de l'attribution de contrats en Asie et en Amérique du Sud, entre 1995 et 2003.

N'empêche que si on avait su, on aurait attendu 2003 pour adhérer à cette convention internationale.

L'actuel PDG d'Alstom, Patrick Kron, a affirmé ne rien savoir de ces « vieilles affaires » qui datent d'avant son accession à la tête du groupe (en 2003 justement). « Je me garderai bien de faire quelque comparaison que ce soit », a-t-il déclaré à la presse en avril 2008. La comparaison, tout le monde l'avait déjà faite cependant, Alstom étant le grand rival de Siemens dans plusieurs domaines, dont le ferroviaire et les centrales électriques.

Mais Siemens, c'est Siemens et Alstom, c'est Alstom. « Le groupe dispose de procédures strictes et extrêmement précises pour que le respect des règles soit effectivement parfaitement mis en œuvre » a encore précisé le PDG. Et d'ailleurs, lors des affaires de corruption d'Alstom, les transferts de fonds se faisaient par l'intermédiaire de sociétés écrans. Un professionnalisme à côté duquel Siemens peut bien aller se rhabiller.

De la vie à tous les étages

Tout ça, c'est l'entreprise vue de l'extérieur. Vue de l'intérieur, la vie y est encore plus riche et plus palpitante, avec ses luttes pour le pouvoir et ses guerres des chefs. Comme cette baston mémorable qui a opposé le président du groupe Vinci, Antoine Zacharias, au directeur général, Xavier Huillard, ce dernier ayant publiquement dénoncé le salaire « très élevé » de son patron et les stock-options de 250 millions d'euros dont il bénéficiait depuis plusieurs années. Le conseil d'administration a finalement pris parti pour le directeur contre le président, et ce dernier a dû quitter ses fonctions en juin 2006 avec « seulement » 12,9 millions d'euros d'indemnité – une misère – au lieu des 81 millions qu'il réclamait.

Aux étages juste en dessous, on a encore de belles guerres entre services d'une même société, les chefs qui fument la moquette et ceux dont les dents rayent le plancher, la rétention d'information et les coups tordus en tous genres. Qui pourrait imaginer, par exemple, que saboter discrètement un projet pour faire tomber un rival est un procédé des plus prisés parmi les cadres d'un certain niveau ?

Bien sûr, l'entreprise n'est pas constituée *que* de cadres d'un certain niveau. Il y a aussi tout le reste, le menu fretin. Les simples salariés, puisqu'il faut les appeler par leur nom. Des gens dont il n'y a pas grand-chose à dire au fond. Si ce n'est qu'ils viennent là tous les matins, parce qu'ils ne sont même pas fichus de créer leur propre entreprise…

Délit d'initié, à moitié pardonné

Il y a deux épisodes dans ce qu'il est convenu d'appeler « l'affaire EADS ». Le premier s'est déroulé de novembre 2005 à mars 2006 et concerne essentiellement les cadres dirigeants du groupe, dont son vice-président d'alors, Noël Forgeard. Le deuxième a pris la relève en avril 2006 et a pour protagonistes les deux principaux actionnaires, Arnaud Lagardère et Manfred Bischoff.

À l'automne 2005, c'était un secret de polichinelle parmi les cadres d'Airbus (filiale du groupe aéronautique EADS) qu'il y avait de sérieuses difficultés sur l'A380, et que des retards importants à la livraison de l'avion gros porteur étaient à prévoir. Mais cela, la plupart des actionnaires d'EADS (les petits porteurs, comme on les appelle communément) l'ignoraient. Et on a tout fait pour le leur dissimuler le plus longtemps possible. L'annonce officielle des délais de livraison de l'A380 n'interviendra que le 13 juin 2006.

Entre-temps, la minorité d'actionnaires qui étaient au parfum – des cadres d'EADS ou des gens qui ont pu bénéficier de leurs « tuyaux » – se sont dépêchés de vendre leurs actions (ou leurs stock-options) avant que leur cours ne commence à baisser. C'est très exactement ce que la loi qualifie de délit d'initié.

D'après l'Autorité des Marchés Financiers, les « initiés » auraient été au nombre de 1 200, auraient vendu plus de 10 millions de titres EADS et empoché près de 90 millions d'euros de plus-values. Ces 10 millions de titres ne représentent cependant qu'un peu plus de 1 % du capital de l'entreprise.

Les choses sérieuses ont commencé avec l'entrée dans la danse des deux principaux actionnaires, les groupes Lagardère et DaimlerChrysler (ce dernier appartenant à Manfred Bischoff). Là, c'est carrément 15 % des titres qui ont été revendus, à égalité pour les deux sociétés, provoquant une chute de 4 % du cours de l'action. En juin, l'annonce des délais de livraison de l'A480 entraînera, elle, une chute du cours de l'action de plus de 36 % en une seule séance.

Pour Bischoff et Lagardère, c'est en centaines de millions d'euros que se chiffre la plus-value sur les actions revendues. Cerise sur le gâteau, la cession a eu lieu le 4 avril, mais sous la forme d'une vente *à terme*, pour bénéficier de nouvelles mesures fiscales favorables devant entrer en vigueur en 2007. C'est donc en 2007 seulement que cette vente est devenue effective – mais sur la base des cours d'avril 2006.

Mais il y a plus. Ce n'est pas sur le marché boursier que les deux compères ont revendu leurs titres, comme l'aurait fait l'actionnaire lambda, mais à des « investisseurs institutionnels » (en l'occurrence, la Caisse des dépôts et consignations, pour ce qui concerne Lagardère). C'est donc l'État, par l'intermédiaire de ces organismes, qui s'est chargé de racheter ce paquet d'actions… et de débourser la moins-value correspondant à la plus-value réalisée par les vendeurs.

Le ministre de l'Economie de l'époque, Thierry Breton, qui a donné son autorisation à la transaction, a juré la main sur le cœur qu'il ignorait à l'époque les problèmes que traversait EADS. On se demande bien à quoi sert un ministre de l'Économie alors, d'autant que l'État français est lui-même actionnaire d'EADS à hauteur de 15 %.

Parachute d'initié

Les salariés d'EADS, quant à eux, auraient pu regarder avec philosophie les actionnaires grands et petits se plumer les uns les autres, si toute l'affaire n'avait fini par leur retomber sur le dos, comme c'est malheureusement le cas presque toujours.

La direction du groupe a en effet prétexté des difficultés de l'entreprise pour mettre en route un plan de restructuration, baptisé Power8, se traduisant principalement par la suppression de 10 000 postes, dont 3 000 en France et autant en Allemagne. Ces compressions d'emplois portent à la fois sur les 55 000 salariés d'Airbus et les 30 000 sous-traitants qui travaillent sur les sites. C'est l'étrange logique à laquelle on est en train de nous accoutumer : quand un projet prend du retard, comme l'A380, on règle le problème en réduisant le personnel !

Pour l'ancien président Forgeard, en revanche, tout va bien, merci pour lui. Outre les 1,2 millions de plus-values réalisées sur ses stock-options, il a bénéficié en juillet 2006 d'un parachute doré de 8,4 millions d'euros, sans doute pour le remercier de ses brillants résultats.

Toute cette affaire en vérité, du début à la fin, est un cas d'école sur la façon dont le comportement individuel des capitalistes et de leurs cadres dirigeants aggrave les difficultés des entreprises au lieu de les résoudre, loin du discours sur l'entreprise, « modèle d'efficacité et de responsabilité ». « Chacun pour soi » et « Après moi le déluge » seraient plus en rapport avec la réalité.

Des limites à ne pas dépasser

D'un point de vue pénal, le délit d'initié consiste dans le fait d'utiliser des informations « privilégiées » lors de transactions boursières, de vente ou d'achat d'actions d'une société. Sur les marchés boursiers, tous les intervenants sont censés avoir accès aux mêmes informations. Une pure fiction dans les faits, comme l'est toujours l'égalité dans la société bourgeoise. Y compris l'égalité entre actionnaires !

« Les actionnaires, reconnaît Joseph Stieglitz, ont conscience qu'ils ne peuvent pas faire confiance aux entreprises : l'incitation de ces dernières à donner une information fallacieuse est trop forte, même s'il y a des lois pour protéger contre la fraude[1]. » Et quelques pages plus loin : « Elles (les banques) étaient censées aider les investisseurs, réduire l'écart entre initiés et non-initiés, et elles ont fait l'inverse, en maintenant ou aggravant les asymétries de l'information. Souvent, banquiers et analystes connaissaient la situation réelle des firmes avec lesquelles ils travaillaient – mais pas le public[2]. »

Le mal-nommé « délit d'initié » n'est donc en réalité que l'état normal dans le monde du boursicotage. C'est l'essence même de la spéculation boursière d'être basée sur l'exploitation d'informations non connues du public. Tout ce que l'AMF (Autorité des Marchés Financiers) demande aux initiés est de préserver les apparences et de ne pas dépasser certaines limites.

---

[1] Joseph Stieglitz, *Quand le capitalisme perd la tête*, p. 171.
[2] Ibid, p. 188.

Il y a des cas où les choses sont allées si loin, cependant, que la justice ne peut décemment fermer les yeux. L'exemple le plus célèbre est celui de Jeffrey Skilling, ex-PDG de l'entreprise américaine d'énergie Enron, condamné à 24 ans de prison. Ce patron sans scrupule avait encouragé ses salariés à acheter des actions Enron tout en vendant les siennes au même moment, quinze jours avant l'annonce d'un bilan catastrophique de son entreprise, faisant chuter inexorablement le cours de l'action et engendrant d'énormes pertes pour les petits actionnaires, avant que la société ne soit déclarée en faillite.

En dehors de ce cas extrême, des affaires de délit d'initié ont éclaboussé des dirigeants de grandes sociétés comme EADS, des hauts fonctionnaires d'État, des opérateurs financiers. Mais dans les faits, le délit est rarement condamné car il est difficile à prouver. En France, en 2005, sur 91 enquêtes ouvertes pour délit d'initié, 23 ont débouché sur une procédure de sanction... et deux seulement sur une sanction.

Petits arrangements entre amis

Il appartenait toutefois à Nicolas Sarkozy de vouloir pousser le bouchon plus loin et jeter par-dessus bord les procédures pénales elles-mêmes, en cas d'abus de biens sociaux et autres délits d'initiés. À ses yeux, « la pénalisation de notre droit des affaires est une grave erreur ». Et lui, Sarkozy, veut mettre un terme à cette grave erreur, comme il l'a déclaré en août 2007 devant une assemblée du Medef. Il envisagerait d'ailleurs d'amnistier les prévenus dans l'affaire des caisses noires de l'UIMM, à en croire François Chérèque, secrétaire général de la CFDT.

À quoi bon, en effet, étaler sur la place publique des histoires où ne sont impliqués que des gens du beau monde ?

Il a donc nommé une commission chargée de plancher sur la dépénalisation de ce qui est selon lui pénalisé sans raison valable. Jusqu'à présent, cette commission a plutôt botté en touche, mais ce n'est sans doute qu'une question de temps.

Le même Sarkozy pourtant, en d'autres occasions, avait su y aller de son indignation vertueuse contre la délinquance financière et les « patrons voyous ». Son ami personnel Arnaud Lagardère l'aurait-il fait changer d'avis ?

Madame Ouverture du Capital (née Privatisation)

On appelait cela une privatisation en effet, dans les temps anciens. On en a connu des dizaines à partir des années 1980, de la Société Générale en 1987 à France Télécom en 2004, en passant par la BNP en 1993 et Renault en 1996. Et la France n'en avait pas l'exclusivité, témoin la privatisation des chemins de fer britanniques en 1996, faisant suite à celles de toutes les autres entreprises étatiques par Margaret Thatcher.

Pourtant, le terme même de *privatisation* a gardé quelque chose de péjoratif. Il fait partie de ces mots qu'on ne prononce pas entre gens bien élevés, comme *pipi*, *capitalisme*, *licenciement* ou *femme de ménage. Besoin naturel, libéralisme*, *réduction de la masse salariale* et *agent d'entretien* font moins cru et plus distingué, c'est certain. De même, *privatisation* laisse entendre qu'on livre le bien public à des intérêts privés, ce qu'à Dieu ne plaise ! On lui préfèrera donc *ouverture du capital*, pour bien souligner que le capital était fermé jusque-là mais qu'il sera désormais ouvert à tous.

C'est donc à tous – vous, moi – que le capital de GDF s'est ouvert en 2004, en même temps que celui d'EDF, lorsque les deux entreprises nationales ont été transformées en sociétés anonymes de droit privé ; mais c'est avec le groupe Suez que la compagnie gazière a convolé en justes noces en juillet 2008. Ainsi va la vie.

Ça gaze pour les actionnaires

Annoncée par le gouvernement Villepin en février 2006, cette fusion avait pour noble prétexte de préserver Suez, entreprise française comme son nom ne l'indique pas, d'une OPA hostile de l'Italien Enel. Mais le mariage a fait l'objet d'âpres négociations, avec la Commission européenne d'une part, qui ne voyait pas d'un bon œil cet arrangement franco-français peu conforme au principe sacro-saint de libre concurrence ; et avec Sarkozy d'autre part, pour qui le grand tort de cette fusion-acquisition était d'avoir été montée par Dominique de Villepin.

Fusion-acquisition de GDF par Suez, assurément, car les deux conjoints ne pesaient pas le même poids sur la balance, Suez possédant deux fois plus de capitaux et employant trois fois plus de salariés que Gaz de France. Pour compenser (et ce fut probablement en partie l'objet des tractations avec l'Elysée et avec Bruxelles), Suez a accepté de revendre en partie sa filiale Suez Environnement – qui reste néanmoins détenue à 35 % par le nouvel ensemble GDF-Suez. Et c'est le patron de Suez, Gérard Mestrallet, qui est devenu PDG de l'ensemble.

En guise de pot d'accueil, le nouveau groupe offre à ses actionnaires le versement d'un dividende exceptionnel de 0,80 euro par action, qui s'ajoutera cette année au dividende ordinaire. Un dividende ordinaire dont les actionnaires n'auront pas lieu de se plaindre, puisqu'il est prévu de leur distribuer 50 % du résultat net.

Les anciens actionnaires de Suez recevront également, en plus de leurs actions GDF-Suez, une action Suez Environnement pour quatre actions Suez. Et ça tombe bien, car Suez Environnement aussi fera une petite gâterie à ses actionnaires, 0,65 euro par action au titre de 2008.

Pour les ex-abonnés de GDF, les nouvelles sont moins bonnes puisqu'ils ont subi une nouvelle hausse du prix du gaz de 5 % dès le mois d'août 2008, s'ajoutant à deux augmentations du même ordre déjà depuis le début de l'année (avant que la fusion ne soit entrée en vigueur).

Sarkozy s'est fendu d'une déclaration selon laquelle GDF-Suez « assumerait pleinement les missions de service public de Gaz de France », notamment « la fourniture de gaz au tarif réglementé ». Mais ce tarif réglementé, le plan d'entreprise Suez-GDF prévoit sa suppression en 2010. Au-delà, ce sera la liberté des prix. On pourra donc mesurer combien l'« ouverture du capital » favorise la concurrence au bénéfice du consommateur.

Un groupe qui déborde d'énergie

En fait de concurrence, l'union de Suez et GDF a donné naissance à un nouveau géant mondial de l'énergie : 200 000 salariés, 93 milliards d'euros de capitalisation, 75 milliards d'euros de chiffre d'affaires. C'est ce qui a conduit la Commission européenne à poser des conditions à la fusion, en demandant à Suez, outre sa filiale environnement, de céder Distrigaz (filiale gazière de Suez en Belgique).

Il faut dire que le groupe Suez n'a pas attendu son union avec GDF pour avaler d'autres sociétés et s'assurer une position dominante sur le marché européen de l'énergie. En Belgique, non content d'être le premier fournisseur de gaz, il contrôle plus de 90 % de la production d'électricité par le biais de sa filiale Electrabel. Son seul concurrent dans ce dernier domaine, SPE-Luminus, avait d'ailleurs pour premier actionnaire jusqu'à récemment… GDF, le monde est petit ! GDF a dû céder ses 25 % de participation dans la SPE, autre condition imposée par Bruxelles pour autoriser la fusion avec Suez. GDF-Suez conserve en revanche le contrôle d'Electrabel, entreprise dont les Belges peuvent apprécier la politique de surfacturation et les tarifs, parmi les plus élevés en Europe.

Mais si Electrabel dispose d'un quasi monopole en Belgique, elle est particulièrement attachée à la libre concurrence partout ailleurs : en France par exemple, où elle a racheté la Compagnie nationale du Rhône, qui exploite dix-neuf centrales hydroélectriques sur ce fleuve, et qui jusque-là était liée à EDF. Peu après, en France toujours, elle a signé un partenariat avec la Société hydroélectrique du Midi, ex-filiale de la SNCF. Suez-Electrabel est ainsi devenu le second producteur d'électricité en France avec 7 % de la production.

En somme, l'État français a vendu à Suez des entreprises d'électricité anciennement nationalisées pour lui permettre de tailler des croupières à EDF. Il est maintenant question d'étendre cette politique au nucléaire, en confiant au nouveau groupe Suez-GDF la construction en France d'un réacteur nucléaire EPR de troisième génération. On voit bien, à travers ces cadeaux successifs, le souci du gouvernement de favoriser la concurrence à EDF. La concurrence à Suez, c'est une autre histoire…

Il est d'ailleurs des exemples de privatisation – pardon, d'ouverture du capital – que nos gouvernants ne peuvent décemment pas présenter comme la fin d'un monopole. C'est le cas pour la société Aéroports de Paris, introduite en bourse en 2006 au moyen d'une augmentation du capital et d'une cession d'une partie des actions de l'État. Une privatisation partielle, donc, mais qui n'a rien changé à la situation de monopole de l'entreprise sur le transport aérien en région parisienne, puisqu'il n'existe aucun aéroport alternatif par rapport à Orly et Roissy.

Le souhait des milieux d'affaires : Que l'État se retire… mais pas trop

Dans la plupart des privatisations de ces derniers temps, en France en tout cas, il est à noter que l'État est resté actionnaire de l'entreprise mise sur le marché. Dans de nombreux cas, la privatisation s'est faite en plusieurs étapes, l'État conservant plus de 50 % des actions dans un premier temps : il en fut ainsi pour Renault et France Télécom par exemple ; il en est toujours ainsi pour Aéroports de Paris (dont l'État a conservé 75 % du capital) et pour EDF. Pour GDF, la part de l'État est restée de 70 % après sa transformation en société anonyme en 2004 ; et même depuis sa fusion avec Suez, l'État reste le premier actionnaire du nouveau groupe, avec 35 % des actions.

Ce n'est pas que l'État ait des scrupules à privatiser, ni qu'il redoute les réactions de l'opinion publique à ce sujet. Non, ce sont les milieux d'affaires eux-mêmes qui préfèrent que les pouvoirs publics ne se désengagent pas totalement ; qu'ils gardent une participation dans l'entreprise – et surtout, qu'ils continuent à lui apporter leur garantie en cas de difficultés. « Les profits pour le privé, les pertes pour l'État », c'est une formule bien rodée et qui a fait ses preuves depuis longtemps.

Si les choses tournent vraiment mal, l'État peut même aller plus loin, nationaliser une entreprise mal en point, voire reprendre à sa charge toute une branche de l'industrie, comme il l'a fait avec la sidérurgie en 1982. Personne ne lui en voudra, surtout s'il rembourse généreusement les actionnaires. Et curieusement, par ces temps où la privatisation s'est muée en ouverture du capital, il n'est jamais question de « fermeture du capital » pour désigner le rachat d'une entreprise aux frais du contribuable !

La concurrence profite au consommateur (mais il ne faudrait pas qu'il en abuse)

Il en va de la concurrence comme de la réforme : c'est un de ces mots dont le sens n'a cessé de se modifier au fil de l'évolution sociale et économique. En ancien français, « concurrence » désignait le fait de *concourir* à un même but. Dans la poursuite de ce but commun, une certaine rivalité s'insinue néanmoins au XVI° siècle, pour se transformer en compétition économique au XVIII° avec le développement des sociétés commerciales. Ces compagnies sont pourtant les premières à s'entourer de barrières protectionnistes, qui ne seront levées qu'au XIX° siècle en France et en Angleterre (mais surtout pas dans leurs empires coloniaux).

Dans l'imagerie d'Épinal du libéralisme, la concurrence est la bonne fée qui, du bout de sa baguette, répand partout le progrès technique tout en faisant baisser les prix pour le plus grand bien du consommateur. Une image qui a pris un sacré coup de vieux il y a longtemps déjà, mais qu'on ne continue pas moins à nous resservir inlassablement aujourd'hui.

Face à la récente flambée des prix dans l'alimentaire, ça n'a pas manqué. Le gouvernement, par la voix de la ministre de l'Économie Christine Lagarde, nous a promis des mesures pour favoriser ladite concurrence. Les critères d'implantation des grandes et moyennes surfaces devraient être assouplies, et notamment le seuil à partir duquel une autorisation administrative est requise, qui serait porté de 300 à 1000 mètres carrés. Avec davantage de Franprix et de Leader Price, les prix ne peuvent que baisser, c'est fatal.

Le principe de cette autorisation administrative remonte à 1973, avec la loi Royer qui l'instaurait pour l'installation d'un magasin de grande surface (plus de 1000 mètres carrés). En 1996, la loi Raffarin étendait cette obligation aux moyennes surfaces (plus de 300 mètres carrés). Ces mesures étaient censées protéger les petits commerçants contre la concurrence déloyale des grandes chaînes de distribution. Elles n'ont en réalité nullement empêché le déclin du petit commerce, particulièrement dans les banlieues populaires. Il faut aller dans les banlieues chic ou dans les centres-villes, de nos jours, pour trouver encore des boucheries, des poissonneries ou des fromagers.

Des concurrents qui s'entendent comme larrons en foire

Aujourd'hui, le gouvernement voudrait en quelque sorte revenir de la loi Raffarin à la loi Royer et supprimer toutes les entraves à l'implantation des moyennes surfaces.

Comme si c'était le problème de l'autorisation administrative qui freinait l'implantation des grandes et moyennes surfaces. Comme si l'autorisation n'était pas accordée dans la plupart des cas. Comme si l'implantation des chaînes de distribution ne faisait pas l'objet d'études de marché, et d'accords entre les grands groupes de la distribution pour ne pas se marcher sur les pieds et éviter de trop se concurrencer justement.

Et comme si les cas d'ententes sur les prix (pourtant illicites) ne s'étaient pas multipliés ces dernières années, comme en décembre 2007 où trois distributeurs, dont Carrefour, se sont fait épingler à ce sujet sur les prix des jouets de Noël.

Mais ce genre de pratiques n'est pas limité à la seule distribution. Neuf fabricants de produits d'entretien se sont ainsi vu inculper d'entente illicite. Depuis 2004, ils s'étaient téléphoné régulièrement et avaient tenu des réunions secrètes pour s'échanger des informations sur les prix ou encore des études de marché. Parmi ces fabricants figurent tous les géants du secteur, de Procter & Gamble à Colgate-Palmolive en passant par Unilever.

De même, en mars 2007, les quatre grands du secteur des ascenseurs ont été condamnés pour s'être partagé secrètement le marché de la maintenance et s'entendre sur les prix. Et en septembre 2008, ce sont sept groupes de la chimie et du pétrole qui se sont vu infliger une amende par la Commission européenne pour s'être partagé le marché de l'huile de paraffine. C'est fou vraiment, ce que la concurrence profite au consommateur !

Ces ententes sur le dos du consommateur ne sont pas vraiment une nouveauté, et n'ont rien de spécifique à la France comme on s'en doute. « L'un des plus importants échecs du marché – sur lequel Adam Smith lui-même a attiré l'attention – résulte de l'effort des entreprises pour supprimer la concurrence[1] », note ainsi Joseph Stieglitz. Il cite notamment le cas du cartel de l'aluminium qui s'est constitué au milieu des années 1990 et a réussi à maintenir les prix de ce métal à un niveau artificiellement élevé.

Un champion bien connu de la libre concurrence

Mais bien plus spectaculaire encore est le cas de l'informatique, où la concurrence a été réduite à sa plus simple expression, Microsoft y exerçant une domination quasi totale. « Jouissant du monopole des systèmes d'exploitation, la firme refusait l'égalité d'accès aux fabricants d'applications concurrents, utilisant donc sa mainmise sur le système d'exploitation comme un levier pour s'assurer une position dominante dans les logiciels[2]. »

Le monopole de Microsoft n'est pas absolu en réalité. Pour les micro-ordinateurs, il existe d'autres systèmes d'exploitation que Microsoft Windows, comme Linux par exemple, ou encore MacOs pour les ordinateurs de la marque Apple. Microsoft s'est contenté de marginaliser ses rivaux sans les éliminer, se conformant ainsi en apparence aux lois anti-trust de son pays et aux règles internationales de libre concurrence.

Non content de ces prouesses, le numéro un du logiciel veut maintenant chasser sur les terres de Google, numéro un des moteurs de recherche et surtout de la publicité sur Internet. Dans ce dernier domaine, Microsoft ne capte que 7 % du marché, ce qui est tout à fait scandaleux assurément.

Dans la série « pousse-toi-de-là-que-j'm'y-mette », la compagnie de Bill Gates a donc lancé en février 2008 une offre « amicale » d'achat sur Yahoo, le principal concurrent de Google, pour la modique somme de 44,6 milliards de dollars. La domination de Google est malsaine en effet, tout le monde en conviendra ; c'est pourquoi Microsoft vole au secours des consommateurs : « Aujourd'hui, ce marché [de la publicité sur Internet] est de plus en plus dominé par un acteur. Ensemble, Microsoft et Yahoo peuvent offrir un choix

---

[1] Joseph Stieglitz, *Quand le capitalisme perd la tête*, p. 145.
[2] Ibid.

concurrentiel tout en répondant mieux aux besoins des clients et des partenaires ».

Mais Yahoo a fait sa coquette : 44,6 milliards, elle vaut tout de même mieux que ça. Et après plus de trois mois de tractations, c'est finalement avec son rival Google qu'elle a passé une alliance. Les deux groupes ont annoncé un partenariat dans la publicité en ligne, dont Yahoo espère tirer 800 millions de dollars de recettes supplémentaires par an. L'accord prévoit que Google pourra placer des publicités à côtés des recherches menées par les internautes sur le moteur de recherche de Yahoo. Encore une belle victoire de la libre concurrence.

La concurrence, entre discours et réalité

Dans le domaine des Télécom, la lutte a été chaude en France. Pas la concurrence sur le marché, à vrai dire ; mais la concurrence *pour* le marché du téléphone mobile, pour y arriver le premier et y établir ce qu'on appelle une rente de situation. Une fois installés, les trois gagnants (Orange, Bouygues et SFR) n'ont pas eu trop de mal à garder la concurrence dans des limites raisonnables, faute de quoi le consommateur a toujours tendance à abuser, c'est bien connu. Mais là, le consommateur n'en a pas eu l'occasion. On lui a tout fait payer : les numéros spéciaux surtaxés, les temps d'attente, les minutes entamées même d'une seconde, les SMS, les connexions à Internet.

Et dans bien des pays, la concurrence est encore mieux contenue que chez nous. En Côte d'Ivoire, par exemple, lors de la privatisation des télécommunications, Orange a mis la main sur le téléphone fixe, mais aussi sur le nouveau secteur du téléphone portable. Les hausses de tarifs ont été d'une ampleur telle, dans un premier temps, que les étudiants du supérieur ne pouvaient pas s'offrir la connexion à Internet. Depuis, trois opérateurs de téléphonie mobile ont obtenu des licences, mais une seulement a une couverture comparable à celle d'Orange. Et les tarifs n'ont pas baissé pour autant.

Dans les chemins de fer britanniques non plus, les tarifs n'ont pas baissé, bien au contraire, après leur privatisation et leur éclatement en une kyrielle de sociétés concurrentes, et en dépit de la dégradation du service qui s'en est suivie.

Nulle part, cependant, le contraste n'a été aussi frappant qu'en Californie entre le discours sur les vertus de la concurrence et la réalité sur le terrain.

Pas dans le domaine des Télécom ni dans celui des transports cette fois-ci, mais dans celui de l'énergie. Les années 1990 y ont été celles de la totale déréglementation, qui aurait dû stimuler la concurrence et faire baisser les prix comme on le chantait alors sur tous les tons. Or, « deux ans seulement après la déréglementation, il y eut une spectaculaire hausse des prix et des problèmes de pénurie. Les prix – en moyenne 30 dollars le mégawatheure d'avril 1998 à avril 2000 – triplèrent, quadruplèrent en juin 2000 ; dans les premiers mois de 2001, ils en étaient à huit fois leur niveau initial. Pour la première fois, il y eut des coupures de courant comme on peut en connaître dans un pays pauvre mais sûrement pas dans le centre mondial de la haute technologie[1]. »

Au cœur du scandale, une société d'énergie : Enron, qui organisait elle-même la pénurie pour faire grimper les prix. « Les preuves du crime n'auraient peut-être jamais été découvertes si la cupidité d'Enron n'avait finalement abouti à sa faillite : au cours des enquêtes judiciaires qui ont suivi, on a trouvé des documents sur les mécanismes de sa manipulation du marché – par exemple, il envoyait de l'électricité hors de Californie pour exacerber la pénurie et faire monter les prix encore plus haut[2]. »

Ma petite entreprise, aujourd'hui filiale d'une grosse

La vie économique d'aujourd'hui ne se borne pas, il est vrai, aux multinationales de l'énergie, aux opérateurs des Télécom, à la grande distribution ou au dieu tout-puissant de l'informatique, qui tous conspirent à fausser les règles de l' « honnête » concurrence. Ne se pourrait-il pas que cette dernière se soit maintenue partout ailleurs, dans toutes ces entreprises petites et moyennes qui forment l'essentiel du tissu économique de la société ?

Il se pourrait en effet... mais ça ne changerait pas grand-chose même si c'était le cas.

Les PME constituent peut-être la plus grosse part du tissu économique, mais leur poids n'en est pas moins secondaire par rapport à celui des grands groupes industriels et financiers. La plupart d'entre elles, aujourd'hui, sont dépendantes de ces groupes de toute façon, quand elles n'en sont pas des filiales. Et même celles qui font exception finissent par rentrer dans le rang.

---

[1] Ibid.
[2] Ibid.

Pendant une vingtaine d'années, on a vu ainsi proliférer les sociétés de services, surtout dans l'informatique et l'ingénierie. La plupart d'entre elles ont depuis été rachetées, absorbées par les plus grosses, pour ne plus laisser place qu'à des sociétés d'au moins 2 000 employés, voire des groupes de 10 000 salariés et plus comme Cap Gemini ou Altran, eux-mêmes adossés à des groupes industriels ou bancaires. Entre ces groupes, la concurrence consiste surtout en manœuvres boursières et autres tentatives d'OPA inamicales – autrement dit en tentatives pour éliminer un concurrent.

Il s'en faut de beaucoup, de toute façon, pour que la concurrence totale et non biaisée s'applique *même* dans le monde de la petite entreprise. Sur un marché de fruits et légumes, où le consommateur peut comparer les prix et les produits, on peut réellement parler de concurrence. Lorsqu'on a besoin d'un plombier pour réparer une fuite dans l'urgence, c'est déjà une autre affaire.

Sur les marchés en plein air, du reste, malgré la concurrence entre vendeurs, les fruits ne sont pas moins chers que chez Carrefour. On en trouve de meilleure qualité certes, mais avec des prix en conséquence.

La concurrence entre Carrefour et Carrefour

Quant à la grande distribution, derrière la diversité trompeuse des enseignes, elle se ramène en France à quatre groupes avec leurs filiales :

Carrefour (qui contrôle en outre Champion, Ed, Dia, GB, Shopi, 8 à Huit)

Auchan (qui possède Atac et Simply Market)

Casino (avec Géant, Franprix, Monoprix, Leaderprice)

Leclerc

C'est entre ces quatre-là tout au plus qu'existe une certaine forme de concurrence, qui se traduit essentiellement par une répartition des secteurs et presque jamais par une guerre des prix. Bien souvent, dans un secteur (une ville de province par exemple), toutes les enseignes appartiennent à un même groupe. Si le paquet de beurre a augmenté de 15 % chez Champion, inutile d'aller voir chez Shopi.

Chacun de ces groupes possède sa centrale d'achat, qui lui permet de faire la loi face à ses fournisseurs. On a même vu se développer la pratique des « marges arrières », ces ristournes que les grandes surfaces exigent des producteurs s'ils veulent voir leurs produits mis en valeur sur les rayons.

Quant à la concurrence qui profite au consommateur, elle relève aujourd'hui de l'incantation plus que de la réalité. On continue à utiliser ce mot avec son contenu du XIX° siècle, alors que toute l'évolution économique depuis cette époque tend à lui rendre son sens étymologique : le fait de concourir à un même but (faire les poches du consommateur).

Libéralisme à géométrie variable

J'ai connu un médecin de quartier qui voulait embaucher une secrétaire médicale pour le cabinet de groupe dans lequel il travaillait. Il a finalement renoncé : trop cher, m'a-t-il confié. Et j'ai eu droit au couplet sur les charges-sociales-qui-sont-vraiment-exorbitantes-dans-ce-pays, etc.

Il se trouve que ces charges sociales, comme leur nom l'indique, servent à financer la Sécurité sociale, sans laquelle les trois-quarts des médecins n'auraient plus qu'à fermer boutique. Mais il n'empêche. Les charges sociales sont vraiment exorbitantes dans ce pays. Puisqu'on vous le dit.

Les médecins ont donc deux casquettes. En tant que médecins, ils vivent et prospèrent grâce à la Sécu. En tant qu'employeurs (quand ils le sont), ils participent au chœur des pleureuses contre ces maudites charges sociales qui écrasent les entreprises.

Mais ce qui vaut pour les médecins par rapport à la Sécu, on le retrouve chez les patrons par rapport à l'État. Là aussi, il y a les diatribes enflammées côté cour. Contre la pression fiscale, la gabegie du secteur public, les arcanes de l'administration, les entraves à la liberté de ceci ou de cela, et mille autres abominations.

Côté jardin, loin des oreilles et des caméras indiscrètes, les relations ne sont pas si mauvaises que cela. On peut même dire qu'on se retrouve entre gens qui se comprennent.

Pour prendre un exemple récent, en avril 2006, c'est l'État, par l'intermédiaire de la Caisse des dépôts et consignations, qui a racheté à Lagardère (ami personnel de Nicolas Sarkozy) ses actions d'EADS dont il voulait se débarrasser avant que leur cours en bourse ne chute.

Autre exemple avec la société Alstom. À l'automne 2003, elle était au bord de la faillite, suite à des investissements hasardeux et à des mouvements de capitaux sur lesquels nous ne nous étendrons pas, vu que ce n'est pas le sujet de notre émission. Mais au printemps 2004, grâce à l'intervention du ministre de l'Économie de l'époque (un certain Nicolas Sarkozy), l'État a débloqué 2,475 milliards d'euros à titre de caution, et souscrit pour 300 millions d'euros d'actions dans cette entreprise, sans compter 200 millions d'euros de prêts subordonnés. Car Alstom pouvait être sauvé. Alstom *devait* être sauvé.

La fin, vous la connaissez : Alstom *fut* sauvé – par l'argent de l'État. Et ce sauvetage demeurera à jamais comme une belle leçon d'économie libérale. Deux ans plus tard, 25 % des actions de la société renflouée furent rachetées par le groupe Bouygues (dont le principal actionnaire est lui aussi un ami personnel de Nicolas Sarkozy, mais tout ça n'a aucun rapport).

L'économie de marché a parfois besoin d'un petit remontant

Ce genre de choses n'arrive pas qu'en France, et le Premier ministre François Fillon a cru bon de rappeler que « tous les grands pays libéraux autour de nous ont une politique d'intervention massive de l'État ».

Peu de temps après cette déclaration, en février 2008, le très libéral gouvernement britannique en donnait une illustration en annonçant la « nationalisation temporaire » de la Northern Rock, l'une des dix premières banques du Royaume Uni, déjà placée sous perfusion par la Banque d'Angleterre qui l'a renflouée de 26 milliards de livres (35 milliards d'euros). Spécialisée dans les prêts immobiliers, la Northern Rock avait en effet frôlé la faillite en août 2007 dans la crise des « subprimes » (prêts hypothécaires à risque) aux États-Unis. Nationalisation *temporaire*, notez bien. On nationalise les pertes aujourd'hui, on reprivatisera les profits demain. Du moins, on l'espère.

La Northern Rock n'étant pas la seule banque à avoir bu le bouillon dans la crise des « subprimes », les institutions européennes elles-mêmes sont montées en première ligne pour secourir toute la profession. « C'est simplement une question d'aider les banques sur cette période de fin d'année qui est toujours tendue, mais cette année particulièrement », précisait à l'AFP un porte-parole de la Banque commune européenne (BCE). « Le marché monétaire ne fonctionne pas normalement [...], le besoin en liquidités est plus grand qu'habituellement. Les soubresauts actuels sur le marché sont avant tout liés à l'ignorance : comme les banques ne savent pas à quel point leurs consœurs sont affectées par la crise du « subprime », elles rechignent à se prêter entre elles et préfèrent parquer les liquidités qu'elles détiennent ».

Au printemps 2008, la BCE a donc mis 348,6 milliards d'euros à la disposition des banques de la zone euro pour rétablir un semblant d'ordre et de confiance sur les marchés monétaires. Et ce n'était qu'un début. Un an plus tard, le total des aides publiques aux banques de l'Union européenne s'élevait à 3000 milliards d'euros (sous forme de garanties essentiellement, mais cela ne change rien sur le fond).

La Banque centrale suisse a fait de même de son côté, ainsi que la Réserve fédérale américaine. Le tout dans le plus pur respect du libéralisme économique, cela va sans dire.

Toujours dans la plus pure tradition libérale, le Congrès américain adoptait au printemps 2008 un plan de relance concocté par la Maison Blanche. En fait de relance, l'État américain a tout bonnement « injecté » 150 milliards de dollars dans les circuits financiers. Avec le succès que l'on sait : quatre mois plus tard, la banque Lehman Brothers faisait faillite, les cours de la bourse s'effondraient, et l' « injection » du plan Paulson était de 700 milliards cette fois-ci.

Le libéralisme reste la loi pour tous (sauf pour ceux qui en sont exemptés)

On aurait tort de déduire de tout cela que les principes du libéralisme économique n'ont désormais plus cours. Ils restent plus que jamais valables… pour les autres. « Aux États-Unis, écrit Joseph Stieglitz, nous avions vu les limites des marchés et soutenu que l'État avait un rôle important (bien que limité) à jouer ; mais même si nous n'étions pas des « fanatiques du marché », si nous ne croyions pas les marchés capables de résoudre automatiquement les problèmes de l'économie (et de la société), c'était bien le fanatisme du marché que nous prêchions au reste du monde, directement et à travers le FMI[1]. »

Et le FMI (Fonds monétaire international) ne se contente pas de *prêcher*. Véritable gendarme économique mondial, ses prescriptions ont force de loi

---

[1] Joseph Stieglitz, *Quand le capitalisme perd la tête*, p. 288.

pour les pays en développement, tous sommés de démanteler leurs services publics, de privatiser leurs entreprises nationales et d'ouvrir leurs marchés à toutes les importations imaginables, surtout celles que dominent les sociétés occidentales.

C'est ainsi que la société américaine d'énergie Enron (celle-là même qui devait faire une faillite retentissante peu de temps après) put signer avec l'Inde un contrat pour la construction d'une centrale électrique dans des conditions particulièrement avantageuses : Enron prenait les profits, l'État indien payait le prix, garantissant en outre à la firme américaine qu'elle vendrait le volume d'électricité convenu au prix convenu, quel que soit le prix de l'électricité sur le marché mondial.

Les pays riches en revanche – et particulièrement les États-Unis – peuvent tranquillement de leur côté maintenir des barrières douanières lorsqu'ils le jugent utile, ainsi que des subventions de toutes sortes pour aider leurs agriculteurs et leurs industriels. Et ils n'y vont généralement pas avec le dos de la cuillère. Les subventions versées à 25 000 producteurs américains de coton dépassent la valeur de leur production (les victimes de cette concurrence déloyale étant les 10 millions de paysans africains qui tirent de la culture du coton leur maigre subsistance).

Mais les planteurs de coton ne sont pas les seuls, loin de là, à bénéficier des largesses de l'État américain, qui subventionne aussi la sidérurgie, les compagnies d'aviation et bien d'autres. De façon directe ou indirecte, un grand nombre d'entreprises sont ainsi arrosées. Et leur « libéralisme » n'empêche pas les patrons de ces sociétés d'en redemander.

« Quand j'étais président du Conseil d'Experts en Économie, nous dit encore Stiglitz, j'ai constaté que les chefs d'entreprise qui venaient nous demander de l'aide professaient presque invariablement trois principes. Premièrement, leur totale opposition aux subventions. Pour tout le monde. Sauf pour eux. Dans leur secteur, il y avait toujours quantité d'arguments montrant qu'une aide de l'État était nécessaire. De la concurrence étrangère déloyale aux difficultés inattendues de l'économie nationale, ils étaient intarissables sur le sujet.

Deuxièmement, leur attachement profond à la concurrence. Dans tous les secteurs. Sauf le leur. Là encore, de multiples raisonnements prouvaient combien la concurrence y serait destructrice, ou expliquaient pourquoi il fallait l'encadrer très soigneusement.

Enfin, leur volonté de promouvoir l'ouverture et la transparence. Partout. Sauf dans leur branche. Car la transparence pouvait y créer des perturbations inutiles[1]. »

Quand la main droite restitue ce qu'a pris la main gauche

En France, ce sont plus de 65 milliards d'euros d'aides publiques qui ont été distribués aux entreprises en 2005, d'après un rapport de hauts fonctionnaires. Une somme qui équivaut au produit de l'impôt sur les sociétés et de la taxe professionnelle : en somme, ce que les entreprises payent sous forme d'impôts, elles le retrouvent sous forme de subventions. Et c'était avant le paquet fiscal de Sarkozy en 2007 (15 milliards de cadeaux supplémentaires).

Ces aides peuvent venir de l'État central, mais aussi des collectivités territoriales – décentralisation oblige. Les départements, les régions, les communes distribuent par an près de 6 milliards d'euros d'aides aux entreprises, par le biais de 5 000 régimes d'aides différents ! Le dispositif d'aides et de subventions est d'ailleurs si complexe que même les spécialistes de la Cour des comptes y perdent leur latin et demandent sa simplification. De quoi alimenter les récriminations des patrons contre le maquis des réglementations...

Mais ce maquis lui-même peut avoir ses bons côtés : il rend quasiment impossible tout contrôle sur l'utilisation des fonds distribués. Les rares enquêtes à ce sujet montrent que les entreprises subventionnées ne créent que très peu d'emplois. Un nombre non négligeable d'entre elles disparaissent d'ailleurs quelques années après avoir touché ces aides publiques.

Un client sur qui les industriels peuvent compter

À côté des subventions et des cadeaux fiscaux, une autre forme d'aide est constituée par les commandes de l'État, au premier rang desquelles on trouve les commandes militaires. Bœing doit ainsi sa prospérité en grande partie à sa participation dans Lookheed, qui fabrique les avions de combat

---

[1] Ibid, p. 147.

pour l'armée américaine. Et que serait chez nous Dassault si l'État français ne lui achetait pas une bonne partie de sa production d'avions militaires, après avoir subventionné ses frais d'études et de recherches ?

En France (et dans d'autres pays où existe un secteur public important), les entreprises nationalisées servent également, bien souvent, de vache à lait pour l'industrie privée. Une société comme Alstom, pour ne prendre qu'un exemple, doit une bonne partie de ses bénéfices à ses relations privilégiées avec la SNCF et avec EDF, l'une lui achetant ses TGV et l'autre ses centrales nucléaires (même si les choses ont un peu évolué ces derniers temps, la SNCF notamment s'étant ouverte à d'autres fournisseurs).

Les sociétés d'économie mixte, à capitaux en partie publics, en partie privés (comme les sociétés d'autoroutes par exemple), sont encore une forme de financement des seconds par les premiers, les investissements étant plutôt du ressort de l'État et les profits du domaine des autres actionnaires. Les entreprises nationalisées elles-mêmes n'échappent pas à cette règle, les capitaux privés y étant presque toujours représentés même si l'État est l'actionnaire majoritaire.

L'État et le Capital, une vieille rengaine

L'intervention de l'État dans l'économie capitaliste est aussi vieille que le capitalisme lui-même – elle a commencé avant même la révolution industrielle. Sous Louis XIV, Colbert s'est rendu célèbre par sa politique de commandes publiques aux manufactures, de subsides à l'exportation et de taxes à l'importation. L'Angleterre n'a pas tardé à emboîter le pas à la France dans cette voie, et c'est avec le soutien de l'État que l'industrie britannique s'est développée au XVIII° siècle, à l'abri de barrières protectionnistes dont les dernières ne seront abolies qu'en 1846.

Le Japon a fait encore mieux : l'industrialisation y a été réalisée par l'État lui-même sous l'ère Meiji, dans le dernier tiers du XIX° siècle, avant que les entreprises créées ne soient finalement revendues à des actionnaires.

Plus récemment, des aciéries géantes ont été créées et gérées par les États taïwanais et sud-coréen, pourtant fidèles alliés des USA et peu suspects de sympathies pour le socialisme.

Aux États-Unis même, de la Seconde guerre mondiale à la fin des années 1950, l'informatique fit ses premiers pas grâce au financement de l'État, des universités et de l'armée ; il en sera de même pour le réseau Internet un peu plus tard, ainsi que pour la biotechnologie. Et un peu partout dans le monde, la radio, la télévision et le téléphone furent d'abord gérés par l'État avant d'être partiellement ou totalement privatisés. Le principe étant partout et toujours le même : tant qu'il y a de gros investissements à faire, on laisse l'État les prendre en charge. Une fois les infrastructures installées, quand l'affaire devient juteuse, le temps est venu pour les capitaux privés.

Inversement, il n'est pas rare de voir l'État racheter des industries en crise, permettant ainsi à leurs actionnaires de réinvestir leur argent dans des secteurs plus rentables. Ce fut le cas notamment de la sidérurgie française, nationalisée au prix fort en 1982 pour être re-privatisée à bas prix treize ans plus tard, l'État ayant pris en charge entre-temps tous les frais de sa restructuration.

Aux États-Unis, on ne nationalise pas, officiellement du moins, mais on laisse des organismes étatiques prendre les choses en main quand elles se gâtent, comme avec les fonds de pension par exemple. « Lorsqu'il y a défaillance d'un fonds privé, écrivent Artus et Virard, le Pension Benefit Guaranty Corps (PBGC), un organisme public créé en 1974, se substitue aux entreprises si celles-ci sont insolvables. En 2004, il a ainsi repris à sa charge cent quatre-vingt-douze fonds de pension et assure le paiement des retraites de plus d'un million de personnes, dont les anciens salariés de firmes comme Panam, TWA, United Airlines, Eastern Airlines ou Bethleem Steel... Mais cela veut dire que ces défaillances coûtent cher à l'État fédéral[1]. »

Et tout cela, avant la crise de l'automne 2008, où l'on a vu en quelques jours l'État américain racheter les sociétés financières Freddie Mac et Fannie Mae et la compagnie d'assurance AIG.

Ainsi fonctionne l'économie capitaliste, loin des professions de foi libérales et des clameurs contre le grand méchant État. L'État, la société bourgeoise ne peut pas s'en passer – non seulement pour maintenir l'ordre social, mais également pour se protéger contre l'anarchie de son propre système économique.

L'intervention de l'État dans l'économie n'est pas en soi une forme de socialisme. Dans le cadre de la société bourgeoise, elle est même tout le contraire, ne visant qu'à préserver les intérêts de l'ensemble des capitalistes. Mais elle est en même temps un hommage du vice à la vertu, car c'est bien au socialisme que le capitalisme doit emprunter ses méthodes... pour lutter contre ses propres tares.

---

[1] Patrick Artus et Marie-Paule Virard, *Le capitalisme est en train de s'autodétruire*, p. 119.

Les bons et les mauvais atomes

Les bons et les mauvais chasseurs, tout le monde connaît, depuis un sketch célèbre des années 1990. Le mauvais chasseur voit un truc qui bouge, il tire. Alors que le bon chasseur voit un truc qui bouge… il tire, mais c'est un bon chasseur.

Les bons et les mauvais atomes sont encore plus faciles à distinguer. Les mauvais atomes, on les trouve dans les armes nucléaires fabriquées par les mollahs iraniens en violation des décisions de la communauté internationale. Les bons atomes, eux, sont vendus avec les centrales nucléaires d'Alstom et d'Areva en marge des voyages présidentiels. Il n'y a vraiment aucun risque de les confondre.

Bien sûr, il y a des cas où c'est moins évident. Les Iraniens ont aussi des installations nucléaires civiles. Mais ne s'agit-il pas d'une ruse grossière pour camoufler les armes nucléaires (fabriquées par les mollahs en violation des décisions de la communauté internationale) ? C'est ce qu'on a cru jusqu'en 2007, où les services secrets américains ont dû reconnaître qu'il n'y avait pas d'armes nucléaires en Iran.

Un peu comme en Irak, où l'on a cru aussi qu'il y avait des armes de destruction massive, et où il a fallu une guerre pour découvrir que c'était faux.

Finalement, il faudrait des années aux mollahs iraniens, d'après la CIA, pour disposer de l'arme nucléaire (en violation des décisions de la communauté internationale). Et ce ne serait jamais qu'une goutte d'eau à côté de la force de frappe française, sans parler de l'arsenal nucléaire américain ou russe.

Mais il n'empêche. Que les États-Unis possèdent des dizaines de milliers de têtes nucléaires, qui peut bien s'en émouvoir ? C'est bien leur droit, non ? Comme c'est le droit de leurs navires de guerre de croiser dans le Golfe Persique, on ne va pas le leur contester tout de même. Alors qu'un seul missile nucléaire entre les mains du gouvernement iranien, quelle menace ce serait pour la paix dans le monde !

Même s'il n'y a pour l'instant que du nucléaire civil en Iran, ce n'est donc pas une raison pour arrêter de se faire peur.

On a toujours raison de se méfier

Et puis d'abord, quel besoin ont ces Iraniens de développer leur propre filière nucléaire civile ? Ne peuvent-ils se satisfaire, comme tant d'autres pays, d'acheter la technologie occidentale ? Ils l'avaient bien fait dans le passé, du temps du shah (un chef d'État tout à fait sympathique et comme il faut). On a tout ce qu'il faut en Occident, y compris des entreprises qui ne demandent qu'à rendre service (comme Alstom et Areva, pour prendre deux noms au hasard).

Oui, bien sûr, les Iraniens arguent du fait que les pays occidentaux (la France, l'Allemagne, les USA) ont prétexté du changement de régime, en 1979, pour ne pas livrer l'uranium enrichi ni les centrales que l'Iran avait déjà aux trois-quarts payés. L'ardoise se monterait à plusieurs milliards de dollars.

Mais de là à se lancer eux-mêmes dans la construction de réacteurs nucléaires, en se tournant vers les Russes pour les achats de combustible qui plus est, il y a quand même un pas qu'ils n'auraient jamais dû franchir.

Et puis, si on les laisse faire, ces Iraniens, jusqu'où vont-ils aller ? L'Iran est quand même une nation de 70 millions d'habitants et le quatrième producteur mondial de pétrole. Ce n'est pas un pays sous-développé, loin de là, et le régime islamique n'empêche pas le niveau de scolarisation d'être comparable à celui de la France. Ils ont des ingénieurs de haut niveau en nombre plus que suffisant pour mener les recherches et le développement en matière d'énergie nucléaire.

Tout compte fait, l'Iran ne constitue peut-être pas une menace en matière de nucléaire militaire. D'ici une dizaine d'années, en revanche, il pourrait bien devenir un concurrent sérieux pour la France en matière de nucléaire civil.

Par conséquent, il y a bien des bons et des mauvais atomes. Les bons sont ceux qui sont vendus avec les centrales nucléaires d'Alstom et d'Areva. Les autres – tous les autres –, on a mille fois raison de les combattre.

Au nom des décisions de la communauté internationale, bien évidemment.

Comment distinguer un respectable chef d'État d'un dictateur

C'est très simple : le dictateur est un tyran qui bafoue les droits de l'homme, fait emprisonner les opposants, interdit les partis politiques, truque les élections et refuse même de quitter le pouvoir après une défaite électorale. Comme Mugabe au Zimbabwe, président pendant vingt et un ans après avoir été Premier ministre de 1980 à 1987. En plus, à partir de 1999, il a fait exproprier les 4 000 fermiers blancs qui possédaient 70 % des terres. (C'est à partir de ce moment qu'on a commencé à prendre conscience du caractère dictatorial de son régime, lequel jusque-là n'avait massacré que l'ethnie africaine rivale de celle de Mugabe).

Omar Bongo, en revanche, était de son vivant un chef d'État parfaitement respectable. Il n'a été président du Gabon que de 1967 jusqu'à sa mort en 2009. C'était un fervent démocrate, sans quoi son parti ne s'appellerait pas Parti *Démocratique* Gabonais. Le régime du parti unique a même été aboli dès 1990 au Gabon. Les opposants, certes, dénoncent régulièrement la fraude électorale, la corruption et le népotisme du régime, mais il ne faut pas croire tout ce qu'on raconte. Il est vrai que le propre fils du président est ministre de la Défense depuis 1999, mais qu'est-ce que ça prouve ?

Omar Bongo a été toute sa vie, par ailleurs, un grand ami de la France en général, et de la société Total en particulier. Il laissait les entreprises françaises poursuivre leurs affaires à leur gré dans son pays. Il a même accepté les bases militaires françaises sur son territoire, ce qui est bien la moindre des choses.

Le roi Al Saoud, d'Arabie Saoudite comme son nom l'indique, est surtout un ami des USA pour sa part (sans être le moins du monde fâché avec la France par ailleurs). Personne ne l'a jamais accusé de fraude électorale, ce qui n'aurait pas de sens de toute façon dans une monarchie absolue. (Louis XIV non plus n'a jamais truqué des élections.)

N'allez pas vous imaginer pour autant que le monarque saoudien concentre entre ses mains tout le pouvoir. Il doit le partager avec sa nombreuse famille, dans laquelle pas moins de quatre mille personnes ont droit au titre d'Altesse d'Arabie. La famille royale elle-même doit se pousser un peu pour laisser quelques morceaux de pouvoir aux autorités religieuses.

Pour le reste, l'Arabie Saoudite est un pays moderne, mais si, où l'esclavage a même été aboli officiellement en 1968, et où la peine de mort n'est appliquée que lorsqu'elle se justifie vraiment : par exemple en cas de manquement à la religion, ou pour une femme coupable d'adultère. Les femmes n'ont pas le droit de vote, c'est vrai, mais les hommes non plus, l'égalité des sexes est donc parfaitement respectée.

Le roi Al Saoud peut par conséquent être considéré comme un chef d'État tout ce qu'il y a de plus respectable par ses amis et protecteurs.

Attention, les apparences sont parfois trompeuses

Dans certains cas, on peut toutefois se tromper, il faut avoir le courage de le reconnaître. Ainsi, on a d'abord cru que Saddam Hussein était un chef d'État tout à fait digne de respect. Mais c'était une erreur, on s'en est bien rendu compte quand il a cessé de faire la guerre à l'Iran et qu'il a envahi le Koweït en 1991.

Pour Kadhafi, c'est le contraire. On l'a longtemps considéré comme un dictateur et même un terroriste. Mais finalement, non. Il a condamné Al Qaida, accepté de faire libérer les infirmières bulgares. Il empêche chaque année 80 000 Africains d'émigrer en Europe. Et mieux encore, il achète des avions militaires à Dassault. Que diable pourrait-on bien lui reprocher ?

Et puis, il y a des pays comme le Tchad, où il n'est pas facile de bien saisir le moment où l'honnête chef d'État n'est plus si honnête que ça tout compte fait ; et où l'opposant que l'on prenait pour un terroriste pourrait fort bien se révéler un homme d'État remarquable, comme Goukouni Weddei en 1979, lui-même renversé par Hissène Habré en 1982.

À la fin des années 1980, nouveau changement de programme : la compagnie française Elf lorgnait sur des gisements pétroliers récemment découverts au Tchad ; au lieu de quoi Hissène Habré en a confié l'exploitation à l'américain Exxon Mobil ; ce Habré était donc bien un dictateur et un ancien terroriste comme on le pensait au départ, et non un honorable chef d'État comme le gouvernement français l'avait cru naïvement pendant quelques années. Fort heureusement, un coup d'État n'a pas tardé à le renverser. Avec la complicité des troupes françaises, disent les mauvaises langues.

Les mêmes mauvaises langues accusent également Idris Déby, le successeur d'Habré, de ne pas s'embarrasser de scrupules pour arrêter journalistes et opposants politiques et de se maintenir au pouvoir par la répression et les fraudes électorales, comme aux présidentielles de 2006.

C'est un point qui n'est pas encore complètement éclairci en vérité. Sarkozy aurait même hésité, paraît-il, à se rendre au Tchad en février 2008. Il semblerait que Déby ne donne pas entièrement satisfaction sur certains sujets. Bien qu'il défende les intérêts de ses protecteurs français dans l'ensemble, on lui reprocherait de l'avoir joué un peu trop perso dans l'affaire de l'Arche de Zoé, d'avoir voulu exploiter à son profit le mauvais pas dans lequel la France s'est fourrée à cette occasion.

Plus grave encore, il ne soutient que mollement la mise en place de l'Eufor, la force européenne principalement composée de militaires français.

Dans ces conditions, on peut donc s'inquiéter légitimement du sort de quelques opposants tchadiens qui auraient eu quelques soucis avec le régime.

Et il faudra voir comment évolue l'attitude d'Idris Déby sur la question de l'Eufor pour être définitivement fixé sur la nature du personnage : vulgaire dictateur dont on ne peut que souhaiter le renversement au plus tôt, ou respectable chef d'État dont on peut encore tirer parti un certain temps.

Les droits de l'Homme, on vous les fait à combien ?

Vous l'ignoriez sans doute, mais le 10 décembre 2008 était une date anniversaire : celle de la déclaration universelle des droits de l'Homme, signée à Paris soixante ans plus tôt.

La commémoration de cet événement serait sans doute passée inaperçue si Bernard Kouchner, ministre des Affaires étrangères et grand spécialiste de la question, n'avait saisi cette occasion pour faire parler de lui.

« Je pense que j'ai eu tort de demander un secrétariat d'État aux droits de l'Homme », a-t-il déclaré dans un entretien au quotidien *Le Parisien-Aujourd'hui*. « C'est une erreur. Car il y a contradiction permanente entre les droits de l'Homme et la politique étrangère d'un État, même en France ».

Tout le monde l'avait remarqué depuis longtemps, mais si c'est lui qui le dit…

Il est vrai que c'était devenu un rituel depuis quelque temps. Chaque fois qu'un contrat industriel ou commercial important est signé avec un pays du Tiers Monde, notamment à l'occasion d'un voyage présidentiel (mais ces contrats sont presque tous signés à cette occasion, il faut bien que les voyages présidentiels servent à quelque chose), chaque fois donc on soulève le problème des droits de l'Homme dans le pays en question.

Du voyage de Sarkozy en Chine en novembre 2007 à sa visite en Tunisie en avril 2008, en passant par son étape à Alger en décembre 2007, sans oublier, dans l'autre sens, la venue de Kadhafi à Paris (en décembre 2007 également), partout les médias ont remis sur le tapis la question qui fâche – ou qui devrait théoriquement fâcher.

Il arrive qu'elle fâche pour de bon, comme on l'a vu au printemps 2008 avec la répression au Tibet en pleine préparation des Jeux Olympiques de

Pékin, les manifestations de protestation auxquelles elle a donné lieu lors du passage de la flamme olympique à Paris, et pour finir les appels au boycott des magasins Carrefour dans plusieurs grandes villes chinoises.

Quand on sait que Carrefour, numéro deux mondial de la grande distribution, ouvre deux nouveaux établissements chaque mois en Chine, qu'il y possède déjà plus de 120 hypermarchés, y réalise près de 3 milliards d'euros annuels de chiffre d'affaire, et qu'il y est en pleine guerre commerciale avec Wal Mart, le numéro un mondial et son principal concurrent, on comprend la fébrilité qui s'est emparée du gouvernement français, au point d'envoyer en quelques jours à Pékin trois émissaires de haut rang (dont un ancien Premier ministre) pour éteindre l'incendie et prodiguer aux dirigeants du pays toutes les marques d'amitié franco-chinoise imaginables.

Droits de l'Homme : pas de quoi fouetter un chat

Mais d'ordinaire, les choses se passent de façon plus sereine. La question des droits de l'Homme est toujours abordée, on nous l'assure, « dans un climat d'entière franchise » – c'est la formule consacrée.

Ce fut le cas visiblement lors de la visite présidentielle à Tunis, en avril 2008. Le régime du président tunisien Ben Ali est régulièrement mis en cause par les organisations de défense des droits de l'Homme, et les représentants tunisiens de ces organisations devaient être reçus lors du voyage par Rama Yade, la madame droits de l'Homme du gouvernement Fillon. Mais le rendez-vous avec la présidente de l'Association Tunisienne des Femmes Démocrates a été décommandé à la dernière minute. Il n'était plus d'actualité sans doute, après l'hommage rendu la veille par Sarkozy aux efforts accomplis par le gouvernement tunisien : « Aujourd'hui, l'espace des libertés progresse. Ce sont des signaux encourageants que je veux saluer ».

Il en a même ajouté une couche, déclarant qu'il refusait de se poser en « donneur de leçons ». Il est vrai qu'entre-temps, Airbus avait décroché une commande de treize appareils A320 et A350, pour un montant d'un milliard d'euros. Alstom a dû se contenter dans l'immédiat de 360 millions d'euros pour une centrale thermique ; mais un accord cadre a été signé dans le domaine du nucléaire civil, ouvrant la voie à de futures ventes de réacteurs d'ici une dizaine d'années.

Il est clair que ce sont là des « signaux encourageants » comme dit Sarkozy, et que le président Ben Ali a largement mérité un satisfecit pour ses progrès sur les droits de l'Homme. Même s'il peut certainement mieux faire.

Son voisin Kadhafi avait mieux fait, indiscutablement, lors de sa visite à Paris quatre mois plus tôt : il y en avait pour 10 milliards d'euros, entre les réacteurs nucléaires, les Airbus et les équipements militaires (hélicoptères et avions de combat notamment).

La venue de Kadhafi avait pourtant suscité son lot de réprobation, de désapprobation ou d'indignation (cocher la case correspondante). Rama Yade avait fait savoir qu'elle serait « plus gênée si la diplomatie française se contente de signer des contrats commerciaux, sans exiger de lui des garanties en matière de droits de l'Homme ». « La France n'est pas qu'une balance commerciale », a-t-elle cru bon d'ajouter, soulignant du même coup que la France était quand même d'abord cela.

À quoi Laurence Parisot a répondu que Rama Yade « a tout à fait raison », mais que « c'est à l'occasion des échanges commerciaux que se font également les échanges d'idées, les échanges qui permettent d'avancer ». En clair : c'est en vendant des avions Rafale, des Airbus et des centrales nucléaires qu'on fait progresser les droits de l'Homme.

Comme on voit, sur les droits de l'Homme, la secrétaire d'État a encore beaucoup à apprendre, alors que la patronne des patrons a tout compris depuis longtemps.

Les droits de l'Homme, c'est quand même pas donné !

Si l'on ne devait faire du business qu'avec des pays exemplaires sur la question, on ne vendrait plus grand-chose sur cette planète. Il n'y a guère que l'Amérique Latine, sur les quinze dernières années, qui puisse se targuer d'un progrès de la démocratie et des droits de l'Homme (en comparaison avec le Chili de Pinochet, l'Argentine des généraux et toutes les autres dictatures qui ont sévi sur ce continent jusqu'à la fin du XX° siècle).

Partout ailleurs en revanche, de l'Afrique à l'Asie, ce ne sont que militaires au pouvoir comme au Pakistan ou en Birmanie, monarchies d'un autre âge comme en Arabie Saoudite, présidents à vie comme au Gabon, ou Parti unique à la mode stalinienne comme en Chine, au Vietnam et en Corée du Nord. Partout la presse est muselée, les sites Internet surveillés, les opposants persécutés, les associations réduites au silence.

Même dans les pays qui peuvent donner l'apparence d'une certaine démocratie, comme l'Inde ou le Sénégal par exemple, ce n'est qu'une façade le plus souvent : il y a bien des élections avec des partis différents qui s'affrontent ; mais dans les campagnes, il n'est pas rare que les paysans aillent voter sous le contrôle des propriétaires fonciers ou des marabouts, quand un système de castes n'en écarte pas une partie de tout droit politique.

À vrai dire, dans les États occidentaux aussi la démocratie n'est jamais qu'une façade, derrière laquelle le pouvoir et les médias sont entre les mains des grands groupes financiers. Mais au moins, en temps ordinaire, un minimum de libertés individuelles et politiques y est accordé à chacun. Or, ce minimum-là est encore un luxe que seuls les pays riches peuvent s'offrir.

L'alternance sans heurts des partis au gouvernement n'est facilitée que si les politiciens qui sont écartés du pouvoir peuvent continuer leur carrière dans l'opposition. Or, les pays pauvres ont rarement les moyens d'entretenir une classe politique nombreuse et bien payée. Il en va de même pour les syndicats tels qu'on les connaît en France, avec leurs permanents et tous les postes de gestionnaires que la société bourgeoise peut leur abandonner dans des organismes divers et variés : on n'a pas les moyens de se payer ça dans le Tiers Monde.

Plus encore, ce qui distingue les pays riches, c'est l'existence d'une petite bourgeoisie nombreuse et prospère, constituée de centaines de milliers de petits patrons, médecins, avocats, notaires, architectes, agents immobiliers et cadres supérieurs, une masse conservatrice qui assure la stabilité sociale par-delà les aléas de la vie politique et des résultats électoraux. À côté de cette classe moyenne, une fraction de la classe ouvrière a encore des conditions de vie suffisamment supportables pour que la bourgeoisie n'ait pas à craindre à tout moment une explosion sociale. Telles sont les conditions qui rendent la démocratie possible, aussi limitée soit-elle.

C'est toute la différence avec le Tiers Monde, où il n'y a guère d'intermédiaires entre les très riches et les très pauvres et où les risques d'explosion sociale sont quasi permanents. Une situation qui laisse peu de place à des formes démocratiques de gouvernement, et aux droits de l'Homme qui vont avec.

Ce sont d'ailleurs les démocraties occidentales, bien souvent, qui soutiennent et maintiennent en place les régimes dictatoriaux dans les pays dont elles pillent les richesses, comme l'ont fait les États-Unis en Amérique latine pendant des décennies ; comme ils le font aujourd'hui encore au Proche-Orient, au Pakistan, en Indonésie, en Colombie ou ailleurs ; et comme la France continue à le faire dans ses ex-colonies d'Afrique… tout en laissant les Rama Yade de service faire leur cinéma sur les droits de l'Homme dans ces pays-là[1].

---

[1] En juin 2009, Rama Yade a été mutée au secrétariat d'État aux sports. Le secrétariat d'État aux droits de l'Homme a été supprimé, comme la déclaration de Bernard Kouchner le laissait présager.

Heureusement, la corruption n'existe que dans le Tiers Monde

Tout le monde le sait, la corruption est la gangrène qui ronge les pays du Tiers Monde. Du haut en bas de la société, du ministre au policier et du douanier au président, tout passe par le bakchich et le dessous de table. Ce qui implique qu'en sens inverse chacun se fasse taxer, du simple citoyen qui a besoin d'un papier administratif à la multinationale qui veut signer un contrat.

Certains régimes se sont fait autrefois une réputation hors du commun dans ce domaine, comme celui de Batista à Cuba, avant la prise du pouvoir par Fidel Castro ; ou plus tard celui de Bokassa en Centrafrique, de 1966 à 1979.

Sans atteindre de tels sommets, de nombreux États d'aujourd'hui continuent à défrayer la chronique, comme le Kenya du président-dictateur Kibaki où des centaines de millions de dollars ont été détournés, une partie de cet argent ayant servi à l'achat de voitures de luxe à l'usage des proches du pouvoir. Mais le Kenya n'est pas pire que bien d'autres pays en matière de pillage des caisses publiques ou de commissions occultes lors des négociations de contrats.

Si ces régimes sont corrompus de la tête au pied, c'est quand même la tête qui donne le ton un peu partout, comme au Pakistan où l'ancienne Première ministre Benazir Bhutto, avant d'être assassinée en 2007, était accusée d'avoir perçu dix ans auparavant 12 millions de dollars de pots-de-vin contre l'attribution de marchés publics.

Chez nous aussi, c'est vrai, le phénomène a existé autrefois, on ne peut pas le nier. On a souvenir d'une certaine affaire Elf, au milieu des années

1990, à laquelle était mêlé un ministre des Affaires étrangères ; d'une autre au sujet des marchés de l'Ile de France, dans laquelle auraient trempé la plupart des partis politiques ; d'emplois fictifs à la mairie de Paris, et d'autres peccadilles du même genre.

Il en va de même dans les autres pays occidentaux. Aux États-Unis, dans les années 1980, la firme General Electric aurait ainsi détourné 800 000 dollars sur des contrats pour la défense ; le Pentagone se serait aussi laissé revendre des cafetières au prix de 7 600 dollars l'unité, et des marteaux à 400 dollars la pièce ; un cadre supérieur de General Dynamics s'est enfui avec 1,3 million de dollars détournés sur contrat public.

Mais tout ça, c'est du passé. On a fait le ménage depuis. Il n'y a plus de corruption dans les démocraties occidentales.

Rien à voir avec la corruption

Comme la nature a horreur du vide, il a bien fallu cependant remplacer le sortant par un produit nouveau. Pas tout à fait nouveau en fait, mais bon. Ça s'appelle le *lobbying*. Ça nous vient des USA comme son nom l'indique. Et ça n'a rien, mais alors rien à voir avec la corruption.

Lobbying, mode d'emploi. Au cours de leur interminable match pour l'investiture du Parti Démocrate, Hillary Clinton et Barack Obama ont collecté chacun plus de 100 millions de dollars. Et ce n'était qu'un hors d'œuvre avant la campagne présidentielle proprement dite, où Obama a réussi à lever 454 millions de dollars, son adversaire McCain n'ayant pu faire mieux que 230 millions de son côté.

Les généreux donateurs peuvent être des particuliers, mais aussi des sociétés ou des groupements d'intérêts divers. Ce n'est pas de la corruption, notez bien, puisque les bénéficiaires de ces dons ne sont pas encore élus. Disons que ça aide juste à établir de bonnes relations et un climat de compréhension mutuelle entre le futur locataire de la Maison Blanche et ses sponsors. En proportion de la grosseur du chèque, ça va de soi.

George W. Bush, huit ans plus tôt, avait ainsi bénéficié des largesses de Ken Lay, le fondateur et ex-PDG de la société Enron, celle-là même qui avait fait fortune en organisant la pénurie de l'électricité en Californie, avant que les spéculations de ses directeurs ne la mènent finalement à la faillite en 2001.

Mais les contributions financières des sociétés ne se limitent pas aux candidats à l'élection présidentielle ; et la plupart se gardent également de mettre tous leurs œufs dans le même panier. Elles arrosent les membres du congrès, députés et sénateurs, démocrates comme républicains.

Un exemple parmi d'autres de financement occulte des partis politiques, avec la multinationale Monsanto, surtout connue aujourd'hui comme leader dans le domaine des cultures transgéniques. « D'après les chiffres fournis par la Commission fédérale électorale, écrit la journaliste Marie-Monique Robin, en 1994, la firme de Saint-Louis leur a versé 268 732 dollars, presque également répartis entre démocrates (alors aux affaires) et républicains. En 1998, la somme s'élevait à 198 955 dollars, dont plus des deux tiers pour les républicains. Deux ans plus tard, le parti de George W. Bush (fils) recevait 953 660 dollars, contre 221 060 pour celui d'Al Gore. Enfin, en 2002, alors que la Maison-Blanche lançait sa croisade contre le « terrorisme international », le parti républicain encaissait 1 211 908 dollars, contre 322 028 pour le parti démocrate. Parallèlement, les dépenses en lobbying du leader des OGM se sont élevées officiellement à 21 millions de dollars entre 1998 et 2001, avec un record de 7,8 millions de dollars en 2000, l'année de l'élection de George W. Bush[1]. »

« Dans les années 1990, nous dit encore Joseph Stieglitz, les chefs d'entreprises ont énormément dépensé en contributions électorales et en campagnes de lobbying. Parmi les firmes ayant financé le plus largement ces groupes de pression à la fin des années 1990 figuraient celles qui voulaient la déréglementation des télécommunications, la déréglementation des banques et l'abrogation de la législation environnementale et des règles d'économie d'énergie. Les efforts pour empêcher l'adoption de réglementations bien nécessaires ont été tout aussi énergiques. Les cabinets d'experts-comptables ont consacré 15 millions de dollars au lobbying de 1998 à 2000 et contribué financièrement à la campagne électorale de plus de 50 % des députés et de 94 % des sénateurs[2]. »

Renvoyer l'ascenseur à ceux qui vous ont financé est bien la moindre des politesses. Sans que cela ait le moindre rapport avec la corruption, naturellement.

---

[1] Marie-Monique Robin, *Le monde selon Monsanto*, éditions La découverte, p. 178

[2] Joseph Stieglitz, *Quand le capitalisme perd la tête*, p. 130.

La France en retard, malgré Sarkozy

En France, en matière de lobbying, on fait un peu figure d'amateurs à côté des États-Unis. Au niveau présidentiel, nous avons certes plus ou moins comblé le retard. En additionnant Bolloré, Lagardère, Bouygues et quelques autres parmi ses bienfaiteurs quasi officiels, Sarkozy a de quoi tenir la dragée haute à bien d'autres chefs d'État.

Pour ce qui est du reste de la classe politique, en revanche, ce n'est pas encore ça. Le lobbying existe certes chez nous, il n'est pas un député, pas un maire de grande ville, pas un conseiller général ou régional qui puisse se plaindre du contraire. Mais tout cela reste en quelque sorte honteux et caché, à l'encontre du lobbysme ouvert et affiché comme il se pratique outre-Atlantique.

Il semble toutefois que les choses soient en train d'évoluer à ce niveau également. D'après le journal *20 Minutes* du 16 janvier 2008, un député UMP aurait présenté un Livre bleu qui préconise d'officialiser le lobbying à l'Assemblée nationale, en réservant notamment une salle aux groupes de pression près de l'Hémicycle.

Mais pendant que la France fait des efforts méritoires pour promouvoir le lobbying sur son sol, dans le Tiers Monde c'est toujours la bonne vieille corruption qui règne comme une fatalité. Ce n'est peut-être pas plus mal ainsi, après tout. Les hommes d'affaire qui vont signer des contrats en Afrique ou en Amérique Latine ont appris à faire avec, ça fait en quelque sorte partie des frais généraux, comme les royalties à verser aux potentats locaux du Proche-Orient.

Et puis, elle n'a pas que des inconvénients, la corruption. Elle permet de garder ministres, présidents et roitelets sous contrôle. Sans compter qu'elle fournit un bon alibi pour rejeter sur ces régimes eux-mêmes la responsabilité de leur sous-développement et de la misère de leur population, en dédouanant par-là même les grandes puissances pour le pillage du Tiers Monde auquel elles continuent à se livrer comme par le passé.

L'Afrique a trop d'informaticiens

C'était l'un des thèmes de campagne de Sarkozy en 2007, pour ratisser large sur sa droite et ramener à lui une partie de l'électorat du Front National : il allait enfin s'attaquer au problème de l'immigration clandestine – mieux même, au problème de l'immigration tout court. La France allait inaugurer une politique d'immigration *choisie*, en rupture avec l'immigration *subie* dont il paraît que nous serions victimes depuis si longtemps.

Sa première mesure, une fois élu, a été de créer un ministère rien que pour s'occuper de ce grave problème. Et Brice Hortefeux, à peine dans ses habits de ministre, s'est aussitôt illustré en fixant des quotas de sans-papiers à expulser. Voilà toujours pour l'immigration subie, côté cour.

Côté jardin, ou immigration choisie, d'autres quotas ont été établis, avec la même délicatesse. Une liste de trente professions ouvertes aux étrangers non membres de l'Union européenne a été élaborée par le ministère de l'Économie, avec le nombre de postes offerts dans chaque cas. Il s'agit de métiers exigeant des diplômes universitaires, comme informaticien ou géomètre. En clair, si l'Afrique a des ingénieurs dont elle ne sait pas quoi faire, on les prend. En échange des sans-papiers qu'on lui réexpédie.

Les ressortissants de l'Union européenne ne sont pas oubliés pour autant, on a tout prévu pour eux également. Une autre liste leur est réservée, comprenant 152 métiers, parmi lesquels laveur de vitres spécialisé, serveur en restauration ou bûcheron.

Avec une logique bien de chez nous (les Français sont cartésiens, c'est bien connu), on ira donc chercher les gens les plus qualifiés dans le Tiers Monde et les laveurs de carreaux (pardon, les techniciens de surface) chez nos voisins européens. Il paraît même que les quotas seront fonction du pays d'origine des travailleurs et non seulement de leur spécialité. Vous avez aimé le plombier polonais, vous allez adorer le bûcheron bulgare et le géomètre sénégalais.

Au nom de la modernisation de l'économie, la France est ainsi en train de renouer avec ses bonnes vieilles traditions d'antan, lorsque le maçon était toujours de la Creuse, le ramoneur de Savoie et la nourrice du Morvan.

Les offres d'emploi non satisfaites : de l'intox

Les quotas par profession, en tout cas, ne seraient qu'une mesure de bon sens pour répondre aux besoins de notre économie – c'est du moins ce que le gouvernement nous répète – face à la pénurie de main d'œuvre dans certains secteurs, ou de personnes qualifiées dans certains métiers bien particuliers.

« La France, écrit *Libération* du 29 octobre 2007, a besoin d'employés de ménage à domicile, de responsables d'exploitation en assurance, de sylviculteurs, de matelots à la pêche, de soudeurs, d'agents d'encadrement de la construction mécanique, d'ingénieurs d'affaires, de conseillers en crédit bancaire. Métier par métier, région par région, les besoins sont évalués à l'unité près avec une admirable précision. L'Ile-de-France manque ainsi de 6 979 dessinateurs du BTP, de 7 465 dessinateurs projeteurs de la construction mécanique et du travail des métaux, de 761 attachés commerciaux en biens intermédiaires et matières premières ; Rhône-Alpes de 559 merchandiseurs et de 110 pilotes d'installation de production cimentière ; le Nord-Pas-de-Calais de 503 informaticiens experts ; Provence-Alpes-Côte d'Azur de 307 dessinateurs projeteurs en électricité et électronique ; la Bretagne de 154 façonneurs bois et matériaux associés. »

En résumé, on manque de tout dans ce pays, sauf de politiciens et d'intermittents du spectacle (deux professions qui tendent de plus en plus à se confondre, du reste).

On se demande comment notre économie peut continuer à tourner dans ces conditions… et pourtant, elle tourne, comme aurait dit Galilée.

Elle tourne, parce que les prétendues « offres d'emploi ne trouvant pas preneur », dont on nous rebat les oreilles depuis quelque temps, relèvent le plus souvent de l'illusion d'optique et de la manipulation. Une offre d'emploi qui n'a pas trouvé preneur à l'instant t sera finalement pourvue quelques jours ou quelques semaines plus tard.

À tout instant, il existe donc des dizaines, voire des centaines de milliers d'offres qui sont proposées et qui, par définition, n'ont pas encore été attribuées – sans quoi elles ne seraient déjà plus des offres d'emploi, mais des emplois tout court. Mais le gouvernement et le patronat se servent de ces emplois non encore pourvus pour trafiquer les statistiques du chômage d'une part, et de l'autre pour accuser les chômeurs de mauvaise volonté dans leur recherche de travail.

Il s'en faut de beaucoup, en fait, que toutes les annonces correspondent à une réalité sur le terrain. C'est qu'il y a offre d'emploi et offre d'emploi. Tous les Départements des Ressources Humaines des grandes entreprises font paraître systématiquement des annonces, et font passer des entretiens à des candidats, même lorsqu'elles n'ont aucun besoin en recrutement. Cela leur permet d'avoir en permanence sous le coude un « volant » d'embauchés potentiels qu'elles peuvent rapidement convertir en embauchés réels en cas de besoin (démission, longue maladie, ou signature d'un contrat).

Les sociétés de services (qui louent leurs ingénieurs et leurs informaticiens aux industriels et aux administrations) se sont fait une spécialité dans la production de ces offres d'emploi virtuelles, qui constituent l'essentiel du contenu du journal *Courrier Cadres*. Mais toutes les grandes entreprises pratiquent cette gymnastique.

Des clandestins que le gouvernement fabrique

Reste le cas des branches d'activité où l'on nous dit que le manque de main d'œuvre est chronique : le Bâtiment et l'Hôtellerie-restauration essentiellement. De cuisinier à serveur, il y aurait ainsi 40 000 emplois non pourvus dans ce dernier secteur.

Il serait plus honnête de dire que ces emplois ne trouvent pas preneur *aux salaires et aux conditions de travail proposés*. Et même, pour être exact, de préciser qu'ils ne trouvent pas preneur *officiellement*. Car aux dernières nouvelles, le travail se fait quand même au bout du compte dans ces professions. Les clients sont servis dans les restaurants, les chambres sont faites dans les hôtels, les immeubles sortent de terre sur les chantiers. Comment expliquer un tel miracle ?

Le plus simplement du monde : c'est qu'il y a finalement des gens pour accepter et ces salaires, et ces conditions de travail. Parce qu'ils n'ont pas le choix. Parce qu'ils sont particulièrement vulnérables, et par-là même contraints d'accepter des salaires et des horaires de travail que les autres peuvent encore se permettre de refuser. Et ces gens-là s'appellent des immigrés.

L'immigration n'est pas une nouveauté en ce bas monde, certes. Voilà des dizaines d'années qu'en France pas un immeuble ne se construirait et pas une voiture ne sortirait des chaînes de montage sans le travail d'ouvriers portugais, maghrébins ou africains ; comme autrefois pas une mine de charbon n'aurait fonctionné sans son contingent de mineurs polonais ou italiens trimant aux côtés de leurs camarades français.

La nouveauté, c'est qu'aujourd'hui une partie importante de ces immigrés se retrouve en situation irrégulière. Une situation qui les rend doublement vulnérables – et d'autant plus à la merci de leur employeur, quand ils en trouvent un. Mais c'est bien la raison pour laquelle la lutte contre l'immigration clandestine n'est que pure hypocrisie de la part des gouvernants : l'existence de ces clandestins est en vérité une aubaine pour les restaurateurs, les propriétaires d'hôtels, les entreprises de nettoyage ou du BTP, et toute une partie du patronat.

Le mouvement récent d'un certain nombre de sans-papiers, épaulés par la CGT, a ainsi révélé que l'emploi d'étrangers en situation irrégulière était une pratique courante dans les cuisines des restaurants, y compris des restaurants étoilés… et jusqu'à la Tour d'Argent elle-même !

L'État lui-même ne se gêne pas pour avoir recours à cette main d'œuvre sous-payée, parfois dans les situations les plus ubuesques. C'est ainsi qu'en août 2008, trois immigrés en situation irrégulière ont été internés dans un centre de rétention de Seine-et-Marne… à l'extension duquel ils étaient eux-mêmes en train de travailler. Ça ne s'invente pas !

Sous couleur de lutter contre l'immigration clandestine, toutes les récentes mesures durcissant les conditions de régularisation et de regroupement familial sont en fait le meilleur moyen de fabriquer sans cesse de nouveaux clandestins, mettant ainsi à la disposition des patrons une main d'œuvre corvéable à merci pour des salaires de misère.

Après les pays « en développement », les pays « en codéveloppement »

La lutte contre l'immigration, clandestine ou pas, n'est qu'un thème démagogique visant à courtiser la fraction la plus réactionnaire de l'électorat en spéculant sur ses préjugés.

La seule action qui puisse contribuer à réduire l'immigration serait en fait de favoriser le développement des pays du Tiers Monde, particulièrement dans les ex-colonies de la France dont sont originaires la majorité des immigrés. Le gouvernement le reconnaît d'ailleurs implicitement, puisque le ministère d'Hortefeux (remplacé par Éric Besson en janvier 2009) a été baptisé officiellement « Ministère de l'immigration, de l'identité nationale et du *codéveloppement* ». Mais ce dernier terme n'est qu'une tartufferie à l'intention des opinions publiques, tant en France que dans les pays africains.

Une économie basée sur la recherche du profit maximum n'a que faire des notions d'entraide et de coopération. Les groupes industriels et financiers qui détiennent le véritable pouvoir en France considèrent les pays du Tiers Monde comme des sources de richesses à exploiter et comme des réservoirs de main d'œuvre à bon marché.

Quant au « codéveloppement », dans le cadre de cette économie-là, il n'est qu'un mot creux de plus venant enrichir cette langue de bois dont on nous abreuve du matin au soir pour nous faire prendre les vessies pour des lanternes, et l'exploitation capitaliste pour un acte de bienfaisance.

L'exclusion, nous en sommes tous responsables

Dans tous les reportages sur l'exclusion, c'est à peu près la même chose qu'on nous montre à la télé : des gens qui ont été victimes d' « accidents de la vie » tels que maladie, divorce, rupture avec les parents pour des jeunes. Presque jamais perte d'emploi, notez bien : il faut croire que le cas est exceptionnel. Et surtout pas licenciement, le mot est tabou dans ce genre d'émission.

Rien de bien nouveau dans cet éclairage du phénomène ; c'est ainsi que le cinéma et la littérature se plaisent à le présenter, depuis toujours. Dans *L'assommoir* de Zola, c'est à la suite d'un accident du travail que Coupeau et Gervaise commencent leur descente aux enfers, alors que les choses n'allaient pas trop mal pour eux jusque-là. Et dans *Une époque formidable*, c'est la rupture avec sa compagne qui fait plonger Berthier (Gérard Jugnot), jusqu'à devenir un SDF. Il est vrai que cette séparation elle-même, dans le film, est une conséquence indirecte du licenciement de ce cadre commercial, et de sa situation de chômeur qui finit par lui faire péter les plombs.

Ce qui n'est que le reflet de la réalité d'ailleurs : la perte de l'emploi est à l'origine d'une bonne part des couples qui se défont dans la vraie vie (mais beaucoup plus rarement dans les reportages à la télé).

La faute à l'égoïsme des gens

Il n'y a pas que le chômage en vérité. Nul besoin d'être chômeur, en France et en 2009, pour ne s'en sortir qu'en faisant les poubelles des Franprix, ou grâce aux Restos du cœur. Mais là encore, les médias s'empresseront de souligner que cette situation est surtout le lot de personnes seules, mères célibataires ou retraités délaissés par leurs enfants. Les bas salaires et la précarité n'en sont donc pas la cause principale, comme on pourrait le croire ; non plus que l'allongement de la durée de cotisation qui fait que de moins en moins de personnes âgées touchent une retraite à taux plein.

Non, le grand coupable, c'est l'égoïsme de tous ceux qui ferment les yeux sur la solitude et la détresse des autres. Comme l'a dit monsieur le curé dans son sermon dimanche dernier.

Prenez le problème des sans-abri par exemple. À qui la faute s'il n'y a pas suffisamment d'hébergements pour les accueillir ? Le précédent ministre du Logement, Jean-Louis Borloo, avait pourtant promis, en janvier 2007, de faire construire 14 000 places dans des maisons-relais. Pourquoi la moitié à peine a-t-elle vu le jour ? À cause de l'égoïsme des gens qui ne veulent pas de ces maisons-relais à côté de chez eux. C'est du moins ce que la nouvelle ministre, Christine Boutin, est venue nous expliquer un an plus tard. Elle a donc lancé un appel « aux élus et à la responsabilité des citoyens » afin d'obtenir des terrains pour ces centres d'hébergement. Et de s'indigner très fort : « Les maires doivent libérer du foncier et les citoyens cesser de s'opposer aux constructions près de chez eux. »

S'il y a plus de 100 000 sans-abri en France, la faute en incombe donc entièrement à l'égoïsme de monsieur tout-le-monde qui ne veut pas de « ça » dans son quartier. Le chômage et la précarité qui jettent des gens à la rue n'y sont pour rien en dépit des apparences ; et encore moins les patrons qui suppriment des emplois ou qui payent des salaires dérisoires. Si les employeurs agissent ainsi, dites-vous bien que ce n'est pas par plaisir. N'oublions pas qu'ils doivent faire face aux *réalités économiques* dont on nous parle tant. Ça n'est quand même pas rien, les réalités économiques. J'aimerais bien vous y voir, vous.

Ceux qui n'y sont pour rien

Pour terminer malgré tout sur une note optimiste, puisqu'on en est au chapitre économique, on notera la belle performance des entreprises du CAC 40 pour l'année 2007 : 101 milliards d'euros de bénéfices, record battu de trois milliards, malgré la crise des « subprimes ». Une nouvelle qui fera chaud au cœur des sans-abri, des exclus et des déshérités.

Ces chiffres n'incluent pas les résultats d'EADS ni du groupe Lagardère ; ils intègrent en revanche ceux d'ArcelorMittal : 7,5 milliards d'euros de profits, soit une hausse de 30 % sur un an. Ce qui n'empêche pas le groupe sidérurgique de licencier les travailleurs de Gandrange, mais il est bien forcé : on ne peut rien contre les réalités économiques.

Pour Danone, la hausse est encore plus spectaculaire : + 353 % par rapport à 2006. Mais n'allez pas faire la relation avec la flambée des prix de l'alimentaire sur la même période, ça n'a rien à voir. L'augmentation du prix du yaourt, c'est encore la faute aux réalités économiques. Celles-là, décidément…

Et ces petites misères n'ont de toute façon aucun rapport avec le drame de l'exclusion. La hausse des prix et les bas salaires, les suppressions d'emplois et la précarité, tout cela est bien triste évidemment, mais on n'y peut rien, c'est la faute à personne.

Alors que l'exclusion, c'est la faute à tout le monde. À vous et moi, par conséquent.

La classe moyenne n'a plus les moyens

C'est l'une des dernières trouvailles de l'idéologie néolibérale, du temps de sa splendeur avant le krach d'octobre 2008 : nous ferions presque tous partie de la *classe moyenne* désormais, dans les pays occidentaux tout du moins. C'est ce que les médias nous ressassent inlassablement ; ce qui ressort de tous les reportages, toutes les interviews, tous les journaux télévisés et tous les articles dans la presse écrite.

À force de se l'entendre répéter, bon nombre d'entre nous ont fini par le croire (ce qui était le but de l'opération). Même les gens les plus modestes, quand on les interroge, se présentent maintenant comme « la classe moyenne », et 64 % des Français se rangeraient dans cette catégorie d'après une enquête du Credoc menée en 2007.

« En France, l'appartenance à la classe moyenne se porte haut », pouvait-on lire dans *Libération* du 5 septembre 2008. « On se revendique dans la classe moyenne quand on ne vit ni massivement d'allocations sociales, ni significativement des revenus de son patrimoine. »

Autrement dit, quand on doit aller travailler tous les jours pour gagner sa vie. Mais c'est devenu une honte d'avouer qu'on fait partie de la classe travailleuse, ou laborieuse, pour ne pas parler de la classe ouvrière – qui n'existe plus comme chacun sait.

Il est vrai que l'expression « classe ouvrière » a une connotation restrictive en français, puisque le mot « ouvrier », au sens moderne du terme, désigne celui qui travaille en usine, dans un atelier ou sur un chantier. On retrouve le même problème dans les autres langues latines (en espagnol et en italien notamment).

Chez Marx en revanche, qui écrivait en allemand, le mot utilisé était *Arbeiterklasse*, littéralement « classe travailleuse ». Et il en va de même en anglais, où l'expression équivalente est *working class*... ce qui n'empêche pas des salariés anglais ou américains de se présenter aujourd'hui dans les interviews comme *middle class*, classe moyenne.

En ancien français, l'ouvrier était celui qui *œuvre*, qui fait de l'*ouvrage*, autrement dit le travailleur en général. Et c'est bien le sens qu'a conservé le mot dans la *classe ouvrière*. Jamais les marxistes, en tout cas, n'ont limité cette dernière aux seuls ouvriers d'industrie. Les salariés agricoles tout comme les employés du secteur tertiaire en ont toujours fait partie à leurs yeux. Mais c'est l'inverse qui prévaut aujourd'hui : même à des ouvriers d'usine, on a réussi à faire gober qu'eux aussi font partie de la classe moyenne !

On nous a pourtant rabâché pendant des années que la notion de classe sociale était dépassée, simpliste, réductionniste. Mais finalement non. C'est seulement pour la classe ouvrière qu'il en est ainsi. Pas pour la classe moyenne.

Une classe sociale, c'est quoi au juste ?

Alors, cette fameuse classe moyenne, comment se définit-elle ? D'après un économiste cité par le même numéro de *Libération* : « On a éliminé les 20 % des revenus les plus hauts et les 20 % les plus bas. Et gardé les 60 % des Français situés au milieu. La définition a l'avantage de la simplicité. »

La notion de classe sociale se ramènerait donc au seul et unique critère du pouvoir d'achat. Pour de la simplicité, c'est vraiment de la simplicité en effet ! C'est même cent fois plus simpliste et réductionniste que tout ce dont on accuse le marxisme chez ses adversaires.

Pour les marxistes, une classe sociale se définit par sa place dans la société, notion bien plus complexe que le simple niveau de ses revenus. À la veille de 1789, une grande partie de la noblesse, en France, était criblée de dettes et vivait d'expédients. La noblesse n'en était pas moins la classe dirigeante, et même le plus riche des bourgeois devait s'incliner respectueusement devant le moindre nobliau de campagne complètement ruiné. En Angleterre, à la même époque, les choses étaient plus avancées, et la classe aristocratique avait dû partager le pouvoir avec la bourgeoisie ; ce qui n'empêchait pas cette dernière de se désigner elle-même comme... middle class !

Dans les sociétés précapitalistes, les classes sociales avaient une existence ouvertement affirmée et même codifiée, chaque classe ayant ses droits et ses devoirs. Il en était ainsi de la noblesse et du tiers-état dans la France de l'Ancien régime, mais aussi des patriciens et des plébéiens à Rome dans l'Antiquité, du système de castes en Inde ou dans de nombreux pays d'Afrique, ou encore des hommes libres et des esclaves là où l'esclavage était en vigueur.

La société où certains sont plus égaux que les autres

La société bourgeoise a ceci de particulier que les classes sociales n'y ont plus d'existence *officielle*. Cette société ne reconnaît que les individus, et se base même sur une fiction d'égalité, comme le proclame la Déclaration des droits de l'Homme (« Les hommes naissent et demeurent libres et égaux en droit »).

Les classes sociales n'en ont pas disparu pour autant ; mais il n'y a plus de frontières clairement délimitées entre elles ; et c'est désormais leur rôle dans *l'économie* qui les définit. Un rôle dans l'économie qui ne recoupe que très partiellement le niveau des revenus.

Ce qui caractérise la classe ouvrière, pour les marxistes, n'est pas la faiblesse de son pouvoir d'achat, mais le fait de devoir vendre sa force de travail aux détenteurs de capitaux, qui sont aussi les détenteurs des moyens de production.

Certains salariés (parmi les ingénieurs, techniciens, enseignants) peuvent avoir des salaires leur donnant un niveau de vie comparable à celui des couches inférieures de la bourgeoisie. Tant que leur salaire demeure leur seule source de revenu (ou tant que les autres sources demeurent négligeables par rapport au salaire), ils demeurent malgré cela des membres de la classe ouvrière, qu'ils le veuillent ou non.

Inversement, certains petits commerçants ou petits patrons peuvent parfois avoir des revenus inférieurs à ceux de bon nombre de salariés ; il peut en aller de même pour des artisans indépendants, des agriculteurs, voire des membres de professions libérales. Ils n'en restent pas moins des membres de la petite bourgeoisie, ayant une place différente dans l'économie, une place intermédiaire entre les salariés et les véritables capitalistes. Et c'est cette place intermédiaire qui fait d'eux la véritable classe moyenne, au sens social du terme.

La classe moyenne à la sauce néolibérale, en revanche, c'est autre chose. C'est un concept adapté à cette idéologie de l' « économie de marché », une économie de marché à l'état pur dans laquelle la production n'existe plus, si ce n'est comme source de tracas. Dans les manuels d'économie, ces temps-ci, on ne parle plus de « centres de production » mais de « centres de coûts ». Quoi d'étonnant, dès lors, que les classes sociales se définissent en fonction de la grosseur de leur compte en banque, et non plus en fonction de leur rôle dans la société ?

La classe moyenne n'est plus ce qu'elle était

La classe moyenne, dans le sens qu'a pris l'expression ces derniers temps, est devenue plus ou moins synonyme de « les gens normaux ».

Les gens normaux, pourtant, se sentent de plus en plus mal dans leur peau aux dernières nouvelles. Il est vrai qu'une fois éliminés « les 20 % des revenus les plus bas », en France, il en reste encore un bon nombre qui dépassent à peine les 1000 euros par mois et par personne adulte. À ce tarif-là, on se demande bien ce qu'on gagne à être dans la classe moyenne. Sans doute la même chose qu'on gagne aujourd'hui à être un « technicien de surface » et non plus un balayeur.

Sous le titre « les classes moyennes, plus ou moins victimes de la conjoncture », le journal *20 minutes* du 27 octobre 2008 présentait ainsi une famille typiquement classe moyenne de notre époque formidable : Marouane, 30 ans, agent de sécurité au chômage, marié avec Fatima, 25 ans, employée dans un fast-food ; deux enfants, pas de voiture ; revenu total (salaire de la femme + indemnités de chômage du mari + allocations familiales) : 2130 euros par mois. « Si la classe moyenne se sent déclassée, commente le journaliste, elle reste moins obsédée par les prix que les ménages modestes ». À 2130 euros par mois pour quatre personnes, on ne fait donc pas encore partie des ménages modestes, qu'on se le dise !

Non, vraiment, la classe moyenne n'est plus ce qu'elle était. Lors d'une émission sur M6, consacrée aux expulsions de locataires en octobre 2008, on a ainsi pu entendre le commentaire suivant : « Élise vit dans une HLM pour classe moyenne, dont elle risque à présent d'être expulsée ». Cherchez l'erreur !

« Le sentiment de dégradation que ressentent les classes moyennes, conclut *Libération*, viendrait du fait que leur situation se rapproche des 20 % les plus pauvres et s'éloigne par rapport aux riches… On est frappé par le sentiment très fort de déqualification que ressentent les 60 % des Français ni riches ni pauvres. »

Cours, camarade de la classe moyenne, la classe ouvrière est derrière toi…

Vivement dimanche, pour faire passer le Téléthon du samedi

Pour la deuxième fois consécutive, les promesses de dons pour le Téléthon étaient en recul en 2008 : 95 millions d'euros, contre 96 l'année précédente. En 2007 déjà, les organisateurs étaient déçus, paraît-il : le cru avait été nettement moins bon que celui de 2006 (101 millions d'euros).

Les présentateurs de la télé avaient alors invoqué les circonstances défavorables, le mauvais temps, la pleine lune, les horoscopes, la conjoncture économique. La dernière hypothèse semble la plus vraisemblable. En clair : on ne peut être généreux qu'avec l'argent qu'on a. En cette fin d'année 2007, les poches étaient vides pour bon nombre de téléspectateurs. Et elles ne se sont pas remplies entre-temps, loin de là.

Il est vrai que les dons effectifs sont le plus souvent supérieurs aux promesses. Ainsi, en 2008, 105 millions ont été collectés finalement, pour 95 millions de promesses.

Une preuve, s'il en était besoin, que la générosité existe encore en ce bas monde, malgré la montée de l'individualisme. On ne pourrait que s'en réjouir, si cette générosité ne servait surtout d'alibi au désengagement de l'État en matière de recherche médicale sur les maladies rares comme la myopathie ou la mucoviscidose.

Quant aux entreprises privées (laboratoires pharmaceutiques ou grands groupes comme Sanofi-Synthélabo), elles ne s'intéressent pas aux maladies génétiques rares, chacune de ces affections représentant un marché trop limité à leurs yeux, et donc des perspectives de profit insuffisantes. Et ce, malgré les mesures fiscales incitatives comme le Crédit Impôt Recherche.

Autant de raisons pour lesquelles la recherche sur ces maladies a tendance à être délaissée, et pour lesquelles l'AFM (Association Française contre les Myopathies) a recours chaque année à la charité publique sous la forme du Téléthon.

L'AFM elle-même reconnaît les limites de cette démarche. Selon ses propres informations, seulement quelques dizaines de patients – une centaine au grand maximum – ont pu bénéficier d'un traitement efficace grâce au Téléthon. C'est mieux que rien bien sûr. Mais ce n'est qu'une faible partie des malades, qui se comptent malgré tout par milliers (chacune de ces pathologies n'affecte que peu de patients, mais il y a plus de mille maladies différentes).

Assez pleuré dans les chaumières

Il se chuchote que certaines pressions de l'Église catholique pourraient ne pas être étrangères à la diminution des promesses de dons par rapport aux années précédentes. En 2007, une partie des évêques de France avait en effet appelé ouvertement les fidèles à ne pas donner, au motif que la recherche sur les maladies génétiques utilise des embryons humains, ce que l'Église condamne au même titre que l'avortement. La vie est sacrée comme chacun sait, mais la vie d'un enfant atteint de myopathie l'est tout de même moins que celle d'un embryon.

Cela dit, la baisse des dons n'est sans doute pas due qu'à ce tir de barrage des défenseurs de la veuve et de l'embryon. Outre la baisse du pouvoir d'achat déjà évoquée, il se pourrait aussi que le public commence à se lasser, à la longue, de ces grandes messes médiatiques où des vedettes de la chanson, du petit et du grand écran se relaient toute la journée pour faire sortir les kleenex dans les chaumières et mettre en condition le spectateur.

« J'ai regardé hier France 2, écrivait un lecteur de *Libération* après le Téléthon de 2007, et j'ai été plus que gêné par les commentaires culpabilisants venant de vedettes multimillionnaires, qui ne s'imposaient certainement pas et finissaient par être contre-productifs (Nagui faisant craindre de ne pas « pouvoir se regarder dans la glace » le lendemain si on ne donnait pas, je ne suis certainement pas seul à l'avoir entendu.) »

Les leçons de civisme de ce genre sont encore plus convaincantes lorsqu'elles sont dispensées par des artistes mis en examen pour évasion fiscale, comme on avait pu le voir lors de ce même Téléthon 2007.

Le lendemain, de toute façon, assez pleuré, la vie reprend ses droits, et tout ce beau monde médiatique peut se retrouver sur le plateau de *Vivement dimanche*, où les prêches moralisateurs sont avantageusement remplacés par des plaisanteries grasses.

C'était un beau Téléthon quand même. Rassurez-vous, on remettra ça dans un an.

Entre-temps, les maladies génétiques rares n'auront tué que quelques dizaines d'enfants en France. Et le paludisme deux millions de personnes dans le reste du monde et dans l'indifférence générale – mais là, vous commencez à me gonfler avec vos leçons de morale.

Fille de, fils de

Liste non exhaustive et totalement arbitraire de personnalités célèbres engendrées par des personnalités célèbres.

Alexandre Aja
Catherine Allégret
Emmanuelle Béart
Paul Belmondo
Marie-Lou Berry
Bertrand Blier
Romane Bohranger
Alexandre Brasseur
Vincent Cassel
Benjamin Castaldi
Antoine de Caunes
Emma de Caunes
Mathieu « M » Chedid
Jo Dassin
Anthony Delon
Guillaume Depardieu
Julie Depardieu
Lou Doillon
Marie Drucker[1]

[1] Celle-là est une « nièce de » seulement.

Franck Fernandel
Virginie Foucault
Charlotte Gainsbourg
Fiona Gelin
Célia Granier-Deferre
Eva Green
Stéphanie Grimaldi (de Monaco)
David Halliday
Arthur Jugnot
Axelle Laffont
Gaël Leforestier
Salomé Lelouch
Justine Lévy
David Martin
Eric Métayer
Joachim Noah
Mazarine Pingeot
Laura Smet
Marie Trintignan
Lambert Wilson[1]

La France n'est pas l'unique pays au monde où le phénomène se manifeste. Ci-dessous, quelques exemples dans le reste du monde :

Sarah Biasini
Christina Commencini
Sophia Coppola
Roman Coppola
Jamie Lee Curtis
Michael Douglas
Enrique Iglesias
Sean Lennon
Chiaro Mastroianni
Lisa Marie Presley
Nancy Sinatra
Tori Spelling

---

[1] Pour mettre les points sur les i : aucun des artistes cités n'est en cause personnellement. C'est leur nombre qui interpelle.

Patrick Wayne
Rumer Willis
Ophélie Winter

Et parmi les artistes d'un genre un peu particulier :

Benazir Bhutto (ancienne Première ministre du Pakistan, fille d'un précédent Premier ministre)
George W. Bush (fils d'un autre George Bush ayant exercé le même métier)
Bernard Debré (fils de l'ancien Premier ministre Michel Debré)
Jean-Louis Debré (frère du précédent)
Jean-Claude Duvallier (dit *Baby Doc*, dictateur haïtien ; fils de *Papa Doc*, ou François Duvallier, mêmes états de service)
Marine Le Pen (fille de son père elle aussi, mais dans son cas c'est un point de détail)
Jean Sarkozy (neveu de Guillaume Sarkozy, dirigeant du Medef ; lui-même frère d'un autre Sarkozy dont il n'y a rien de spécial à dire).

TROISIÈME PARTIE

Marx pour les nuls

Avec quel argent paiera-t-on nos retraites (et leurs dividendes) ?

Vous voulez revenir à la retraite à 60 ans après 37,5 annuités de cotisation ? Mais avec quel argent paiera-t-on les retraites, compte tenu de l'évolution démographique ?

C'est une très bonne question, aurait dit Pierre Desproges ; et il vous aurait remercié de l'avoir posée.

Ce sont les cotisations des actifs qui paient les pensions des retraités – on nous l'a bien enfoncé dans le crâne. Avec l'allongement de la durée de vie, les retraités sont de plus en plus nombreux (leur nombre a doublé en France depuis vingt ans), alors que le nombre d'actifs a plutôt tendance à diminuer du fait de la prolongation des études.

Donc, si l'on n'avait touché ni à l'âge de départ en retraite, ni au nombre d'annuités pour avoir sa pension à taux plein, le système ne pourrait actuellement plus fonctionner : telle est « l'équation », pour parler comme les docteurs en économie qui sévissent dans les médias. (Aujourd'hui, on invoque les mathématiques pour intimider le bon peuple comme on se servait du latin chez les médecins de Molière.)

Dans l'« équation » ci-dessus sur les retraites, les données sont simplifiées allègrement pour les besoins de la pseudo démonstration.

Premièrement, les pensions des retraités ne sont pas financées *que* par les cotisations des salariés ; ces dernières ne représentent qu'un peu moins de 40 pour cent du financement, le reste venant des cotisations patronales. Or, ce sont surtout ces dernières qui ont fondu année après année au gré des exonérations accordées sous tous les prétextes possibles, première embauche, nouvelle embauche, embauche d'un chômeur, emploi jeune, emploi dans les quartiers difficiles, passage aux 35 heures, implantation d'une nouvelle entreprise, et bien d'autres.

Il est vrai que d'un autre côté, la distinction entre part salariale et part patronale dans le financement des caisses de retraite est artificielle. Dans l'un et l'autre cas, il s'agit en fait de salaire différé, que l'employeur verse à un organisme au lieu de le donner au salarié lui-même.

S'il n'y avait pas de caisses de retraite, il faudrait bien que les patrons augmentent les salaires en conséquence afin que les salariés puissent constituer eux-mêmes une épargne pour leurs vieux jours. Mais vues sous cet angle, les exonérations de charges patronales sont tout simplement une diminution des salaires (ou plus exactement de la part des salaires affectée au paiement des retraites).

Et le progrès, ça sert à quoi ?

Deuxièmement, le bas niveau des salaires depuis des années est une autre cause du déficit des caisses de retraite, puisqu'il se traduit par un niveau également bas des cotisations.

Une troisième cause de ce déficit réside dans les retards de règlement de ces cotisations de la part d'un certain nombre d'employeurs, au premier rang desquels se trouve l'État lui-même.

Quatrièmement, tous les discours alarmistes sur le déséquilibre croissant des caisses de retraite passent sous silence le progrès technologique et l'augmentation de la productivité qui en résulte. Il faut deux fois moins d'heures de travail pour fabriquer une voiture aujourd'hui qu'il y a trente ans, ce qui se traduit par le fait que l'industrie automobile produit en 2009 davantage de véhicules qu'en 1979 avec pourtant nettement moins de salariés. Et ce qui est vrai dans les ateliers ne l'est pas moins dans les bureaux où les ordinateurs et leurs logiciels, en remplaçant les antiques machines à écrire ou à calculer, ont accru l'efficacité du travail de façon spectaculaire.

Grâce à quoi la diminution relative du nombre d'actifs ne se traduit nullement par une baisse de la production : le Produit Intérieur Brut n'en continue pas moins à croître, y compris par tête d'habitant, en dehors des périodes de récession – mais les récessions n'ont aucun rapport avec le vieillissement de la population.

Puisque la richesse de la société augmente bon an, mal an, qu'est-ce qui empêche qu'une partie de cette richesse supplémentaire soit utilisée pour assurer une retraite décente à un plus grand nombre de personnes âgées ?

Comme dit ma grand-mère, la France est prospère

Il est révélateur de notre époque que plus aucun journaliste, plus aucun homme politique, ne pose le problème des retraites autrement qu'en termes financiers : où diable trouverons-nous l'argent pour payer ces retraités toujours plus nombreux ?

Comme si les personnes âgées se nourrissaient de billets de vingt euros.

Comme si la véritable question n'était pas : A-t-on suffisamment de vivres pour nourrir les anciens ? De maisons pour les loger ? De médecins pour les soigner ? De moyens culturels pour les distraire ?

Il suffit de le ramener sur ce terrain-là pour mesurer à quel point ce problème est dérisoire, dans un pays riche comme la France en tout cas. De quelle mystérieuse pénurie souffrons-nous donc pour que les vieux soient considérés comme des bouches à nourrir dès lors qu'ils cessent de travailler ?

On le croyait révolu, le temps des grands-pères à qui l'on comptait chaque bouchée de pain comme dans *La Terre* de Zola. Finis aussi, les « petits vieux » de Nanterre et les hospices de sinistre mémoire. De ce passé, on avait fait table rase, on exhibait fièrement nos retraités épanouis qui surfent sur Internet et font prospérer les agences de voyage et les compagnies d'autocars.

Et tout d'un coup, voilà qu'on découvre que ces sympathiques seniors ont fait trop de petits en quelque sorte, et que ça ne va plus du tout.

Sommes-nous bien en 2009, dans cette société de consommation dont on nous rebat les oreilles, ou tout cela n'était-il qu'un mirage ? Serions-nous revenus un siècle en arrière ou même carrément au Moyen Âge ?

Une société qui croule sous la richesse

À en croire un dicton africain, lorsqu'un vieillard meurt en Afrique, c'est une bibliothèque qui s'éteint. Il est à craindre que la réalité soit quelque peu moins poétique.

Le respect pour les anciens était sans nul doute plus développé dans les sociétés traditionnelles qu'il ne l'est aujourd'hui dans les pays occidentaux où le « jeunisme » fait la loi. Mais des quatre coins du monde nous sont parvenus des récits de vieillards qu'on abandonnait autrefois dans la forêt, sur la banquise ou au sommet de la montagne. Des pratiques barbares, mais qui reflétaient simplement la dureté des conditions de vie. Quand on avait à peine de quoi se nourrir, tous ceux qui ne pouvaient pas travailler, jeunes enfants comme vieillards invalides, étaient des bouches inutiles – et on ne faisait de sentiment ni avec les uns ni avec les autres : l'infanticide aussi était monnaie courante.

La richesse de quelques-uns pouvait encore aggraver la misère de tous les autres, mais n'en était pas la cause principale. La pénurie résultait de la pauvreté de la société dans son ensemble, elle-même conditionnée par la faiblesse des rendements agricoles et de la productivité.

Oui, mais aujourd'hui ? Les rendements agricoles sont tels, dans les pays industrialisés, que deux pour cent de paysans suffisent à nourrir tout le reste de la population. Les congélateurs de l'Union européenne stockent en permanence des centaines de milliers de tonnes d'excédents pour empêcher les cours de ces produits de chuter. L'industrie produit à profusion tout ce dont on peut avoir besoin et bien d'autres choses encore, alors que le nombre des salariés employés à des tâches réellement productives ne cesse de diminuer par rapport aux emplois administratifs, commerciaux, publicitaires, et au brassage d'air sous les formes les plus variées.

Et on voudrait nous faire croire que quelques pour cent de retraités supplémentaires constitueraient un fardeau insupportable pour la société !

Des milliards dont on ne sait pas quoi faire

On dira que tout cela est peut-être vrai, mais que le problème se pose quand même en termes monétaires et financiers. Les richesses, dans notre société, sont produites par des entreprises et ce sont les charges sociales de ces dernières qui financent à plus de soixante pour cent les caisses de retraite, le restant venant des cotisations des salariés. S'il y a davantage de retraités, il faut bien que quelqu'un paye : soit les salariés, soit les employeurs.

Mais même en se plaçant sur ce plan-là, il est archi-faux de prétendre qu'on n'a pas les moyens financiers de revenir à la retraite au bout de 37,5 années de travail comme c'était la règle jusqu'en 1994.

L'argument massue est qu'il ne saurait être question d'augmenter les charges sociales des entreprises, qui sont déjà exorbitantes en France comme on ne manque pas de nous le rappeler vingt fois par jour – en se gardant bien de rappeler toutes les exonérations dont ces charges font l'objet. À en croire Laurence Parisot, « Nous sommes au maximum de ce que notre pays peut accepter en termes de prélèvements obligatoires tant sur les entreprises que sur les salariés » (interview à *La Tribune*, février 2008).

Or, les charges sociales ne sont que du salaire différé comme on l'a vu plus haut. Les jérémiades patronales à leur sujet reviennent en fait à proclamer que les salaires sont trop élevés dans ce pays. C'est dit de façon plus docte et plus hypocrite, mais c'est bien le sens du message : on donne trop aux salariés, au détriment des entreprises. Lesquelles, du coup, n'ont plus assez d'argent pour investir.

Vraiment ? Les entreprises investissent très peu en effet ; mais ce n'est pas le manque d'argent qui en est la cause. C'est que les détenteurs de capitaux, depuis une trentaine d'années, se détournent de l'investissement productif pour se porter de plus en plus sur les circuits financiers, à la recherche de profits purement spéculatifs.

Et ce ne sont pas seulement quelques aigrefins de la finance qui agissent de la sorte : toutes les grandes banques, tous les grands groupes industriels sont de la partie. Les entreprises moyennes leur emboîtent le pas et engagent à leur tour une partie de leur trésorerie dans cette valse des capitaux. Jusqu'aux fonds de pension qui ne veulent pas être en reste et y jouent les assurances-vie de leurs affiliés.

À tout instant, ce sont des centaines de milliards de dollars, de yens ou d'euros qui se promènent sur ces marchés financiers, à la vitesse des réseaux d'ordinateurs. Mais dans le même temps et dans le monde entier, on se pose gravement la question de savoir où trouver l'argent pour payer les retraites. Au point qu'au Japon, on signale une augmentation inquiétante de la *délinquance sénile* : il n'est pas rare de voir des mamies braquer des passants dans la rue pour se faire une retraite complémentaire !

Partout aussi, l'âge de la retraite est reculé – quand il y a encore une retraite. Aux USA, où fleurissent pourtant les fameux fonds de pension, des millions de salariés doivent travailler jusqu'à 70 ans et plus pour avoir droit à une maigre allocation.

Des retraités de moins en moins épanouis

Il est vrai qu'en France les salariés n'ont pas ce bonheur : garder son emploi au-delà de cinquante-cinq ans est devenu presque un privilège. Pendant que les gouvernements parlent d'augmenter encore le nombre d'annuités pour toucher sa retraite à taux plein, les entreprises se débarrassent massivement de leurs travailleurs les plus âgés, jugés trop chers et pas assez rentables.

On entend certes de beaux discours sur les mentalités qui seraient en train de changer ; il y aurait une prise de conscience, chez les employeurs, de la valeur ajoutée qu'apporte à l'entreprise l'expérience des anciens (alors que les patrons l'ignoraient auparavant, sans doute).

Ni la prise de conscience, ni le changement des mentalités ne se sont toutefois traduits au niveau des chiffres de l'emploi des seniors jusqu'à présent. L'augmentation du nombre d'annuités requises pour prendre sa retraite n'a eu pour seul effet, depuis qu'elle est appliquée, que de diminuer le montant des ressources des nouveaux retraités. On va pouvoir rechanter, quarante ans après, la chanson de Pierre Perret : « On l'appelle Cuisse-de-Mouche fleur de banlieue, sa taille est plus mince que la retraite des vieux. »

Et on nous a déjà prévenus que ça ne risquait pas de s'arranger dans les années qui viennent. La durée de cotisation devrait passer à 41 ans en 2012 ; et le Medef réclame de repousser l'âge légal de la retraite à 63 ans dans un premier temps, avant de l'abolir purement et simplement.

On ne peut pas payer les gens à ne rien faire, que voulez-vous. Pas quand ces gens sont de simples salariés en tout cas.

Pour d'autres catégories sociales, ça se discute. Vous ne voudriez tout de même pas qu'on applique la même règle aux actionnaires...

Trente-cinq heures de boulot, c'est encore trop

Les 35 heures n'ont pas créé d'emplois.
Elles ont coûté cher aux entreprises.
Elles ont coûté cher au contribuable.
Elles ont fait baisser le pouvoir d'achat.
Elles ont semé la pagaille dans les hôpitaux.

Tels sont les crimes dont les 35 heures se voient accusées par tous ceux qui veulent leur peau – en toute mauvaise foi.

Ainsi, en ce qui concerne le dernier point, c'est pour une fois la charité qui se moque de l'hôpital, car les hôpitaux publics n'ont pas attendu les 35 heures pour manquer d'infirmières ; et si le passage aux 35 heures y a aggravé la situation, c'est parce qu'il s'est effectué sans les moyens financiers pour embaucher le personnel supplémentaire correspondant à la réduction d'horaire.

Ce ne sont pas les 35 heures non plus qui ont provoqué la baisse du pouvoir d'achat, mais les mesures qui les ont accompagnées : gel des salaires, annualisation des horaires, non-paiement des anciennes heures supplémentaires ou d'une fraction des heures d'astreinte.

Ce qui a coûté cher au contribuable (ou à la Sécurité sociale), ce sont les exonérations fiscales et les allègements de charges sociales pour les employeurs, auxquels les 35 heures ont servi de prétexte. De 16 milliards d'euros dans les premières années, la note est passée à plus de 20 milliards en 2007 et plus de 21 en 2008 avec la défiscalisation des heures supplémentaires. À noter que les allègements de charges sociales concernent principalement les salaires inférieurs à 1,6 fois le SMIC et sont donc une incitation aux bas salaires pour les patrons.

Grâce à ces mesures fiscales, le passage aux 35 heures n'a rien coûté, bien au contraire, aux entreprises qui emploient de la main d'œuvre peu payée. Et même là où les techniciens et ingénieurs sont plus nombreux, les RTT accordées au personnel ont vite été compensées par l'augmentation de la productivité. Les seules sociétés pour lesquelles les 35 heures ont pu engendrer des surcoûts sont celles qui ont embauché pour compenser la réduction d'horaire – et elles sont loin d'être la majorité.

Il est d'ailleurs parfaitement contradictoire d'accuser les 35 heures *à la fois* d'avoir coûté cher aux entreprises et de n'avoir créé aucun emploi. Là où il n'y a eu aucune embauche, les salariés ont dû prendre sur eux pour accomplir en 35 heures les mêmes tâches qu'auparavant en 39 heures, et on voit mal, dans ces conditions, à quelles dépenses supplémentaires les entreprises ont pu être confrontées.

Quant aux emplois créés à la suite du passage aux 35 heures, bien que des estimations assez différentes aient été avancées, la plupart s'accordent aujourd'hui avec les chiffres de l'INSEE, soit 350 000 environ. Ce qui est deux fois moins que les 700 000 promis par le Parti socialiste, initiateur de la réforme ; mais ce qui n'est pas zéro non plus comme le prétend la droite.

Reste à savoir dans quelle mesure ces emplois sont à mettre au crédit des 35 heures... ou des cadeaux fiscaux auxquels les nouvelles embauches ont donné lieu !

Ils le disent eux-mêmes : pas de miracle contre le chômage dans le cadre du capitalisme

Reste à savoir aussi quelle sera la pérennité de ces emplois, renchérissent les ennemis des 35 heures.

Comme si la question ne se posait pas aujourd'hui pour tous les emplois, quels qu'ils soient !

Pour les tenants du libéralisme économique pur et dur, la réforme des 35 heures s'inspirerait d'une logique « dépassée » de partage du travail. Cette logique reposerait en effet – selon eux – sur l'hypothèse erronée selon laquelle la demande de travail est une quantité fixe qu'on peut partager. Or si l'on ne partage pas les salaires en même temps que le travail, les coûts salariaux augmenteront pour les entreprises, certaines d'entre elles feront faillite, d'autres délocaliseront tout ou partie de leur activité. En conséquence de quoi la demande de travail diminuera.

Autrement dit : Il est illusoire de croire que la diminution du temps de travail fera automatiquement reculer le chômage de façon significative dans le cadre de l'« économie de marché ». C'est incontestable… mais tout le problème vient de là précisément.

La loi des 35 heures a été concoctée par des politiciens qui, malgré leur étiquette socialiste, ne jurent que par cette prétendue économie de marché. Une économie de marché qui n'empêche nullement l'État de prodiguer des compensations financières aux patrons ; elle lui interdit en revanche d'exercer le moindre contrôle pour que l'argent ainsi distribué serve effectivement à créer des emplois en proportion de la diminution du temps de travail.

Bien sûr, embaucher du personnel supplémentaire est toujours plus facile à faire sur le papier que sur le terrain. Par exemple, une entreprise qui emploie 3 salariés ne peut pas en embaucher 0,3 lorsque l'horaire de travail diminue de 10 % ; les emplois les plus qualifiés se prêtent mal au découpage en tranches et donc au partage du travail ; adjoindre un ingénieur de plus à un projet peut demander toute une réorganisation ; des infirmières supplémentaires pour les hôpitaux, on ne peut pas les créer d'un coup de baguette magique – on trouvera sans peine une multitude de situations de ce genre, dans lesquelles il s'avère compliqué de créer des emplois.

Alors que pour en supprimer, il n'y a jamais de problème.

Moins de temps de travail (pour faire le même turbin)

Les 35 heures ne sont en réalité qu'une disposition fixant la durée *légale* du travail. Selon les chiffres de la Commission européenne, portant sur l'année 2006, la durée *effective* moyenne était en fait de 38 heures hebdomadaires en France chez les salariés à temps plein, et 35,9 pour l'ensemble des salariés, en comptant ceux qui travaillent à temps partiel.

Et curieusement, si l'on intègre le travail à temps partiel, on constate qu'on travaille finalement davantage en France que chez nos voisins allemands, britanniques ou néerlandais : eux n'ont pas les 35 heures, mais sont plus nombreux à pratiquer le temps partiel (les femmes plus particulièrement).

Il est donc faux de prétendre, comme l'a fait Sarkozy, que les 35 heures « découragent le travail » en France alors que partout ailleurs on l'aurait encouragé. La diminution du temps de travail est en fait un phénomène général dans les pays occidentaux, même s'il se réalise par des voies différentes selon les pays.

Un autre fait généralement passé sous silence est que le passage aux 35 heures s'est traduit par un gain de productivité dans la majorité des entreprises. Dans certaines d'entre elles, ce gain a pu être obtenu en partie par des mesures de restructuration, dans d'autres par la modernisation des systèmes informatiques. Mais l'intensification du travail et la mise sous pression du personnel ont été les facteurs déterminants le plus souvent. En tout cas, cette augmentation de la productivité est reconnue et même soulignée par toutes les études économiques.

Ce que ne disent pas ces études en revanche, c'est qu'il y a en quelque sorte une réciproque à ce théorème : La diminution du temps de travail a été rendue *possible* par la hausse soutenue de la productivité horaire du travail dans les années précédentes, que l'OCDE chiffre pour la France à 2,32 % en moyenne annuelle sur la période 1996-2002 (ce gain de productivité aurait même été nettement plus élevé en France que dans le reste de l'Union européenne).

Même si l'ensemble des salariés était alors passé de 39 à 35 heures hebdomadaires (et c'est loin d'être le cas), cette diminution de 10 % de l'horaire de travail aurait été plus qu'amortie par les 14 % de productivité supplémentaire gagnés juste auparavant.

L'augmentation de la productivité est en fait l'une des bases de l'économie capitaliste depuis plus de deux siècles. Quand les affaires vont bien, elle est utilisée pour augmenter la production (y compris en produisant des objets qui n'existaient pas auparavant, ordinateurs, DVD, téléphones portables). Mais en période de récession ou de stagnation, changement de programme : c'est le moment où la société découvre qu'elle a besoin de moins d'heures de travail pour produire une même quantité de marchandises, ce qu'elle prend en compte en mettant une partie des travailleurs au chômage, total ou partiel.

Le chômage est au fond une forme de réduction du temps de travail avec perte de salaire correspondante. Face à ce fléau, le mouvement syndical a toujours revendiqué que la hausse de la productivité se traduise par une diminution du temps de travail avec *maintien* du salaire, quitte à diminuer les profits des entreprises (il n'y a pas d'autre alternative en vérité). Une revendication qui n'a été que rarement concédée par les patrons, le plus souvent à la suite de grandes grèves comme en juin 1936. La loi des 35 heures n'entre pas dans cette catégorie : c'est une réduction du temps de travail accordée sans lutte... mais avec une diminution de la paie ouverte ou déguisée pour bon nombre de salariés.

Arrêtons de jeter le travail par les fenêtres

Que le progrès technique (mesuré par la productivité du travail) puisse avoir des conséquences néfastes pour le travailleur, telles que chômage ou baisse du salaire, n'a rien d'une loi universelle. C'est une loi propre à la société capitaliste et à son économie gouvernée par la recherche du profit maximum. On n'avait rien connu de tel dans les sociétés précédentes, même les plus barbares ; on se hâtera de l'oublier dans l'avenir socialiste de l'humanité.

Dans une société socialiste, les nouveaux gains de productivité seront répartis entre augmentation de la production d'un côté et réduction du temps de travail de l'autre (dans des proportions qui feront l'objet d'un débat démocratique). La réduction du temps de travail ne correspondra pas à une diminution de la richesse produite, c'est pourquoi elle pourra s'accomplir sans diminution de salaire.

Même sur la base de la productivité actuelle, il serait possible d'abaisser la durée hebdomadaire du travail bien en dessous des 35 heures dans le cadre d'une économie socialiste. La première mesure à prendre pour cela serait bien sûr l'embauche de tous les chômeurs (8 % de la population active en France en 2008, d'après les chiffres officiels dont tout le monde sait qu'ils sont sous-évalués). À quoi il faudrait ajouter le passage à temps plein de tous les salariés à temps partiel qui le souhaitent. À elles seules, ces deux mesures permettraient une diminution du temps de travail légal de l'ordre de 10 %. Mais on pourrait faire plus et mieux.

Il s'en faut de beaucoup, en effet, que tout le travail consommé par la société actuelle soit du travail socialement utile. L'organisation capitaliste de l'économie engendre une foule de métiers parasites qui consomment de l'énergie humaine sans créer la moindre richesse pour autant, de la publicité à la finance en passant par les intermédiaires de toutes sortes ou les cabinets d'avocats d'affaires. La force de travail et la matière grise gaspillées aujourd'hui dans ces activités pourraient être employées bien plus utilement ailleurs et contribuer ainsi à diminuer le temps de travail pour tous.

Un autre gaspillage a pris des proportions énormes depuis un demi-siècle : En exigeant de plus en plus de « mobilité » pour les salariés, en les contraignant à travailler toujours plus loin de leur domicile, le capitalisme jette sur les routes deux fois par jours des millions d'automobilistes. En délocalisant des productions dans des pays à faibles coûts salariaux, ce sont des cohortes de camions que l'on fait sillonner la planète dans tous les sens. Tous ces déplacements occasionnent non seulement de la pollution et une consommation inutile de carburant, mais aussi des millions d'heures de travail dont on pourrait parfaitement se passer.

Et il y aurait beaucoup à redire sur tous les besoins artificiels que le capitalisme s'ingénie à nous inventer, les gadgets sans lesquels la publicité nous persuade qu'on ne saurait plus vivre aujourd'hui, les 4x4 utilisés pour aller faire ses courses chez Auchan, les montagnes de jouets qui encombrent les chambres de certains enfants et avec lesquels ces enfants ne jouent même pas – mais pour la fabrication desquels d'autres enfants sont exploités huit heures par jour dans les pays du Tiers Monde.

Créer des emplois… ou des richesses ?

Mais si l'on met fin à ces gaspillages, que deviendront les enfants qui fabriquent ces jouets, les ouvriers qui assemblent ces 4x4, les routiers qui conduisent ces camions ? C'est la question qui vient immédiatement à l'esprit – et qui prouve à quel point nous sommes prisonniers des idées que la société bourgeoise nous a inculquées.

Dans le cadre de cette fameuse « économie de marché » dont on nous chante les louanges à longueur de journée, toute baisse de l'activité dans un secteur de l'économie est effectivement une catastrophe pour les travailleurs de cette branche.

Dans une économie fonctionnant pour la satisfaction des besoins de tous et non pour les profits de quelques-uns, une telle baisse d'activité, voulue et programmée, se traduira soit par une réduction du temps de travail, soit par une mutation dans une autre branche d'activité. Tout en conservant leur salaire antérieur, les routiers ne conduiront plus que 30 heures par semaine au lieu de 60, c'est tout le mal qu'on leur souhaite. Les ouvriers qui n'auront plus de travail dans la fabrication des 4x4 pourront fabriquer à la place des autobus ou des tramways ; ou même se reconvertir et faire un autre métier s'ils le désirent.

La société socialiste ne se préoccupera pas de « créer des emplois ». Elle se préoccupera de créer des richesses, dans le respect de l'environnement et le souci de préserver les ressources naturelles.

Le droit à la paresse

On s'imagine à tort que dans l'ancien temps les hommes travaillaient beaucoup plus qu'aujourd'hui. Au moment des moissons ou des foins, les journées de travail pouvaient effectivement atteindre les 15 heures. Mais le reste de l'année, chez les paysans d'autrefois, c'était comme le disait le proverbe « à chaque jour suffit sa peine ». Et l'hiver ne portait pas en vain son nom de morte saison, jusqu'à l'apparition de l'éclairage électrique.

C'est le capitalisme qui a inventé la religion du travail, et qui a fait de cette denrée une consommation effrénée, particulièrement au XIX° siècle. En 1848, la durée légale du travail en France était de 84 heures par semaine, et ce n'était pas une simple référence : les ouvriers faisaient réellement des journées de 14 heures, six fois par semaine, douze mois par an – jusqu'à ce qu'une crise économique éclate et qu'ils se retrouvent au chômage.

Contre le chômage, le mouvement ouvrier a mis en avant dès cette époque le mot d'ordre de *droit au travail*. À ce droit au travail, le socialiste Paul Lafargue opposait en 1880 *Le droit à la paresse*, titre du livre qu'il publia cette année-là et dans lequel il défendait la réduction du temps de travail. Cette dernière allait devenir l'une des principales revendications ouvrières à dater de ce moment.

Bien de l'eau a coulé sous les ponts depuis 1880. La semaine de travail est passée en France à 40 heures en 1936, à 39 en 1982, à 35 en 2002. À chaque fois, il fut prédit la fin du monde. Le monde a finalement survécu. Un monde dans lequel la durée du travail a partout diminué du reste, dans le même temps où la productivité, elle, a partout augmenté.

N'allez pas croire pour autant que le droit à la paresse soit désormais reconnu ici-bas. Seule la société socialiste accordera ce droit à ses citoyens. Sans en faire une obligation toutefois !

Alors, monsieur le consommateur, toujours aussi frileux ?

« Le moteur de notre économie, c'est la consommation ». C'est ce que déclarait l'autre soir à la radio un chroniqueur économique bien connu (mais ma concierge le dit aussi).

Malheureusement, il arrive trop souvent à ce moteur de tomber en panne, d'où ralentissement de l'économie et menace de récession. Tout ça, à cause de la *frilosité* du consommateur.

Cher consommateur, quand donc vous déciderez-vous à comprendre qu'en refusant de consommer vous empêchez l'économie de redémarrer ? Comment ça, vous avez des problèmes de pouvoir d'achat ? Le pouvoir d'achat augmente, c'est prouvé scientifiquement : + 0,2 % en 2002, + 0,4 % en 2004, vous n'allez tout de même pas contester les chiffres de l'INSEE. Bon, en 2003, il a officiellement baissé de 0,3 %, même d'après l'INSEE, mais est-ce que c'est une raison ? Les temps sont durs pour tout le monde. Et d'ailleurs, il n'y a pas qu'en France.

Il vaut mieux être riche et PDG que pauvre et simple employé

Il y aurait quand même des pays où il paraît que ça va mieux que chez nous. Ce serait le cas du Royaume Uni, de la Suède et de l'Espagne où « la bonne tenue de la croissance depuis une décennie s'explique avant tout par la vigueur des dépenses de consommation des ménages. [...] Trois pays où il n'y a pas eu déformation du partage au détriment des salaires. Où il n'y a pas eu non plus affaiblissement de la demande[1]. »

On ne sait pas si la situation est aussi rose que cela pour les salariés de ces trois pays. Partout ailleurs, en revanche, cette « déformation du partage des revenus » a bel et bien eu lieu, au détriment des salaires et en faveur des profits. « C'est ce que l'on a observé dès les années 1990 au Japon, depuis le début des années 2000 aux États-Unis et en Allemagne et depuis 2003 en France, avec une croissance de la productivité plus forte que celle du salaire réel[2]. »

La croissance du « salaire réel », soit dit en passant, est une notion ambiguë à laquelle on peut faire dire tout et son contraire : c'est une moyenne, prenant en compte aussi bien le salaire du président de la République française (qui a plus que doublé en un an, merci pour lui) ou les salaires des PDG des multinationales (qui ont augmenté dans des proportions semblables ces derniers temps) que celui des caissières de supermarché ou des ouvriers du Bâtiment. Pour ces dernières catégories, le pouvoir d'achat n'a pas augmenté « moins que la productivité », il a carrément baissé depuis six ans.

Il faut tout le culot et l'aplomb d'une Laurence Parisot, présidente du Medef, pour prétendre (dans une interview à *La Tribune* en janvier 2008) que « la rémunération moyenne des Français augmente plus vite que la production, comme cela ne se voit dans aucun autre pays en Europe ». C'est la pure vérité en effet... à condition de remplacer « rémunération moyenne des Français » par « rémunération moyenne des patrons français ».

En 2007, les PDG des plus grosses entreprises françaises ont vu leur rémunération augmenter de 40 %, faisant d'eux les patrons les mieux payés d'Europe, d'après une étude parue également dans *La Tribune*. Pour ceux d'entre eux dirigeant des sociétés de plus de 40 000 employés, le salaire annuel dépasse désormais les 6 millions d'euros. Pour les PDG des autres entreprises du CAC 40, il n'est « que » de 2,679 millions d'euros en moyenne – mais on arrive tout de même à 4 millions si on y joint les profits réalisés par la levée de leurs stock-options, et la hausse sur un an est alors de 58 %.

---

[1] Patrick Artus et Marie-Paule Virard, *Le capitalisme est en train de s'autodétruire*, p. 32.
[2] Ibid., p. 37.

A ces salaires et à ces stock-options, il convient encore d'ajouter les dividendes des actions, à côté desquels le salaire n'est souvent qu'une goutte d'eau pour les grands patrons.

La déformation du partage

Qu'on se rassure toutefois pour les patrons étrangers : ça va bien pour eux aussi. Ainsi, la rémunération moyenne des dirigeants des entreprises américaines s'est accrue de 442 % en huit ans, à la fin des années 1990.

Partout dans le monde (bien qu'à des rythmes variables), la part des profits dans le Produit intérieur brut a augmenté depuis une trentaine d'années, au détriment de la part des salaires. La part des profits est passée de 10 à 14 % entre 1980 et 2004 pour les sept pays les plus riches du monde (chiffres de l'OCDE).

En France, la part des salaires dans le Produit intérieur brut a diminué de plus de 9 % entre 1993 et 2006 (chiffres de la Commission européenne) – mais ce transfert de richesses a commencé bien avant, même s'il s'est accentué ces dernières années.

D'après les statistiques de l'OCDE, le produit intérieur brut par heure travaillée, qui mesure la productivité du travail, a augmenté de 87 % entre 1977 et 2007 pour un groupe de onze États européens (Allemagne, Belgique, Danemark, Espagne, Finlande, France, Irlande, Italie, Pays Bas, Royaume Uni, Suède). Pour la France, cette augmentation est même de 103 % (ce qui devrait clouer le bec aux pourfendeurs de notre immobilisme, de nos rigidités et d'autres maladies honteuses bien de chez nous).

Sur la même période, mais d'après les chiffres de l'INSEE cette fois, le salaire net moyen en euros constants est passé en France de l'indice 293 à l'indice 354 : 21 % d'augmentation en 30 ans, à comparer aux 103 % du PIB par heure travaillée – il est clair que les gains de productivité n'ont bénéficié que pour une très faible part aux salariés.

Et le bilan n'est guère différent si l'on compare l'évolution des salaires non plus à celle de la productivité, mais à celle de la production. De 1976 à 2006, le Produit intérieur brut français à prix constants est passé de 824 milliards d'euros à 1593 milliards, soit 93 % d'augmentation ; et cette fois la France fait légèrement moins bien que ses voisins, l'augmentation étant de 96 % pour l'ensemble des 11 pays européens mentionnés ci-dessus.

Le chantage à la délocalisation

Partout, donc, les hausses de salaires – quand il y en a eu – sont restées quatre à cinq fois inférieures à l'augmentation de la production, n'en déplaise à la patronne du Medef. Lorsque cette dernière affirme, dans la même interview : « Nous ne créons pas les richesses suffisantes pour soutenir cette augmentation des rémunérations », c'est une aimable plaisanterie. D'une part, parce que ce « nous » est particulièrement savoureux dans la bouche d'une représentante des patrons : on ignorait que ces derniers créaient des richesses, merci de nous l'avoir signalé.

D'autre part, parce que les richesses supplémentaires créées par les travailleurs grâce à l'augmentation de la productivité ont servi essentiellement à augmenter les profits – d'où cette « déformation du partage des revenus » en faveur des actionnaires et au détriment des salariés, pour reprendre les termes de Patrick Artus et Marie-Paule Virard.

Cette « déformation » n'entrerait en fait que pour moitié dans la hausse des profits depuis les années 1980. L'autre moitié, toujours d'après ces auteurs, serait le résultat de la baisse des coûts engendrée par la mondialisation, autrement dit des délocalisations vers les pays pauvres.

Les deux phénomènes n'en font qu'un en réalité, que l'augmentation des dividendes s'obtienne par des bas salaires dans les pays occidentaux ou par des salaires encore plus bas dans les pays d'Europe de l'Est ou du Tiers Monde.

La menace de délocalisation est d'ailleurs devenue l'un des moyens favoris pour faire pression sur les salaires dans les pays industrialisés eux-mêmes. Comme le disait Jean-Marc Sylvestre dans une de ses chroniques, avec son style poétique à nul autre pareil : « Les délocalisations répondent à l'attente du public – vous, moi – qui réclame des produits moins chers ». Et pour avoir des produits moins chers, pas d'autre solution que d'augmenter encore et toujours la productivité sans contrepartie pour les salariés ; ou de diminuer les salaires ; ou de diminuer les charges sociales. Ou les trois à la fois. (Diminuer les-profits-d'aujourd'hui-qui-sont-les-investissements-de-demain, on ne saurait l'envisager une seule seconde).

Etant donné l'écart entre les salaires des pays occidentaux et ceux du Tiers Monde, le chantage aux délocalisations a de beaux jours devant lui.

Quelle plaie que le consommateur soit aussi un salarié !

« Le pouvoir d'achat, il n'y a pas que cela ; c'est un élément parmi d'autres dans la vie quotidienne », a dit quelqu'un dont j'ai oublié le nom (mais ce n'est pas un philosophe, je m'en souviendrais sinon).

C'est bien vrai, il n'y a pas que le pouvoir d'achat dans la vie. Il y a aussi le chômage, la précarité et la crainte de l'avenir.

Mais tout cela n'est pas une raison pour ne pas consommer.

En ne consommant pas, vous aggravez la situation, monsieur le consommateur. Vous empêchez l'industrie d'écouler sa production, vous portez une part de responsabilité dans les difficultés économiques que nous connaissons actuellement.

Car l'économie capitaliste ne peut pas se passer de vous et de votre carte de crédit. Elle a besoin de votre visite hebdomadaire assidue chez Auchan ou Carrefour, de votre fièvre acheteuse pendant les soldes, de votre zèle de parent pour les cadeaux de Noël de vos enfants. Elle a créé pour vous la société de consommation ; elle a inventé mille merveilles indispensables dans la vie de tous les jours, de la tourniquette pour faire la vinaigrette au téléphone mobile qui fait en même temps agenda, appareil photo, rasoir électrique et machine à coudre.

Le problème avec vous, monsieur le consommateur, c'est que vous êtes par ailleurs un salarié, si mes renseignements sont exacts. En tant que salarié, vous coûtez trop cher à votre employeur. Votre employeur est obligé de modérer vos prétentions salariales. Pire même, il est obligé de délocaliser une partie de la production, obligé de se séparer d'une partie de son personnel qui coûte trop cher lui aussi. Ce n'est pas par plaisir qu'il fait tout cela, ce sont les *réalités économiques* auxquelles il est bien contraint de se plier.

Mais vous, en tant que salarié, vous ne voulez rien entendre de ces réalités économiques. Et du coup, en tant que consommateur, vous refusez de faire votre devoir. Vous boudez. Vous nous ressortez le coup du pouvoir d'achat, de votre surendettement, ou même de la crainte de l'avenir.

Tout ce que la société peut faire pour vous, monsieur le consommateur-salarié, c'est de vous chanter la chanson du serpent dans *Le livre de la jungle* : Aie confiance, crois en moi...

(À propos, j'ai retrouvé l'auteur de la maxime « le pouvoir d'achat, il n'y a pas que cela » : C'est un président de la République, qui avait fait du pouvoir d'achat l'un des thèmes de sa campagne électorale. Une autre maxime prétend que seuls les imbéciles ne changent jamais d'avis – mais celle-là, je ne sais vraiment pas de qui elle est).

Une société qui marche sur la tête

Donc, nous consommons pour soutenir l'économie.

Spectaculaire renversement, après des millénaires pendant lesquels – on l'aurait presque oublié – le monde marchait sur ses pieds et l'économie soutenait la consommation.

Le paysan d'autrefois, comme chacun sait, consommait ce qu'il avait lui-même produit, était vêtu d'habits que sa femme avait tissés, s'abritait dans une maison qu'il avait bâtie ou agrandie de ses propres mains. Il n'avait aucun problème pour « écouler » sa production – elle s'écoulait bien trop vite, au contraire, la plupart du temps !

S'il revivait aujourd'hui, il se dirait que notre monde à nous marche décidément sur la tête, pour que les crises économiques y soient provoquées par de trop bonnes récoltes ou par la surproduction dans certaines branches de l'industrie.

Les crises capitalistes sont en effet des crises de surproduction. Non pas que l'économie produise trop dans l'absolu, hypothèse absurde quand près de la moitié de l'humanité vit en dessous du seuil de pauvreté. Mais c'est justement cette pauvreté qui pose problème, en limitant la demande solvable de produits de consommation pendant que les capacités de production, elles, ne cessent d'augmenter. Cette contradiction éclate périodiquement, lorsque des secteurs de l'économie se retrouvent avec sur les bras des stocks de marchandises invendues et invendables.

On nous vante à longueur d'année les vertus de l'économie de marché. Le marché n'est en fait que le régulateur de l'économie capitaliste. Et la principale « vertu » de cette régulation-là est de s'exercer après-coup, avec un décalage dans le temps pouvant atteindre des mois, voire des années.

Même un défenseur de l'économie capitaliste comme Joseph Stieglitz doit le reconnaître : « Une théorie simpliste conçoit le système économique comme un mécanisme autorégulateur : quand l'offre dépasse la demande, les prix baissent, ce qui réduit l'offre, et vice-versa. Ce type d'ajustement existe, mais il n'a pas lieu en douceur ni sans coût[1]. »

Le nettoyage par le vide comme méthode de régulation

Dans une économie socialiste et planifiée, on peut déterminer à l'avance (bien ou mal, mais c'est un autre problème) les besoins de la population pour chaque type de production. Dans l'économie capitaliste, ces besoins (réels ou artificiellement créés) provoquent des déplacements de capitaux vers les secteurs concernés, où les profits sont temporairement plus élevés. L'afflux de capitaux entraîne à son tour l'emballement de l'activité et de la production dans ces secteurs… jusqu'à ce que la crise se déclenche.

C'est la crise qui révèle à la société qu'il y a surproduction dans une branche. Les crises ne sont pas de simples accidents dans le cours de la vie économique : elles sont le moyen par lequel, depuis deux siècles, le marché réajuste après-coup la production à la consommation dans les différents secteurs de l'économie. Mais c'est bien la faiblesse de la consommation dans son ensemble qui est la cause profonde de ces crises, quelles que soient les branches particulières où elles se déclenchent. Et les capitalistes ne peuvent rien contre cette faiblesse de la consommation, car ce sont eux qui l'entretiennent et l'aggravent, en réduisant toujours plus la part des salaires par rapport aux profits.

Comme l'écrit à nouveau Stieglitz : « Quand l'économie tourne à plein régime, les progrès de la productivité permettent d'accroître le PIB, d'augmenter les salaires, d'améliorer le niveau de vie. Mais lorsque l'économie entre en récession – lorsque le facteur qui limite la production n'est plus l'insuffisance de l'offre mais celle de la demande –, le mécanisme fonctionne dans le mauvais sens. Si, en raison de la faiblesse de la demande, la production n'augmente cette année que de 1 % mais que chaque actif peut produire 3 % de plus, on a besoin de moins de salariés ; le chômage va augmenter. […] La montée du taux de chômage fait baisser les salaires, et les incertitudes sur l'emploi dépriment la consommation. […] Donc, puisque

---

[1] Joseph Stieglitz, *Quand le capitalisme perd la tête*, p. 154.

la croissance de la consommation s'essouffle et que rien ne la remplace, la production diminue[1]. »

Le problème de fond du système

Dans une minorité de pays riches, le niveau de vie des salariés s'est amélioré malgré tout. Une amélioration qui doit tout aux luttes sociales et rien à la générosité patronale. L'augmentation du pouvoir d'achat des travailleurs dans ces pays a pourtant eu comme conséquence paradoxale une consolidation du système capitaliste dans son ensemble, en fournissant des débouchés supplémentaires à l'industrie.

Ce n'est pas un hasard si les pays les plus riches (les États-Unis notamment) sont ceux où les salaires sont les plus élevés en moyenne. Et la relation de cause à effet n'est pas à sens unique : ce n'est pas seulement parce qu'ils sont riches que les salaires y sont plus élevés ; c'est parce que les salaires y sont plus élevés que l'industrie y dispose d'un marché plus large pour écouler ses produits, ce qui contribue finalement à la prospérité de ces pays-là.

Mais le cercle vertueux a ses limites : même dans les pays riches, le niveau de vie relativement acceptable de la population laborieuse n'a rien d'un acquis définitif, on ne le voit que trop ces temps-ci.

Combien de fois, pourtant, n'a-t-on entendu proclamer la fin de la lutte des classes dans les nations occidentales, et même la fin des classes sociales elles-mêmes ! La classe ouvrière, c'est du passé, ça n'existe plus ; employeurs et salariés sont désormais des « partenaires sociaux » se partageant les bienfaits de la société de consommation...

Ils se les partagent de moins en moins dans les faits, le patronat menant partout depuis trente ans une véritable guerre au monde du travail pour remettre en cause les acquis sociaux, abolir ce qui peut exister de protection sociale au nom de la modernisation, et accroître les profits au détriment des salaires.

Et en dehors de cette minorité de pays riches, le niveau de vie n'a guère progressé dans le monde depuis un siècle, infiniment moins en tout cas que la productivité du travail et les capacités de production de l'industrie.

---

[1] Ibid, p.236.

À l'heure de la mondialisation, l'économie capitaliste reste plus que jamais marquée par cette contradiction entre ses capacités de production quasi illimitées d'un côté, et de l'autre les limites étroites de la consommation dues au faible pouvoir d'achat d'une grande partie de l'humanité.

Le profit, encore lui, toujours lui

C'est donc une parfaite ineptie que de présenter notre époque comme celle de la « société de consommation », même dans les pays les plus développés. Certes, cette société-là n'en finit pas de nous créer des besoins artificiels et de nous allécher avec de nouveaux gadgets. Elle a développé le gaspillage comme aucune autre civilisation auparavant.

Mais dans le même temps, dans un pays riche comme la France, des millions d'êtres humains vivent dans des taudis, dans des foyers d'hébergement ou même dans la rue, et vont manger à la soupe populaire rebaptisée Restos du cœur. Et mieux vaut ne pas penser au Tiers Monde, où l'expression « société de consommation » résonne comme une sinistre plaisanterie.

La consommation, la satisfaction des besoins, n'est en rien le moteur de l'économie capitaliste. Et il n'est guère plus juste de parler à son sujet d'« économie de marché ». Le marché n'est qu'un intermédiaire dans le cycle des affaires. Le seul et unique but de cette forme d'économie, son « moteur » donc, c'est le profit.

C'est la course au profit qui pousse en tous lieux et par tous les temps à la réduction des salaires ou aux délocalisations vers les pays à bas salaires, ce qui revient au même. Cette réduction des salaires réduit d'autant les capacités de consommation de la majeure partie de l'humanité, et par conséquent les capacités du marché à écouler les produits de l'industrie. L'économie de marché entre donc en conflit... avec l'économie de profit. Une telle affirmation peut sembler paradoxale – mais c'est le paradoxe avec lequel le capitalisme se débat depuis ses débuts.

Les mots pour le dire

Tout cela n'empêchera pas les professeurs d'économie autoproclamés de continuer à nous soûler avec l'économie de marché, ni les médias de broder sur la société de consommation.

Chaque époque se crée ses clichés et autres tics de langage, qui finissent par faire partie du décor et que tout le monde utilise machinalement sans y croire pour autant, comme un athée peut bien dire « Dieu merci » sans renier ses convictions.

Le langage n'en reflète pas moins les rapports sociaux et l'idéologie d'une société. La société bourgeoise a juste un peu innové, en développant tout un vocabulaire et une phraséologie qui présentent les rapports sociaux de façon inversée.

On s'est ainsi habitué depuis longtemps à considérer que le patron « fait vivre » l'ouvrier et qu'il lui « donne » du travail (merci, patron).

Avec le développement des banques sont ensuite venues des métaphores comme « faites travailler votre argent » dont le surréalisme ne semble étonner personne.

Puis est arrivée la grande offensive néolibérale des années 1980, avec ses trouvailles linguistiques comme les fameuses *réalités économiques* pour désigner les cours de la bourse ; ou les *opérateurs financiers* qu'il ne faut surtout pas confondre avec les spéculateurs.

La société elle-même, de capitaliste, s'est muée en société *libérale* (ce qui présente tout de même nettement mieux). Les patrons, eux, se sont métamorphosés en *employeurs* qui, comme leur nom l'indique, ne demandent qu'à créer des emplois, de même que les *investisseurs* ne demandent qu'à investir. S'ils ne le font pas, c'est à cause des *charges sociales*, expression traduisant le fardeau pesant sur les entreprises, ou des *coûts salariaux* qui disent bien ce que les salariés coûtent à la société (et rien de ce qu'ils lui rapportent).

Et pour finir, voilà que *les profits d'aujourd'hui sont les emplois de demain* – la plus belle contrepèterie qu'on ait jamais trouvée !

Nous vivons vraiment une époque formidable, où même la langue française marche sur la tête.

Le rêve des alchimistes enfin réalisé

Dénoncer l'emprise de l'argent sur la société, sur nos vies, sur les relations humaines, n'est certes pas d'une grande originalité : il n'est guère de lieu commun plus répandu, chez les riches comme chez les pauvres. Entre la poire et le fromage, chacun y va de sa harangue contre l' « argent roi » ou contre le « dieu dollar », avant de retourner à ses petites ou grandes affaires. Des diatribes plus fatalistes que contestataires, et qui ne remettent en cause ni notre attachement à la divinité, ni nos croyances en ses pouvoirs surnaturels : on nous a inculqué que notre argent « travaille » quand on le place sur un plan d'épargne, et nous avons fini par le croire (ou par faire comme si).

Dans un coin de notre tête, nous savons bien qu'il n'en est pas ainsi en réalité. Comme l'écrivait Adam Smith en 1776 : « Ce n'est pas avec de l'or ou avec de l'argent mais avec du travail que toutes les richesses du monde ont, à l'origine, été acquises[1]. »

C'est le travail des hommes et des femmes qui crée la richesse de la société. Quand ces hommes et ces femmes sont des salariés, une partie de la richesse produite est accaparée par leur patron, sous forme de profit. Si le patron a lui-même emprunté de l'argent à une banque, il partagera le profit avec le banquier. Et le banquier à son tour vous versera une part de sa part de profit, sous forme d'intérêt de votre plan d'épargne. Pour citer à nouveau Adam Smith : « Une partie de ce profit appartient naturellement à l'emprunteur [...] et une partie au prêteur qui lui permet de faire ce profit.

---

[1] Adam Smith, *Recherche sur la nature et les causes de la richesse des nations*, éditions Economica, Livre I, p. 37.

L'intérêt monétaire est toujours un revenu dérivé [...] qui doit être payé à partir d'une autre source de revenu[1]. »

Au lieu d'emprunter l'argent à un banquier, le patron peut l'emprunter à des actionnaires. C'est avec eux qu'il partagera alors ses profits, en leur distribuant des dividendes. Pas plus que l'intérêt de votre plan d'épargne, ces dividendes ne proviennent d'une vertu miraculeuse qu'aurait l'argent d'engendrer de l'argent par opération du Saint-Esprit. Ils proviennent du travail des salariés de l'entreprise. Mais les actionnaires ne le voient pas ainsi : à leurs yeux, les dividendes sont la juste rémunération des sommes qu'ils ont investies sous forme d'actions. Ils en viennent donc à considérer que leur argent a contribué à créer de la richesse, au même titre que l'activité des salariés.

La société capitaliste a développé cette vision totalement irrationnelle de l'argent, dont il n'est pas facile de se défaire. La pierre angulaire de cette mystification est l'origine du profit. Le marxisme a l'immense mérite (entre autres) d'avoir résolu ce problème sur lequel la science économique s'était cassé les dents jusque-là. Marx voit la source du profit – de *tout* profit – dans l'exploitation des travailleurs : par son travail, le salarié crée davantage de richesse qu'il n'en reçoit sous forme de salaire ; et son patron s'approprie la différence, exactement comme le seigneur s'appropriait autrefois une partie de la récolte du paysan.

Un mécanisme masqué par les lois du marché

Bien sûr, l'économie capitaliste ne se « réduit » pas à cette genèse du profit. Ce mystère une fois élucidé, on est encore loin d'une compréhension d'ensemble de cette économie dans toute sa complexité. Mais tout le génie de Marx est d'avoir su retrouver le simple sous le complexe, d'avoir su dégager le mécanisme de la formation du profit sous l'enchevêtrement des capitaux en circulation, des marchés financiers ou de la loi de l'offre et de la demande.

Car ce n'est pas tout d'extorquer du profit à ses salariés. Au sortir de l'atelier, le profit se présente sous la forme de marchandises. Il ne prendra la forme argent que lorsque ces marchandises seront vendues – si elles trouvent acheteur. Il se peut fort bien que le capitaliste se retrouve avec ses

[1] Ibid., p. 60.

produits sur les bras, ou qu'il soit contraint de les céder en dessous de leur prix de production, en quel cas il n'aura pas fait le moindre centime de profit. Dans d'autres cas, au contraire, si le rapport entre l'offre et la demande lui est favorable, il peut vendre ses articles au-dessus de leur valeur et réaliser des bénéfices exceptionnels.

Globalement, il est vrai, offre et demande s'équilibrent, les capitaux se déplaçant des secteurs où l'offre dépasse la demande (et où les profits sont inférieurs à la moyenne) vers les secteurs où la situation est inverse. C'est à ce niveau – au niveau de l'économie dans son ensemble – que le profit coïncide avec la production extorquée aux salariés au-delà de leur salaire. Au niveau du capitaliste individuel en revanche, ce mécanisme est masqué par d'autres facteurs, dont la loi de l'offre et de la demande qui fait monter ou baisser les prix (et donc varier le taux de profit).

Chaque patron voyant midi à sa porte, l'illusion est vite créée d'un profit résultant de ces fluctuations elles-mêmes (lorsqu'elles vont dans le bon sens) et non de l'exploitation des salariés. S'il en était ainsi, les industriels ne feraient *en moyenne* aucun profit. Mais cette illusion n'en existe pas moins, contribuant à son tour à l'idée fausse selon laquelle le profit se forme dans la sphère monétaire et non dans la sphère de la production.

Ceux qui font « travailler » leur argent

Mais il n'y a pas que la loi de l'offre et de la demande. Il y a aussi tous les intermédiaires entre le producteur et le consommateur, chacun prélevant son bénéfice au passage sans que rien de nouveau ne soit créé pour autant, selon la bonne vieille formule « Prix de vente – Prix de revient + Bénéfice » qu'on apprenait autrefois à l'école primaire. C'est le point de vue non plus de l'industriel, mais du commerçant, avec sa propre mystification : celle selon laquelle le bénéfice est quelque chose qui peut s'ajouter arbitrairement – et miraculeusement – au prix d'un objet.

Marx voyait les choses d'un autre œil. Pour lui, le bénéfice commercial n'est qu'une partie du profit, que le patron d'industrie abandonne au commerçant dans la mesure où celui-ci facilite et accélère la vente de son produit, donc la circulation de son capital.

De même, comme on l'a vu, l'industriel abandonne éventuellement une autre partie du profit au banquier qui lui a fait une avance de fonds. Mais le banquier, lui aussi, voit midi à sa porte et considère son intérêt bancaire comme le « loyer de l'argent ».

Commerçant, banquier, actionnaire : la société capitaliste est remplie de personnages qui tous font « travailler » leur argent ; jusqu'au détenteur de livret de caisse d'épargne auquel on a réussi à faire avaler cette fable. Mais ce n'est qu'une fable. L'argent ne travaille pas. Le capital ne crée aucune richesse – pas plus que n'en créait le seigneur féodal lorsqu'il taxait ses paysans. Aujourd'hui comme au Moyen Âge, l'exploitation du travail d'autrui reste la base des revenus des classes dominantes.

Du modeste intermédiaire au dieu des temps modernes

La similitude s'arrête là cependant. En dehors de ce point commun, tout sépare l'économie capitaliste moderne de l'économie médiévale – à commencer par la place qu'y occupe l'argent. Nous sommes conditionnés par l'omniprésence de ce dernier au point qu'elle nous semble avoir existé de tous temps. Rien de plus faux pourtant. L'argent est certes aussi vieux que la civilisation ; mais son rôle est resté relativement marginal jusqu'à l'avènement du capitalisme.

Le paysan du Moyen Âge vivait de ce qu'il produisait lui-même, était vêtu d'habits que sa femme avait tissés, logeait dans une demeure qu'il avait lui-même bâtie ou agrandie. Quand les choses allaient bien, il vendait quelques produits de sa ferme au bourg voisin ; avec les sous ainsi gagnés, il achetait un soc de charrue au forgeron du village, ou une vache dans une foire au bétail. À cela se limitaient ses rapports avec l'argent et avec l'économie de marché.

L'argent était alors un simple intermédiaire dans les échanges, dans une société où les échanges étaient peu développés. Ce modeste intermédiaire est devenu aujourd'hui le terme central de l'économie. Mais cette métamorphose n'est que la conséquence de mutations économiques et sociales plus profondes. L'industrie a presque partout supplanté l'agriculture comme base de l'économie. La division du travail et la spécialisation se sont partout développées, y compris dans l'agriculture. Les paysans eux-mêmes, dix fois moins nombreux qu'autrefois en proportion, se sont spécialisés dans la betterave, le maïs ou la viande de porc, et vont faire leurs courses dans les grandes surfaces comme tout le monde.

Presque plus personne ne se nourrit de ce qu'il produit lui-même. Tout ce qui se produit est devenu marchandise – et doit donc passer par le marché pour atteindre le consommateur. Sur le marché se négocie même une marchandise particulière : la force de travail des salariés, comme résultat de toute une évolution qui a séparé les producteurs des moyens de production.

Vendre pour acheter, ou acheter pour vendre ?

Le paysan d'autrefois vendait les œufs de ses poules ; l'argent qu'il en tirait lui permettait d'acheter une paire de sabots. Il vendait pour acheter – et dans cette opération, l'argent ne jouait effectivement que le rôle d'un intermédiaire.

Pour le marchand professionnel, comme le maquignon dans les foires au bétail par exemple, il en allait tout autrement. Lui ne vendait pas pour acheter, il achetait pour vendre au contraire. Ce sont les marchandises qui jouaient chez lui le rôle d'intermédiaires. Quant à l'argent, il était le point de départ et le point d'arrivée de son cycle d'affaires, le but même de son activité et non plus un simple intermédiaire. Il lui rapportait du profit : il était devenu du *capital.*

Le schéma est le même pour le propriétaire d'une manufacture au XVIII° siècle. Avec une différence cependant : parmi les marchandises qu'il achète (outils, matières premières) figure une marchandise particulière, la force de travail. Et entre l'achat et la vente, s'intercale pour lui un épisode où la force de travail qu'il vient de se procurer doit être mise en action. Son capital, une fois transformé en marchandises, doit faire un séjour dans le domaine de la production, là où se créent les richesses en général – et le profit en particulier.

La production n'en est pas devenue pour autant la raison d'être du capital, même industriel. Elle n'est pour lui qu'un mal nécessaire, puisque qu'il ne saurait y avoir de profit sans création de richesses matérielles. Mais pour le capitaliste lui-même, peu importe où et comment son profit s'est formé – pourvu qu'il soit dans sa poche.

Un monde sans argent… un jour peut-être

Les alchimistes du Moyen Âge rêvaient de tout transformer en or. Le capitalisme a fait de cette chimère une réalité, ou peu s'en faut. Tout passe aujourd'hui par l'argent, forme abstraite et concentrée de la richesse. L'humble intermédiaire dans les échanges d'autrefois est devenu le maître absolu de la société. Sa puissance semble d'autant plus surnaturelle qu'il s'est dépouillé de son enveloppe matérielle : les pièces d'or ou d'argent se sont fait représenter par des bouts de papier, lesquels délèguent eux-mêmes leurs pouvoirs, de nos jours, à de simples jeux d'écriture dans des réseaux d'ordinateurs.

Il n'y a pourtant aucune magie derrière tout cela. Quel que soit son support matériel, l'argent est la forme « naturelle » du capital, son point de départ et d'arrivée dans chacun de ses cycles comme on l'a vu. Au point d'arrivée, il est par-là même la forme naturelle du profit, moteur de l'économie capitaliste.

Pour ceux qui ne sont pas capitalistes, il n'est toujours que le modeste intermédiaire dans les échanges. À ceci près que ces échanges sont devenus le seul moyen de se procurer ses moyens d'existence.

Le socialisme n'abolira pas l'argent d'un coup de baguette magique. Il abolira le capital – ce qui prendra déjà un certain temps – et s'efforcera de remplacer l'économie de profit par une économie basée sur la satisfaction des besoins. « À chacun selon ses besoins », telle est la formule dont Marx disait qu'elle caractériserait le communisme arrivé à maturité.

Dans un tel système, l'argent ne devrait théoriquement plus avoir un grand rôle à jouer, si ce n'est comme outil de comptabilité et de répartition. Peut-être même finira-t-on par le supprimer. Mais tout cela n'est pas pour demain. Pendant toute une période transitoire, dont nul ne peut prédire la durée, la société socialiste ne sera pas en mesure de donner à chacun selon ses besoins. L'argent continuera comme aujourd'hui à fixer le pouvoir d'achat... et ses limites.

L'économie de marché elle-même ne disparaîtra pas d'un seul coup d'un seul. Les marxistes l'ont toujours dit : ils n'ont nullement l'intension d'exproprier l'épicier du coin ni le paysan modeste. L'argent gardera donc aussi son rôle d'intermédiaire dans les échanges – tant qu'il subsistera des échanges.

Au moins peut-on espérer que l'argent, dès les premiers temps du socialisme, perdra sa fâcheuse habitude de « travailler » à notre place.

La loi de la valeur est dure, mais c'est la loi

Que le travail soit la source de toute richesse, il n'est nul besoin d'être marxiste pour le penser. D'autres économistes (que l'on présente pourtant comme les pères du libéralisme) l'avaient affirmé avant Marx : François Quesnay, Adam Smith et David Ricardo, pour ne citer que les plus connus.

Quesnay, qui était médecin avant de s'intéresser à l'économie, a établi un modèle des échanges s'inspirant de la circulation du sang. Ami de Diderot et D'Alembert (qui ont publié ses premiers écrits économiques dans leur *Encyclopédie*), il critiquait le « mercantilisme » hérité de l'époque de Colbert. Ce qui signifie qu'il dénonçait (déjà) le développement excessif du commerce au détriment de la production – et particulièrement de l'agriculture. Il estimait même que seul le travail *agricole* était source de richesse, les autres activités n'étant vouées qu'à la transformation de cette richesse première. Cet exclusivisme a été rejeté par l'Écossais Adam Smith, le plus célèbre des économistes du XVIIIe siècle.

Il est d'usage, parmi les défenseurs de la société actuelle qui ont un vernis de culture, de renvoyer de Marx, dont les théories économiques seraient « dépassées », à Smith, dont les écrits n'auraient pas pris une ride. (Une opinion surtout répandue chez ceux qui n'ont lu ni Marx ni Smith, mais n'allez pas le répéter).

Marx avait en fait une grande admiration pour Adam Smith, dont il fait l'éloge à de nombreuses reprises dans *Le Capital* – tout en critiquant dans le même temps ce qu'il considérait comme des erreurs ou des incohérences chez le grand économiste écossais.

Car Smith n'était nullement un fanatique du capitalisme naissant, comme certains aimeraient le présenter aujourd'hui. Il partageait les idées de

Quesnay contre le mercantilisme prospérant au détriment de l'agriculture. La véritable richesse, expliquait-il, était la production de biens – et non l'argent.

Il défendait certes l'économie de marché, mais il en soulignait aussi les limites. Il préconisait le libre échange, non pas contre le socialisme (qui n'était pas encore né comme courant de pensée), mais contre le protectionnisme des gouvernements de son époque. En philosophe du XVIII° siècle qu'il était, c'est contre le vieil ordre aristocratique (ou ce qu'il en subsistait alors) qu'il menait bataille.

Il était soucieux de la condition des petites gens, comme le montre la lecture de son ouvrage *Recherche sur la nature et les causes de la richesse des nations*. C'était un esprit éclairé, un libre-penseur anticonformiste, un admirateur de son contemporain Voltaire, un philosophe curieux de tout (il a même écrit un livre sur l'histoire de l'astronomie). Tout comme Quesnay, c'est sur le tard qu'il a entrepris l'étude de l'économie, science toute nouvelle à cette époque.

Échange 7158 h de trav. contre 2p. cuis. sdb.

L'un des sujets abordés par les premiers économistes a été la notion de *valeur* des marchandises. Adam Smith et quelques autres établissent une première distinction entre le prix d'un objet, qui varie en fonction de l'offre et de la demande, et sa valeur, qui représente la moyenne autour de laquelle s'effectuent les fluctuations ; ou encore – ce qui revient au même – qui est égale au prix lorsque l'offre et la demande s'équilibrent.

Adam Smith prend soin de distinguer aussi la *valeur d'échange* d'une marchandise (la proportion dans laquelle elle s'échange contre d'autres marchandises par l'intermédiaire de l'argent) de sa *valeur d'usage*, notion purement qualitative et donc non mesurable. Les deux n'ayant aucun rapport selon lui, si ce n'est qu'un bien doit avoir une valeur d'usage pour faire l'objet d'un échange.

Pour la majorité des économistes de cette époque, c'est le travail qui permet de mesurer la valeur d'échange. « La valeur d'une marchandise, écrit Adam Smith, est égale à la quantité de travail qu'elle permet d'acquérir ou dont elle permet de disposer[1]. »

---

[1] Adam Smith, *Recherche sur la nature et les causes de la richesse des nations*, éditions Economica, p 37

Si le principe énoncé a reçu un bon accueil en son temps, sa formulation a néanmoins suscité des critiques, dans la mesure où la valeur d'une marchandise se définit ici par la quantité de travail contenue dans une autre. Quarante ans après Smith, David Ricardo, dans ses *Principes de l'économie politique et des impôts*, revenait donc sur la loi de la valeur-travail pour en proposer une version plus directe : la valeur d'un bien exprime la quantité de travail qu'il contient lui-même, celle qu'a nécessité sa production.

Ricardo distingue de plus le travail « immédiat » incorporé dans la marchandise lors de son élaboration finale, du travail déjà contenu dans les matières premières ou dans les machines ayant servi à sa fabrication, qui lui aussi se retrouve dans la valeur du produit fini. La valeur des matières premières se transmet intégralement au produit fini. Pour les machines, c'est un peu plus compliqué : leur valeur se transmet par fractions. Si une machine, au cours de sa vie, permet de fabriquer 100 000 articles, un cent-millième de sa valeur sera transmise à chacun de ces articles. Mais au bout du compte, la valeur d'un article ne représente rien d'autre que du travail – que ce soit le travail récent de ceux qui l'ont fini ou le travail ancien contenu dans les machines et les matières premières.

Chassez ce travail que je ne saurais voir

Cette loi de la valeur, surtout dans sa version ricardienne, consacre donc le travail comme source de toute richesse. Une telle théorie avait tout pour plaire aux hommes de progrès... et susciter la réprobation des capitalistes et de leurs idéologues. Du vivant de Ricardo déjà, elle lui a valu de se brouiller avec Malthus et Jean-Baptiste Say, économistes conservateurs de l'époque, pour qui la loi de l'offre et de la demande est prépondérante par rapport aux coûts de production.

Un demi-siècle plus tard, la situation avait encore empiré. C'est que la loi de Ricardo avait été reprise par Marx dans son *Capital*. Les économistes bourgeois ont donc échafaudé d'autres modèles pour en finir avec cette vision cauchemardesque de la valeur-travail. Le plus fumeux d'entre eux (et le plus enseigné aujourd'hui dans les écoles de commerce) est le marginalisme, théorie économique remontant aux années 1870 et reposant sur l'idée que la valeur économique résulte de « l'utilité marginale ».

« L'utilité marginale d'un bien ou d'un service – nous apprend Wikipedia – est l'utilité qu'un agent économique tirera de la consommation d'une unité supplémentaire. Cette utilité marginale décroît avec la quantité de biens déjà consommée. Par exemple, si l'on possède déjà deux stylos, l'utilité apportée par un stylo supplémentaire est faible, comparée à la situation où l'on ne possède initialement aucun stylo.

La valeur est en fait tirée de « la queue de l'utilité marginale ». Si l'on reprend l'exemple de l'eau et du diamant, l'eau a une valeur moindre que le diamant, ce dernier étant plus rare et plus dur à extraire. Cependant [...] un homme assoiffé payera une somme très importante pour un verre d'eau. La valeur résulte ainsi de la disponibilité d'un bien en un endroit donné. Toutefois, une fois le premier verre d'eau consommé, et un second voire un troisième, l'utilité marginale, très importante au premier verre, décroît nettement si bien que le dernier verre (avant l'état de satiété où la consommation n'entraîne plus de satisfaction supplémentaire) n'a presque plus de valeur. À l'inverse le diamant connaît une utilité marginale de fin bien plus importante et son prix s'en ressent. »

Fin de citation. Respirez, soufflez.

En résumé, le diamant vaut davantage que l'eau parce qu'après trois diamants, on a toujours autant envie d'un quatrième, alors qu'après trois verres d'eau, non. Il est vrai que le diamant est aussi plus rare, et plus dur à extraire – ce qui nous fait trois causes différentes dont on ne nous dit pas laquelle est déterminante. Mais on ne nous dit rien non plus de ce qu'*est* la valeur d'une marchandise ; on nous dit seulement de quoi elle est tirée, de quoi elle résulte, ou pourquoi elle varie d'un endroit à l'autre ou d'un instant à l'autre.

Cette théorie (qui passe pourtant pour le fin du fin dans certains milieux) jette surtout par-dessus bord, comme le faisaient déjà Malthus et Jean-Baptiste Say, la distinction entre *prix* et *valeur* d'une marchandise, entre ce qui varie de façon passagère sur le marché et ce qui reste fixé une fois pour toutes au sortir de la production. La production n'existe pas pour les marginalistes, ou elle n'est qu'un détail sans importance, les lois de l'économie prenant leur source, d'après cette école, dans la sphère de la consommation exclusivement.

En fait, la « valeur » façon marginaliste ne se mesure pas, elle n'a plus de base matérielle. Elle devient purement subjective, puisqu'elle dérive de l'utilité (qui varie d'une personne à l'autre). On re-mélange allègrement valeur d'usage et valeur d'échange, que les économistes du XVIII° siècle avaient mis tant de soin à démêler. C'est Marx qu'on croit ainsi enterrer, mais c'est Adam Smith qui doit se retourner dans sa tombe.

Une loi simple en théorie, mais pas facile à retrouver dans la pratique

La loi de la valeur-travail, cela dit, n'a rien d'une évidence élémentaire. La quantité de travail contenue dans une marchandise se mesure par le temps de travail *nécessaire* à sa production – qui peut différer du temps de travail effectif, première difficulté. Ricardo distingue en outre le travail simple du travail qualifié, qui a nécessité un apprentissage. Le travail qualifié incorpore en lui le coût social de cet apprentissage (du temps de travail de l'élève... et de son maître) : deuxième complication.

Mais la principale difficulté vient du fait que les mécanismes de base de l'économie capitaliste (et la loi de la valeur en particulier) ne sont pas observables directement. Ce qu'on observe en surface résulte certes de ce qui se passe au cœur du système, mais n'en a pas moins un aspect fort différent.

Tout le monde peut constater les fluctuations des prix (parfois considérables, comme c'est le cas pour le pétrole actuellement) en fonction de l'offre et de la demande, ou en fonction de la spéculation par les temps qui courent. Personne, en revanche, ne mesure vraiment la quantité de travail contenue dans les marchandises ni le temps de travail nécessaire à leur production (qui inclut non seulement le travail immédiat, mais le travail ancien contenu dans les matières premières, les machines et les bâtiments industriels comme on l'a vu plus haut).

Les lois économiques qui règlent nos vies agissent à notre insu, sans que personne ne les maîtrise consciemment.

Telles sont les raisons pour lesquelles la loi de la valeur-travail peut sembler à première vue bien éloignée de la réalité concrète. Mais on peut en dire autant de bien d'autres lois scientifiques. À première vue, personne ne voit les cellules dont notre corps est constitué, et encore moins les atomes qui composent ces cellules elles-mêmes.

Une loi propre à l'économie capitaliste

Ce n'est pas un hasard si la science économique a fait ses premiers pas au XVIII° siècle en France et en Grande Bretagne, là où la transition de l'économie médiévale vers le capitalisme était la plus avancée.

Au Moyen Âge, l'économie était une chose simple et transparente, et on n'avait pas besoin d'une science pour en démonter les rouages. Le paysan cultivait sa terre et se nourrissait de ce qu'il produisait. Il nourrissait aussi le seigneur du coin, le curé du village et quelques autres – nul mystère dans tout cela. S'il lui restait quelques surplus, il les vendait à la bourgade voisine, d'où il revenait avec des rubans pour sa femme et du sel pour conserver ses aliments. Mais l'essentiel de cette économie restait en vase clos dans le cadre familial (bien que la notion de famille fût plus large alors qu'aujourd'hui). Les échanges ne concernaient qu'une petite partie de la production.

Les échanges eux-mêmes ne posaient pas de grands problèmes théoriques. Il fut une époque où les artisans de village restaient avant tout des cultivateurs, n'exerçant leur deuxième métier que de façon occasionnelle. Quand on voulait une paire de sabots, on apportait la matière première au sabotier, et on travaillait sur son champ pendant qu'il fabriquait les galoches : c'est bien du temps de travail qu'on échangeait – en toute connaissance de cause. Par la suite, le sabotier devint un artisan à plein temps, et la quantité de travail de ce qu'on échangeait contre sa production fut désormais estimée.

Il était impossible, en revanche, de connaître la quantité de travail contenue dans les produits venus de loin, comme les épices, ou élaborés par les artisans des villes, dont les corporations protégeaient jalousement les secrets de fabrication. L'estimation se faisait au petit bonheur la chance la plupart du temps. Ce qui peut sembler contredire la loi de la valeur-travail… surtout quand on l'a mal comprise.

La loi de la valeur de Ricardo n'a rien d'une loi universelle, valable de tous temps, en tous lieux et pour tout ce qui se vend et s'achète. Même aujourd'hui, on peut trouver sans peine des commerces où elle ne s'applique pas : antiquités, œuvres d'art, grands crus de Bourgogne ou de Bordeaux, tout ce qui existe en quantité limitée et qu'on ne peut reproduire à volonté. C'est seulement dans le cadre de l'économie de marché et de la grande industrie que les prix d'une marchandise peuvent osciller librement autour d'une moyenne et que cette moyenne, en dernier ressort, correspond à la quantité de travail qu'elle contient.

Cette loi de la valeur-travail est donc propre à la société capitaliste. Elle n'explique pas tout le capitalisme à elle seule, cela va sans dire. Mais elle constitue une base à partir de laquelle on peut comprendre l'économie capitaliste infiniment mieux qu'à partir des théories concurrentes que les économistes bourgeois ont tenté de lui opposer.

Les pères du libéralisme… et les grands-pères du marxisme

Ricardo lui-même, bien plus qu'Adam Smith, était un fervent partisan du capitalisme. Ce qui n'a pas empêché Marx, quarante ans plus tard, de reprendre une partie de ses théories avec enthousiasme dans *Le Capital*. En Ricardo comme en Smith, Marx reconnaissait d'authentiques savants qui allaient au fond des choses, là où tant d'autres s'en tenaient à la surface.

Ricardo en était conscient d'ailleurs, comme en témoigne ce qu'il écrivait à Malthus en 1817 : « Il me semble qu'une grande cause de notre divergence d'opinion sur les sujets dont nous avons si souvent discuté tient au fait que vous avez toujours à l'esprit les effets immédiats et temporaires de changements particuliers, tandis que je les mets de côté et que je concentre toute mon attention sur l'état permanent qui doit en résulter. »

Smith et Ricardo avaient leurs limites cependant : celles de leur époque, mais plus encore celles de leur classe sociale, même s'ils en étaient parmi les meilleurs représentants. Ces limites les ont empêchés de tirer toutes les conclusions de leurs découvertes – mais cela, c'est Marx qui s'en chargera.

Dis papa, comment on fait des enfants et du profit ?

Pour le profit, c'est très simple : il suffit d'acheter un objet et de le revendre plus cher. Par exemple, tu achètes pour 200 euros de haschich, tu le revends 300 euros, tu as fait 100 euros de profit. (On n'est pas obligé de vendre du haschich, bien sûr ; ça marche aussi avec des kalachnikovs, des boites de Canigou dont raffolent les personnes âgées, ou des médicaments périmés qui sont encore assez bons pour les pays pauvres. Du moment qu'on revend plus cher qu'on n'a acheté, le reste n'a pas d'importance.)

Une autre façon de faire du profit, c'est de prêter de l'argent contre intérêt. Tu prêtes 200 euros à un revendeur de haschich, il t'en rembourse 250, tu as fait 50 euros de profit. Note bien que dans ce cas, tes 50 euros sont en fait une partie des 100 euros gagnés par le revendeur grâce à son commerce.

Mais tout ça n'est pas très moral, il faut bien le reconnaître. Dans les deux cas, en effet, tu as gagné de l'argent sans qu'aucune richesse supplémentaire ne soit créée au niveau de la société. Si cet aspect te préoccupe (ce qui est tout à ton honneur), tu peux investir tes 200 euros dans la *production* du haschich. Ils serviront à payer un paysan marocain qui, par son travail, aura vraiment créé une richesse nouvelle.

Voilà comment on fait du profit. Pour faire des enfants, c'est un peu plus compliqué. Je t'expliquerai ça une autre fois, si tu es bien sage et si tu lis ce livre jusqu'à la fin.

S'il vous plaît, sur ce modèle, où se trouvent le profit et la roue de secours ?

La conception du profit héritée du capital commercial (la forme la plus ancienne du capital) voit en lui quelque chose qui vient « s'ajouter » au prix de revient d'une marchandise pour former son prix de vente.

Cette façon de voir s'est transmise du commerçant au capitaliste industriel. Lui aussi considère qu'il a son prix de revient (constitué du salaire de ses ouvriers, du prix des matières premières utilisées, et de l'amortissement des machines et des bâtiments), auquel il ajoute un profit calculé d'après le taux de profit moyen pratiqué dans son secteur, par exemple 10 %. Un constructeur automobile calculera ainsi que tel modèle lui « revient » à 10 000 euros et qu'il peut donc le mettre en vente à 11 000 euros.

D'un autre côté, la loi de la valeur-travail d'Adam Smith (1776) ou celle de David Ricardo (1817) affirment (avec quelques nuances) que ces 11 000 euros représentent la quantité de travail socialement nécessaire à la production de cette voiture. Comment relier ces lois au point de vue commun d'après lequel la valeur d'une marchandise contient une plus-value qui « s'ajoute » aux frais de production ? C'est le problème sur lequel Smith et Ricardo sont venus buter l'un après l'autre (bien qu'ils n'aient connu ni l'euro, ni l'automobile).

Pour les matières premières utilisées, le problème est aisé à résoudre : Ricardo et Adam Smith tombent d'accord pour dire que leur valeur représente déjà une certaine quantité de travail, qui se retrouve ensuite dans le produit fini. Dans le cas de notre voiture, admettons ainsi que le fer, le plastique et le caoutchouc nécessaires à sa fabrication représentent 400 heures de travail.

Il en va de même pour les machines ayant servi au montage du véhicule ainsi que pour les ateliers où il s'est fait. Leur valeur également est l'équivalent d'une quantité de travail. Avec une différence cependant : seule une fraction de cette valeur, correspondant à leur amortissement, se transmet au produit fini. Si une machine voit défiler un million de voitures avant d'être remplacée, un millionième de sa valeur est transmise à chaque voiture. Supposons donc que pour le modèle de voiture dont nous nous occupons, l'amortissement des machines et des bâtiments représente 500 heures de travail par exemplaire.

Reste le montage lui-même. Admettons qu'il demande 200 heures de travail par véhicule. Chacun de ces véhicules contient donc 400 + 500 + 200

= 1 100 heures de travail, dont les 11 000 euros ne sont que l'équivalent monétaire.

Mais dans cette formule, où donc sont passés le salaire des ouvriers et le profit de l'entrepreneur ? À cette question, Adam Smith répond : « La valeur ajoutée par les ouvriers aux matériaux se résout en deux parties : l'une paie leurs salaires, l'autre les profits réalisés par leur employeur[1]. » C'est clair : salaire et profit se partagent les 200 heures d'assemblage, et il est même facile de voir dans quelle proportion. Puisque le profit est supposé de 1000 euros, il correspond à 100 heures de travail, et le salaire aux 100 heures restantes.

L'origine du bénef, brut de fonderie

Adam Smith semble donc avoir trouvé une correspondance satisfaisante entre le calcul des prix tels que les patrons le pratiquent et ses vues sur le travail comme unique source de richesse. Pour lui, le profit n'est pas une quantité qui vient s'ajouter à la valeur des marchandises, mais une partie intégrante de cette valeur elle-même.

Malheureusement, sa théorie de la valeur-travail était énoncée de façon erronée. Elle définissait la valeur d'une marchandise non par la quantité de travail que cette marchandise contient, mais par la quantité de travail qu'elle permet d'acquérir, ce qui n'est pas la même chose. Dans notre exemple, les 200 heures d'assemblage représentent la valeur nouvelle que les ouvriers ont ajoutée par leur travail aux matières premières et à l'amortissement des machines – mais nullement la valeur de ce qu'ils pourront se procurer avec leur salaire. La formulation d'Adam Smith entretenait la confusion sur ce sujet.

De plus, si Adam Smith voyait clairement l'origine du profit industriel, il n'avait pas la même clairvoyance concernant la rente foncière que touche le propriétaire du terrain sur lequel est bâtie la fabrique. Alors qu'il rejetait le préjugé commun voyant dans le profit un surplus venant s'ajouter à la valeur d'une marchandise, il réintroduisait cette arithmétique pour la rente foncière.

Sur ces deux points, la pensée de Ricardo marque un progrès par rapport à celle de Smith. Ricardo est le premier à avoir compris que la rente

[1] Adam Smith, *Recherche sur la nature et les causes de la richesse des nations*, p 56

foncière, dans le monde capitaliste, est en fait une partie du profit que l'industriel abandonne au propriétaire foncier, comme il en abandonne une autre au commerçant ou au banquier. Quant à la valeur des marchandises, elle est définie chez Ricardo par le temps de travail nécessaire à la *production*, et non par la quantité de travail qu'elle permet d'acquérir dans l'*échange*.

En outre, Ricardo est le premier à souligner le lien entre le réinvestissement du profit et l'accumulation du capital.

Sur l'origine du profit, en revanche, Ricardo est en recul par rapport à Adam Smith ; il retombe dans le schéma vulgaire ajoutant au prix de revient un profit créé de façon magique par le capital lui-même. C'est ce que Marx lui reprochera quarante ans plus tard.

On a trouvé le profit (mais pas encore la roue de secours)

Marx, qui n'a jamais prétendu avoir tout tiré de son propre cerveau, a donc repris ce qu'il estimait comme le meilleur chez les deux grands économistes qui l'ont précédé : chez Adam Smith, l'origine du profit dans la production elle-même et non dans les échanges ; chez David Ricardo, la loi de la valeur-travail, l'analyse de l'accumulation du capital et la théorie de la rente foncière.

À la formule traditionnelle :

Prix de vente = Prix de revient + Profit

Il substitue celle qui dérive de la loi de Ricardo :

Valeur = Travail ancien + Travail immédiat.

Dans la formule traditionnelle, le prix de revient se décompose en valeur des matières premières, amortissement du matériel et salaire des ouvriers :

Prix de vente = (Valeur des matières premières + Amortissement + Salaires) + Profit

Chez Marx, le travail ancien se décompose en travail contenu dans les matières premières et amortissement du matériel – comme chez Ricardo ; et le travail immédiat se répartit entre salaire et profit – comme chez Adam Smith :

Valeur = (Valeur des matières premières + Amortissement) + (Salaires + Profit)

Mathématiquement, cette formule est rigoureusement équivalente à la formule traditionnelle. Mais les termes sont regroupés différemment : le profit ne fait plus bande à part, il n'apparaît plus d'un coup de baguette magique ou par on ne sait quelle vertu du capital lui-même ; il n'est qu'une partie de la valeur nouvellement créée par les salariés, que s'approprie le capitaliste.

Car le salaire, explique Marx, n'est nullement le « prix du travail », contrairement à ce qui se dit communément. C'est le prix de la *force de travail*, ce qui ne revient pas du tout au même. Ce que le patron paye au salarié, c'est ce qui permet à ce dernier de reconstituer cette force de travail. Au sens large il est vrai, c'est-à-dire en y incluant la nourriture et l'éducation de ses enfants (futurs salariés sans doute), plus le minimum d'agréments sans lesquels l'ardeur au travail risquerait de chuter. Mais tout cela n'a aucun rapport avec le prix du travail effectué par le salarié, sauf un : le signe mathématique « inférieur ».

La voilà, la véritable origine du profit : ce que le travailleur reçoit sous forme de salaire est inférieur à la valeur nouvelle qu'il crée par son labeur.

Bien sûr, il ne s'agit là que du mécanisme de base, sur lequel d'autres mécanismes viennent se superposer. Ce n'est pas du profit abstrait que crée le travail du salarié, mais des *marchandises* qui, comme leur nom l'indique, doivent affronter le *marché* pour que leur valeur (et le profit qu'elle contient) se métamorphose en argent. Sur le marché intervient la loi de l'offre et de la demande, qui fait qu'une marchandise se vend rarement exactement à sa valeur, mais tantôt au-dessus, tantôt en dessous. Il en résulte que le profit empoché par un patron, lui aussi, est rarement exactement égal à celui qui a été créé dans ses ateliers.

La loi de l'offre et de la demande ne se contente pas de faire monter ou baisser les prix. Elle provoque des déplacements de capitaux, des secteurs où le taux de profit est bas vers ceux où il est élevé. C'est ainsi que s'établit un taux de profit moyen – celui qu'utilisent les capitalistes dans leurs calculs. À force de l'utiliser, ils finissent par se persuader que le profit résulte d'une simple opération mathématique. Alors que cette opération détermine seulement la façon dont le profit créé par l'activité de l'ensemble des salariés se répartit entre l'ensemble des possesseurs de capitaux.

La loi de la valeur, c'est dépassé (ils l'ont même dit à la télé)

Il parait que la loi de la valeur de Ricardo serait aujourd'hui rejetée par la majorité des économistes. Ce que propose cette majorité des économistes en lieu et place, on en a une idée à travers la théorie marginaliste, née en Autriche dans le dernier tiers du XIX° siècle, qui affirme qu'on ne peut pas vraiment distinguer les notions de prix et de valeur, ni la valeur d'échange de la valeur d'usage, et que le mélange de ces ingrédients a un rapport avec le désir qu'on a d'un objet quand on en possède déjà un certain nombre d'exemplaires. C'est développé de façon plus raffinée, à grand renfort de symboles mathématiques et d'équations aux dérivées partielles, mais le concept y est.

Comme l'écrit Samir Amin : « Toute la construction néolibérale marginaliste de l'économie conventionnelle est le produit d'un exercice pur de logique formelle, analogue à ceux de la scolastique médiévale. Elle n'est pas une approche de la réalité, mais une construction *a priori*, élaborée hors de la réalité, celle d'un capitalisme imaginaire[1]. »

Bien que cette théorie marginaliste ne soit utilisée nulle part (ou peut être à cause de cela), elle est enseignée dans toute école de commerce qui se respecte.

Le marginalisme n'est bien sûr pas le seul modèle en vente sur le marché. Bien d'autres constructions à la mords-moi le nœud ont été proposées par la suite, dont le célèbre économiste Keynes (qui n'était pourtant pas marxiste) disait déjà en son temps : « Trop de récentes « économies mathématiques » ne sont que pures spéculations, aussi imprécises que leurs hypothèses initiales, elles permettent aux auteurs d'oublier, dans le dédale des symboles vains et prétentieux, les complexités et les interdépendances du monde réel[2]. »

Mais peu importe. L'essentiel est que la loi de la valeur-travail soit rejetée. On respire.

---

[1] Samir Amin, *Du capitalisme à la civilisation*, Éditions Syllepse, p 81.
[2] J. M. Keynes, *Théorie générale de l'emploi, de l'intérêt et de la Monnaie*, 1936.

L'immaculée conception du profit par le capital

Dans la série « Cherchez l'erreur », il n'est pas sans intérêt de voir comment cette loi de la valeur-travail est « réfutée » par les professeurs d'économie d'aujourd'hui. La démonstration ci-dessous est censée donner un exemple de marchandises ayant des valeurs différentes bien que contenant la même quantité de travail :

« Un exemple chiffré nous permettra de comprendre mieux cette difficulté : soit un bien X produit en un an avec du travail. 10 ouvriers sont nécessaires et les salaires sont de 100 francs par ouvrier, soit au total 1000 francs. Pour qu'une entreprise se lance dans la production du bien X, il faut qu'elle réalise un profit, supposons que celui-ci soit de 10 %. La valeur produite est donc de 1000 francs plus 100 francs de profit, soit 1100 francs.

Soit ensuite un bien Y qui suppose avant d'être produit l'élaboration d'un bien intermédiaire : 5 ouvriers fabriquent le bien intermédiaire en un an. Il y a donc 500 francs de salaire, plus 10 % de profit, soit au total 550 francs. La seconde année, pour fabriquer le bien Y avec 5 ouvriers, il faut encore 550 francs, plus le taux de profit de 10 % sur le bien intermédiaire c'est-à-dire 55 francs (cela correspond à la rémunération du capital avancé pour fabriquer le bien Y). Au total le bien Y a une valeur de 550 + 550 + 55 = 1155 francs, l'entreprise souhaitant obtenir des profits sur sa production mais aussi sur son capital investi.

On constate donc que deux biens qui utilisent la même quantité de travail incorporée n'ont pas la même valeur. Le temps, ou la présence de capital fixe, cela revient au même, influence la valeur d'un bien[1]. »

Explication de texte. Dans le cas X, le produit est fabriqué en un an avec 10 ouvriers ; dans le cas Y, il est fabriqué en deux ans avec 5 ouvriers. La quantité de travail est bien la même dans les deux cas. Jusqu'ici, tout va bien.

Dans le cas X, « il faut » que l'entreprise réalise un profit de 10 %. Pourquoi le faut-il ? Parce que c'est le taux de profit moyen. Il est donc clair que ce dont on nous parle ici n'est pas la loi de la valeur, mais la loi de la valeur corrigée par la loi de l'offre et de la demande. Et que le profit escompté n'est pas celui créé dans les ateliers de cette entreprise, mais la

---

[1] Arnaud Combet-Nibourel, *David Ricardo*, éditions Ellipses, 2002

fraction du profit total qui lui reviendra – si tout se passe bien – au retour du marché. Première erreur.

Dans le cas Y, si tout se passe bien là aussi, le profit sera également de 10 % au bout d'un an et la « valeur » du produit intermédiaire sera de 550 francs. Mais c'est là que tout se gâte.

Car la deuxième année, cette entreprise escompte 10 % de profit non seulement sur le travail immédiat des 5 ouvriers, mais aussi sur le travail de l'année précédente incarné par les 550 francs (« l'entreprise souhaitant obtenir des profits sur sa production mais aussi sur son capital investi », comme l'écrit l'auteur de cette étude).

Et bien entendu, il suffit qu'une entreprise souhaite... pour que le profit soit. Deuxième erreur.

On est ici en pleine confusion. Car ce n'est pas de la valeur au sens ricardien qu'on nous parle, mais du prix de marché des produits X, Y ou intermédiaire.

D'après la loi de la valeur, la seule valeur nouvelle créée la deuxième année est celle apportée par le travail *immédiat* des cinq ouvriers, soit 550 francs. Les 550 francs du produit intermédiaire, en revanche, représentent une quantité de travail préexistante qui ne fait que se transmettre au produit final. Donc, d'après la loi de la valeur de Ricardo, la valeur de ce produit Y est de 1100 francs, correspondant à deux années de travail, tout comme pour le produit X.

Il est possible malgré tout que le produit Y soit finalement vendu 1155 francs et rapporte à l'entreprise les 10 % de profit moyen. Mais dans ce cas, ce produit aura été vendu au-dessus de sa valeur, sous l'effet d'un rapport favorable entre l'offre et la demande. Tout simplement.

En revanche, en aucun cas il ne peut y avoir de *création* de profit la deuxième année sur le produit intermédiaire, sauf à croire en l'immaculée conception du profit au nom du Pèze, du Fric et du Saint-Esprit. Mais Ricardo, qui avait fait fortune comme agent de change, y croyait un peu justement. La conception qu'il avait du profit entrait souvent en conflit avec sa loi de la valeur-travail, exactement comme dans l'exemple ci-dessus.

Un lourd secret de famille

La loi de la valeur développée par Marx à la suite de Ricardo permet d'élucider non seulement le prix des marchandises, mais surtout l'origine du profit et donc de la propriété capitaliste. Cette dernière n'est rien d'autre que du profit accumulé au fil du temps, c'est-à-dire de la valeur créée par des générations successives de salariés, mais que des générations successives de patrons se sont appropriée. Une conclusion devant laquelle Ricardo lui-même avait reculé, mais que Marx s'est chargé de tirer à sa place.

Evidemment, cette théorie de la valeur et du profit ne cadre guère avec l'image de la propriété, fruit du travail personnel et de l'épargne, telle qu'on nous l'a inculquée. On conçoit dès lors que la bourgeoisie n'ait jamais eu de sympathie pour la loi de la valeur de Ricardo, qu'elle ait tout fait pour y opposer d'autres hypothèses, aussi inconsistantes et invraisemblables soient-elles – tout, plutôt que ce terrible aveu reprenant la célèbre phrase de Proudhon : la propriété, c'est du vol.

Économie de marché ou économie de bazar ?

C'est un curieux paradoxe : Jamais le matraquage idéologique en faveur du capitalisme n'a été aussi fort que ces vingt dernières années, depuis l'écroulement de l'URSS et des régimes qui lui étaient liés. Mais dans le même temps, le mot « capitalisme » lui-même est pour ainsi dire devenu tabou chez ceux qui font profession de nous chanter ses louanges. Il n'est partout question que de *libéralisme* et d'*économie de marché.*

Il y aurait beaucoup à redire sur cette société prétendument libérale dont l'histoire est parsemée de coups d'États, de régimes autoritaires et de personnages aussi sympathiques que Mussolini, Hitler, Franco ou Pinochet.

Mais l'économie « de marché » elle aussi relève de la mystification. Le capitalisme ne produit pas pour le marché, il produit pour le profit. Lorsque les profits ne sont pas au rendez-vous sur le marché, c'est vers l'État que les bourgeois tendent la main – cet État qu'ils maudissent lorsqu'ils doivent payer leurs impôts. « Les milieux d'affaires aiment discourir sur le libre marché, mais quand ils aperçoivent une occasion de se faire aider par l'État, ce n'est pas l'idéologie qui les empêchent de la saisir[1]. »

Quant au libre échange dans le commerce international, les capitalistes de chaque nation en ont toujours été partisans... chez les autres, tout en s'entourant eux-mêmes de barrières protectionnistes à la moindre occasion. C'est dans le cadre du protectionnisme que l'industrie a fait ses débuts au XVIII° siècle, en Angleterre et dans une moindre mesure en France. Et c'est ce protectionnisme, auquel s'accrochaient alors fabricants et commerçants, qu'Adam Smith combattait dans son ouvrage de 1776, estimant que la libre

---

[1] Joseph Stieglitz, *Quand le capitalisme perd la tête*, p. 294.

concurrence serait plus avantageuse pour la société dans son ensemble. En un sens, Smith défendait alors le libre-échange contre la bourgeoisie elle-même.

Partisan de la libre concurrence, Smith n'en était pas un fanatique pour autant. « L'économie politique, écrivait-il, en tant que branche de la science de l'homme d'État ou du législateur, se propose deux buts distincts : premièrement, procurer à tous un revenu ou des moyens de subsistance abondants, ou, pour mieux dire, les mettre en mesure de se les procurer par eux-mêmes ; deuxièmement, assurer à l'État ou République un revenu suffisant pour le fonctionnement des services publics[1]. » Les services publics défendus par celui qui passe pour le père du libéralisme – on croit rêver !

Le mythe de la « main invisible »

Malgré tout, Adam Smith était hostile à l'intervention de l'État dans l'économie. Non pas par principe ni dans l'abstrait, mais parce que les exemples concrets qu'il en connaissait (le Colbertisme en France sous Louis XIV, les lois protectionnistes en Grande Bretagne au XVIII° siècle) servaient les intérêts de minorités privilégiées contre l'ensemble de la population. « Les plus cruelles de nos lois sur le revenu – écrit-il encore – sont douces et clémentes, j'ose l'affirmer, si on les compare à certaines de celles que nos négociants et nos fabricants sont parvenus par leurs clameurs à arracher au législateur, pour affermir leurs monopoles absurdes et tyranniques[2]. »

C'est donc pour une bonne part contre les monopoles capitalistes de son temps que Smith défendait... l'économie de marché ! Une forme d'économie qui, *à cette époque*, représentait incontestablement le progrès – que ce soit contre ces monopoles, contre les règlements corporatifs hérités du Moyen Âge, ou contre le parasitisme de l'aristocratie encore toute-puissante.

En 1776, la Grande Bretagne était en pleine révolution industrielle, l'essor économique se constatait tous les jours. Et Adam Smith, en tant que philosophe, était particulièrement frappé par le fait que ce résultat global (l'essor économique) se produise indépendamment de la volonté

---

[1] Adam Smith, *Recherche sur la nature et les causes de la richesse des nations*, p. 439.

[2] Ibid, p. 671.

individuelle des capitalistes, qui n'ont en vue que leur intérêt particulier. C'est ce qu'il développe dans un passage de son livre demeuré célèbre :

« En orientant son activité de telle manière que son produit ait la plus grande valeur, il (le capitaliste) ne cherche que son propre gain et, dans ce cas comme dans bien d'autres, c'est une main invisible qui le conduit à promouvoir une fin qui n'était nullement dans ses intentions. Qu'elle n'ait pas été dans ses intentions n'est d'ailleurs pas nécessairement plus mauvais pour la société. En poursuivant son propre intérêt, il promeut fréquemment celui de la société plus efficacement que lorsqu'il a réellement l'intention de le promouvoir. Je n'ai jamais entendu dire que ceux qui prétendaient commercer pour le bien général avaient fait beaucoup de bien. C'est une prétention qui, en vérité, n'est pas très commune chez les négociants et il n'est pas besoin de longs discours pour les en dissuader[1]. »

Ces quelques lignes (dans un livre de plus de mille pages) ont servi de référence depuis lors à toutes les apologies du système capitaliste. La « main invisible » qui guide le capitaliste est devenue synonyme d'efficacité garantie – là ou Adam Smith, qui savait écrire et qui pesait chacun de ses mots, se contentait de noter que les intérêts généraux de la société, fréquemment (donc pas toujours), étaient mieux pris en compte par les lois aveugles du marché que par les bons sentiments des négociants. Des bons sentiments sur lesquels il ne se faisait visiblement guère d'illusions.

Trop de marché tue le marché ?

À l'époque d'Adam Smith, la main invisible n'avait montré (si l'on peut dire) que son bon côté. L'Angleterre connaissait un développement économique sans précédent, qui allait se prolonger plusieurs décennies encore. Mais dès le début du XIX° siècle éclatèrent les premières crises économiques de l'ère industrielle – un phénomène qui a par la suite accompagné toute l'histoire du capitalisme. La main invisible n'avait donc pas que des effets bénéfiques, il lui arrivait parfois d'avoir la tremblote et de provoquer la récession, voire la paralysie de tout ou partie du système.

Pendant plus d'un siècle, les économistes bourgeois ne se sont pas émus outre mesure de ces crises, les considérant comme un mal nécessaire qui ne remettait pas en cause le capitalisme lui-même. Chaque crise provoquait

---

[1] Ibid., p. 468.

certes son lot de chômage et de misère d'un côté, de faillites individuelles de l'autre. Mais tout finissait toujours par rentrer dans l'ordre, les affaires repartaient de plus belle, et le système en sortait même renforcé, débarrassé de ses canards boiteux et de ses entreprises non viables.

Cet optimisme à toute épreuve fut sérieusement ébranlé par la crise de 1929 et ses conséquences dévastatrices. Un certain nombre d'économistes, dont le plus célèbre fut le britannique J.M. Keynes, remirent alors en cause le dogme libéral et se mirent à prêcher une certaine dose d'étatisme, seul moyen à leurs yeux de sauver l'édifice capitaliste dans son ensemble. Comme l'écrit aujourd'hui Joseph Stieglitz, lui-même disciple de Keynes : « On avait compris que les marchés, souvent, ne fonctionnent pas bien – qu'ils peuvent aboutir au chômage massif et se révéler incapables de procurer aux pays les fonds nécessaires pour les aider à redresser leurs économies[1]. »

Stieglitz donne lui-même de nombreux exemples de marchés qui ne « fonctionnent pas bien » quand ils sont livrés à eux-mêmes. Aux États-Unis, à l'époque du président Reagan, la déréglementation des Caisses d'épargne a entraîné une débâcle qui a coûté au contribuable américain 200 milliards de dollars. Dans les années 1990, c'est le secteur de l'énergie qui a connu une crise grave, en Californie tout particulièrement, là aussi suite à une déréglementation. Et en 2007, c'est l'immobilier qui s'est enfoncé dans la crise des « subprimes », prélude à la crise économique actuelle.

Mais la main invisible peut avoir les mêmes errements partout dans le monde. Ainsi, toujours d'après Stieglitz, « Alors que la Thaïlande avait désespérément besoin de nouveaux investissements pour renforcer ses infrastructures et ses systèmes de scolarisation secondaire et supérieure encore fragiles, des milliards ont été dilapidés dans l'immobilier commercial. Ces bâtiments sont toujours vides aujourd'hui : ils témoignent, par leur existence, des risques auxquels expose l'euphorie du marché, et de l'ampleur du gâchis que peut créer le marché lorsque l'État ne réglemente pas assez les institutions financières[2]. »

Et en 1997, tous les pays « émergents » d'Asie ont été secoués par une crise sans précédent après avoir ouvert largement leurs marchés aux capitaux spéculatifs, conformément aux ordres du Fonds monétaire international. En 1998, le Produit intérieur brut a chuté de 13,1 % en Indonésie, de 6,7 % en Corée, de 10,8 % en Thaïlande.

---

[1] Joseph Stieglitz, *La grande désillusion*, Le livre de poche, p. 41
[2] Ibid, p. 171

La grande croisade néolibérale

Tout bardé de références prestigieuses qu'il soit (prix Nobel d'économie, conseiller du président Bill Clinton dans les années 1990, puis vice-président de la Banque mondiale), Stieglitz est pourtant loin de faire l'unanimité parmi les économistes bourgeois, et encore moins dans le monde politique. Partout, ce sont les théories néolibérales du « laisser-faire, laisser-aller », du « moins d'État » et de la déréglementation qui ont le vent en poupe depuis un quart de siècle (ou du moins, qui l'avaient jusqu'au krach boursier de l'automne 2008). Partout, l'Entreprise avec un grand E est devenu le héros des temps modernes, dont on nous chante les exploits sur tous les tons.

Dans ce concert, les partis de droite et les milieux patronaux tiennent le rôle du ténor. Mais la gauche y va aussi de son couplet dès qu'elle se retrouve au gouvernement. Le Parti socialiste, en France, n'a pas ménagé ses efforts pour « réconcilier » les salariés avec l'entreprise, ou pour vanter les vertus de l'économie de marché. Et il ne s'est pas contenté de discours : toute sa politique a été à l'avenant, privatisant davantage que la droite ne l'a jamais fait, multipliant les cadeaux fiscaux pour les entreprises, et avouant son impuissance face aux plans sociaux et aux délocalisations.

Aux États-Unis, Joseph Stieglitz raconte de même que toutes ses velléités de restaurer un peu de réglementation et de contrôle de l'État, du temps où il était conseiller de Bill Clinton, ont été battues en brèche par l'entourage du président, constitué de membres haut placés du Parti démocrate.

N'allez pas en déduire que c'en est fini de l'intervention de l'État dans la vie économique en ce bas monde capitaliste. Le rôle de l'État n'est pas remis en cause quand il s'agit de distribuer des subventions ou de voler au secours des entreprises en difficultés. La notion de service public, voilà ce qui est aujourd'hui dépassé. De même que la protection sociale, qui coûte trop cher aux entreprises. De même que l'excès de réglementation, qui étouffe l'initiative individuelle. L'économie de marché, c'est quand l'État distribue des subventions sans se mêler de ce qui ne le regarde pas. Qu'on se le dise !

Il se trouve des économistes bourgeois, malgré tout cela, pour lesquels on n'en fait pas encore assez dans la voie de la déréglementation et de la non-intervention de l'État. « Pour l'école autrichienne d'économie, peut-on lire sur Wikipedia, les crises sont dues à l'accumulation de défauts d'ajustement de l'appareil de production à la demande réelle. En tentant d'empêcher ou de retarder ces ajustements par la réglementation ou la création monétaire, l'État ne fait qu'accumuler les problèmes qui devront tôt ou tard se résoudre en une crise, qui aurait pu être évitée, ou être moins grave, en laissant les ajustements se produire progressivement. »

Bien que l'auteur de cet article se prenne quelque peu les pieds dans son propre raisonnement (puisque l'État tente « d'empêcher ou de retarder » des ajustements... dont c'est justement l'absence qui a provoqué la crise ; et puisqu'on nous dit dans une même phrase que les problèmes devront tôt ou tard se résoudre en une crise et que cette dernière aurait pu être évitée), le sens de ce laïus est en gros le suivant, traduit en langue profane : l'intervention de l'État ne fait que repousser les problèmes sans les résoudre ; en évitant les crises provisoirement, elle les aggrave quand elles finissent par éclater.

C'est très exactement le dilemme devant lequel se trouvent les décideurs de l'économie américaine depuis le printemps 2008 : en injectant des centaines de milliards de dollars dans le cadre de plans de relance, le gouvernement et la Fed (la Réserve fédérale) savent qu'ils alimentent des circuits financiers en folie, creusent le déficit budgétaire, aggravent l'endettement de l'État – toutes choses qui ne peuvent à terme qu'aggraver la crise. Mais d'un autre côté, ils n'ont pas d'autres armes face à la récession dans laquelle l'économie capitaliste est plongée en ce moment même.

La main invisible et la loi aveugle

Cela dit, les arguments des néolibéraux intégristes – bien qu'ils l'ignorent probablement pour la plupart d'entre eux – ne font que reprendre (de façon beaucoup plus confuse) ce que Marx expliquait dans *Le Capital*.

Pour Marx, en effet, les crises économiques ne sont pas des incidents regrettables dans le fonctionnement du système capitaliste. Elles sont un élément intégrant de ce système, sa façon à lui de procéder aux fameux « ajustements » dont nous parle l'article ci-dessus de Wikipedia.

En régime capitaliste, c'est le marché qui sert de régulateur à l'économie. Exprimé autrement : c'est sur le marché que s'effectue l'ajustement entre la production et la consommation. Mais cet ajustement se fait de façon aveugle, à l'insu des producteurs comme des consommateurs ; et surtout, il se fait après-coup, avec un intervalle souvent considérable entre la cause et son effet. Quand on décide de construire des buildings commerciaux en

Thaïlande, laquelle a besoin de routes et de lycées, il s'écoulera plusieurs années avant que le marché ne sanctionne cette idiotie.

C'est une des raisons pour lesquelles l'ajustement entre production et consommation ne s'opère pas « progressivement », contrairement à ce que nous raconte la propagande néolibérale, mais de façon plus ou moins brutale, par des faillites d'entreprises et des crises économiques.

L'autre raison est que le capitalisme n'est pas seulement une économie de marché. C'est aussi et avant tout une économie de profit, où les capitaux se déplacent sans cesse vers les branches et les secteurs offrant un profit supérieur à la moyenne. Cet afflux de capitaux peut s'effectuer aujourd'hui en moins de temps qu'il n'en faut pour l'écrire, à la vitesse des télécommunications et des réseaux d'ordinateurs. Mais là encore, ses conséquences se manifesteront des mois ou des années plus tard, quand le marché constatera la surproduction dans les branches en question, ce qui se traduira par une chute du taux de profit dans les entreprises de ces industries.

Là encore, c'est de façon brutale – et non progressive – que le marché se retournera, comme cela se produit depuis deux siècles. Et les capitaux reflueront alors de ces secteurs en crise encore plus vite qu'ils n'y ont afflué, pour se porter vers d'autres secteurs ou pour s'évaporer sous l'effet d'une chute des cours à la bourse.

Mais les crises n'ont pas toujours l'obligeance de se limiter à un secteur de l'économie, et c'est même plutôt l'inverse qui est la règle. Quand la tempête souffle sur l'immobilier, le baromètre a peu de chances d'être au beau fixe chez les marchands de béton, les vitriers ou les fabricants de salles de bain. Les salariés de toutes ces industries risquent de se retrouver au chômage et de réduire leurs achats chez Carrefour ou Leader Price. De proche en proche, la crise tend à se propager à l'ensemble de l'économie... comme si une main invisible la guidait elle aussi.

La cause fondamentale des crises

Tout ce qui précède concerne le déclenchement des crises et leur propagation, et nous montre donc le *comment* de la chose – mais non son *pourquoi*.

Le comment, nous l'avons vu, s'explique en définitive par la loi de l'offre et de la demande, loi fondamentale de l'*économie de marché*, qui provoque la fluctuation des prix des marchandises, mais surtout les variations des taux de profit d'un secteur à l'autre et les déplacements de capitaux qui s'ensuivent.

Le pourquoi, en revanche, est en relation avec la loi de la valeur de Ricardo, loi fondamentale de la *production* capitaliste, revue et complétée par Marx. Pour Ricardo, la valeur d'une marchandise correspond à la quantité de travail nécessaire à sa production. Pour Marx, le profit correspond à la partie de ce travail qui n'est pas payée au salarié et que s'approprie le capitaliste.

Le profit est donc d'autant plus élevé que le salaire est bas, et inversement.

La recherche du profit maximum pousse ainsi les patrons à réduire les salaires autant qu'ils le peuvent. Mais en agissant de la sorte, c'est la demande solvable de marchandises qu'ils limitent, dans le même temps où les profits sont réinvestis (en partie au moins) pour élargir sans cesse l'échelle de la production.

Quelle que soit la façon concrète dont les crises se déroulent, leur cause fondamentale réside dans cette contradiction entre les limites solvables du marché et la tendance du capitalisme à l'augmentation indéfinie de la production. Même quand la consommation augmente, la production a tendance à augmenter plus vite, rendant inévitable à terme l'engorgement du marché, donc la crise.

Les crises capitalistes sont des crises de surproduction (ce qui les oppose aux crises des sociétés précapitalistes, toujours dues à de mauvaises récoltes et donc à la sous-production). Mais la surproduction n'est que le contrecoup de la sous-consommation à laquelle cette société condamne toute la partie salariée de la population.

Il est de bon ton, parmi les économistes bourgeois, de se gausser du caractère « simpliste » de l'explication marxiste des crises, par rapport à la complexité des situations concrètes. Mais le propre de toute science est de chercher à dégager des lois simples sous l'apparence complexe du monde réel – tout en ayant conscience que ces lois ne s'appliquent jamais de façon parfaite. Les corps purs ne se rencontrent jamais dans la nature, ce qui n'empêche pas la chimie d'étudier leurs propriétés.

Marx, à la suite d'autres économistes comme Adam Smith et Ricardo, a eu le mérite de dégager les mécanismes qui sont au cœur du système capitaliste. La science des économistes bourgeois, elle, consisterait plutôt à se noyer dans les détails, dans la végétation parasite qui a poussé au-dessus de l'économie réelle, quand ce n'est pas dans des équations à l'air terriblement savant, qui jouent chez eux le même rôle que le latin chez les médecins de Molière.

Le schéma marxiste des crises n'est certes qu'une explication générale, dont on ne saurait se contenter. Chaque crise concrète mérite une étude particulière et approfondie. Mais les analyses de Marx (dont on n'a donné ici qu'un bref aperçu) n'en demeurent pas moins le meilleur outil pour une compréhension profonde de ce phénomène ô combien déroutant que sont les crises du système capitaliste.

La croissance crée les emplois… et réciproquement

Dans son roman *1984*, satire de la dictature stalinienne publiée en 1948, George Orwell dépeignait l'intoxication des esprits, qu'il résumait en trois slogans inscrits au fronton des édifices :

La guerre c'est la paix
La liberté c'est l'esclavage
L'ignorance c'est la force.

Les régimes staliniens n'ont cependant pas le monopole du bourrage de crâne. En matière de manipulation linguistique, la société dite libérale en connaît un rayon elle aussi – à commencer par l'adjectif *libéral* lui-même utilisé en lieu et place de *capitaliste*. Elle aussi a ses mensonges rituels, qu'elle pourrait faire graver sur les monuments :

Le patron fait vivre l'ouvrier
Le salarié coûte cher à l'entreprise
La croissance crée des emplois.

Trois clichés qu'on nous ressert jusqu'à plus soif, mais qui ne sont qu'une vision inversée des rapports sociaux ; car c'est bien le travail de l'ouvrier qui fait vivre le patron en vérité. Le patron ne « donne » pas du travail au salarié contrairement à ce qu'on s'est habitué à dire, c'est exactement le contraire en fait : c'est le salarié qui donne gratuitement au patron une partie de son travail – telle est la genèse du profit. Ce que le patron fournit au travailleur, ce sont des outils, des matières premières, en bref des moyens de production dont le producteur se trouve aujourd'hui séparé par suite de toute une évolution historique.

Le salarié qui coûte cher à son patron, c'est à nouveau le monde à l'envers : comme si ce n'était pas l'activité du salarié qui faisait rentrer les sous dans l'entreprise.

Quant à la croissance qui « crée » des emplois, ce n'est qu'une simple image, une métaphore. Un patron qui embauche un salarié ne « crée » en fait rien du tout, même si la propagande capitaliste a fini par nous faire admettre le contraire. Là encore, la réalité est inversée. Là encore, c'est le travail des salariés – donc l'emploi – qui est la base de la croissance... lorsque croissance il y a.

Le capital pour faire du profit, le profit pour faire du capital

La croissance économique est néanmoins un trait distinctif indéniable du capitalisme, si on le compare aux sociétés qui l'ont précédé. « Classe au pouvoir depuis un siècle à peine, la bourgeoisie a développé des forces productives plus nombreuses et plus gigantesques que ne l'avaient fait toutes les générations passées prises ensemble », écrivaient Marx et Engels dans le *Manifeste Communiste*.

Les anciennes classes dominantes (l'aristocratie de l'Ancien régime notamment) se contentaient en effet de consommer de façon improductive tout ce qu'elles pouvaient soutirer aux producteurs de leur temps (paysans pour l'immense majorité). En régime capitaliste, le profit extorqué aux salariés n'a pas pour seul but la consommation personnelle des possesseurs de capitaux. Une partie de ce profit est réinvestie dans la production, contribuant ainsi à l'accumulation du capital. Le capital lui-même n'est rien d'autre que du profit accumulé au fil des ans.

Mais ce qui est accumulation de capital aux yeux du capitaliste individuel se traduit par une augmentation des forces productives de la société dans son ensemble. C'est ce que soulignait Adam Smith lorsqu'il écrivait qu' « en poursuivant son propre intérêt, il [le capitaliste] promeut fréquemment celui de la société plus efficacement que lorsqu'il a réellement l'intention de le promouvoir[1]. »

Reste à savoir dans quelle mesure l'expansion économique bénéficie à toutes les couches de la population – et là, c'est une autre histoire. Les adulateurs du système nous ressassent inlassablement la vieille rengaine

[1] Adam Smith, *Recherche sur la nature et les causes de la richesse des nations*, p. 468

selon laquelle l'économie de profit finit par avoir des « retombées » sur les classes populaires. « L'économie des retombées n'a jamais été qu'une simple croyance, un article de foi », reconnaît cependant Joseph Stieglitz. « Il est manifeste que, dans l'Angleterre du XIX° siècle, le paupérisme augmentait alors que globalement le pays s'enrichissait. La croissance aux États-Unis dans les années quatre-vingts offre l'exemple spectaculaire le plus récent : tandis que l'économie était en pleine expansion, le revenu réel des plus défavorisés a baissé[1]. »

Des « retombées » encore plus spectaculaires dans le Tiers Monde

Dans les pays du Tiers Monde, où vit plus de la moitié de l'humanité, le tableau est bien plus sombre encore. Si Adam Smith revivait aujourd'hui, il lui faudrait écrire un nouveau livre, intitulé cette fois « Recherche sur la nature et les causes de la *pauvreté* des nations ». Il y noterait que le passage à l'économie capitaliste a détruit les vieilles structures sociales dans ces pays bien plus vite qu'il n'en développait de nouvelles. « Les envahisseurs anglais ont brisé les métiers à tisser des Indiens et détruit leurs rouets », écrivait Marx en 1853. « L'Angleterre commença par évincer les cotonnades indiennes du marché européen, puis elle se mit à exporter en Inde le filé, et enfin inonda de cotonnades la patrie des cotonnades[2]. »

Dans l'agriculture de ces pays, les céréales traditionnelles, base de l'alimentation autrefois, ont été remplacées en grande partie par des cultures destinées au marché mondial (arachide, cacao, café, coton, caoutchouc), employant beaucoup moins de main d'œuvre. Des centaines de millions de paysans ont ainsi été privés de leur travail et de leurs ressources, et bien souvent chassés de leur terre par des grands propriétaires. La plupart sont allés s'entasser dans les villes, où les emplois industriels ou tertiaires n'en ont absorbé qu'une faible fraction.

Sur le marché mondial, le cours des matières premières (le pétrole mis à part) a eu tendance à baisser tout au long du XX° siècle, provoquant pour les pays pauvres ce qu'on appelle la dégradation des termes de l'échange : en échange d'une tonne d'arachide, le Sénégal reçoit aujourd'hui beaucoup moins d'articles industriels qu'il y a cinquante ans. C'est l'un des

---

[1] Joseph Stieglitz, *La grande désillusion*, p.137.

[2] Karl Marx, *La domination britannique en Inde*, New York Daily Tribune, 25 juin 1853.

mécanismes par lesquels ces pays continuent à s'appauvrir, et l'une des raisons pour lesquelles l'expression « pays en développement » n'est bien souvent qu'une antiphrase (une de plus) servant à masquer la persistance du sous-développement sur cette planète.

Dans le même temps, le contact avec la médecine occidentale a permis de faire reculer la mortalité infantile dans le Tiers Monde. Mais en l'absence d'une élévation simultanée du niveau de vie et d'instruction, la natalité, elle, n'a pas baissé. La conséquence en a été l'explosion démographique, qui n'a fait qu'aggraver le sous-développement (même si elle n'en est pas la cause principale).

Quant à la situation des salariés dans cette partie du monde, elle reproduit en pire celle qu'ont connue les ouvriers européens au XIX° siècle, y compris l'exploitation du travail des enfants dans les ateliers.

La raison de nos malheurs

Dans les pays industrialisés, on n'en est certes plus là, et le sort des salariés en 2009 ne saurait être comparé à ce qu'il était il y a un siècle et demi. Nul ne saurait contester que le niveau de vie s'est amélioré même pour les plus pauvres, tant en Europe qu'au Japon ou aux États-Unis. Cette amélioration, on la doit en partie au pillage du Tiers Monde par les puissances occidentales, dans le cadre du colonialisme jusqu'à la Seconde guerre mondiale, sous des formes plus modernes et plus concurrentielles depuis.

Mais malgré les surprofits que ce pillage rapportait (et rapporte encore) aux capitalistes occidentaux, ce n'est pas pour autant de bon gré qu'ils en ont lâché quelques miettes aux salariés de leur propre pays. Il a fallu bien des combats, bien des grèves à ces derniers pour obtenir une amélioration de leur condition. Amélioration toute relative et sans cesse remise en cause, comme on peut le constater depuis une vingtaine d'années.

On nous explique à présent que la cause de tous nos malheurs, c'est que la croissance est insuffisante. Cette croissance qui a la vertu miraculeuse de créer des emplois ne les crée toutefois que lorsqu'elle est supérieure à 2,5 % par an, voire 3 %. En dessous de ces taux fatidiques, le chômage ne peut qu'augmenter, les salaires diminuer et les conditions de travail empirer.

« Cela fait plusieurs années qu'on a un taux de croissance inférieur à nos partenaires », déclarait Laurence Parisot à l'université d'été du Medef en août 2008. « Il reste en moyenne inférieur à 2 ou 2,5%, alors qu'on sait qu'on élève le niveau de vie des gens à partir d'une croissance de 2,5%. » Ce serait en quelque sorte une loi de la nature (dont on sait que la patronne des patrons est une spécialiste). Et on ne peut rien contre les lois de la nature, c'est bien connu.

Mais la nature n'a rien à voir avec la question. Les lois de l'économie capitaliste font très bien l'affaire en revanche. Des lois qui imposent que les emplois d'aujourd'hui soient les profits de demain – faute de quoi ces emplois n'ont plus de raison d'être et ne méritent que de disparaître.

Une faible croissance (et *a fortiori* l'absence de croissance) découle de profits qui ne sont pas au rendez-vous, ou pas suffisamment. Des profits en baisse, à leur tour, sont le symptôme d'un engorgement des marchés et donc d'un début de surproduction. Surproduction qui n'est elle-même que l'envers d'une sous-consommation.

En réagissant à ces symptômes par des suppressions d'emplois, des fermetures d'usines, en condamnant au chômage une masse de salariés, en baissant les salaires des autres, le capitalisme ne fait alors que provoquer ou approfondir la récession.

Quant à la sous-consommation, elle résulte au départ du fait que les salariés ont trop peu bénéficié de la précédente période de croissance, si tant est qu'ils en aient vu la couleur. La croissance entre du coup en conflit avec les limites du marché et du pouvoir d'achat.

En somme, nos malheurs viennent fondamentalement de l'insuffisance de nos salaires. On s'en doutait un peu à vrai dire.

C'est quoi, ce petit boulot ?

Mais supposons que la croissance redémarre et même – on peut toujours rêver – qu'elle dépasse le seuil symbolique des 3 % par an. Qu'est-ce qui garantit qu'une telle relance se traduira en termes d'embauches, par ces temps où il n'est question que de travailler plus pour gagner plus et de redécouvrir le charme des heures supplémentaires ?

Des emplois, il s'en serait « créé » des centaines de milliers en France ces dernières années, à en croire les sirènes gouvernementales – et ce malgré une croissance en berne. Emplois d'aide à la personne quelques heures par semaine, de distributeurs de la presse gratuite aux heures de pointes dans les transports, McJobs et autres livreurs de pizzas, emplois à mi-temps ou à quart de temps, petits boulots en tous genres en veux-tu en voilà.

Des emplois stables à plein temps en revanche, cela fait un bail que ni l'industrie, ni les services n'en créent plus, croissance dure ou croissance molle, au-dessus des 3 % ou en dessous des 2,5 %.

Il convient d'ailleurs de s'interroger sur la nature de cette « croissance », qui est en fait celle des profits bien plus que de la production. L'augmentation des profits a été obtenue à coups de restructurations et de plans sociaux, en faisant effectuer le même travail par un nombre moindre de salariés. Les investissements productifs, eux, sont réduits à bien peu de choses. Après avoir racheté l'aciérie de Gandrange pour un franc symbolique en 1998, ArcelorMittal l'a laissée végéter sans y moderniser quoi que ce soit et tire maintenant prétexte de sa vétusté pour s'apprêter à la fermer. Son « rachat » de 1998 avait sans doute pour seul objet d'empêcher la concurrence de mettre la main dessus.

En guise d'investissement, on assiste surtout au ballet des « fusions-acquisitions » entre sociétés. Un instant freiné par la crise des « subprimes » en 2007, le mouvement est reparti de plus belle en 2008. Pour les capitaux, ces rachats d'entreprises les unes par les autres sont devenus un moyen privilégié de prospérer dans un contexte de faible croissance économique.

La poule aux œufs d'or n'a plus le même rendement

Ce contexte de faible croissance risque malheureusement de durer. Il dure de fait depuis plus de deux décennies déjà pour l'ensemble des économies occidentales, les États-Unis mis à part. Il n'est que la réalisation des tendances à long terme de l'économie capitaliste, et notamment de la diminution progressive du taux de profit un phénomène qui avait été entrevu par Adam Smith et Ricardo, mais dont Marx a été le premier à trouver l'explication.

Marx divise en effet le capital en deux parties : la première correspond aux matières premières, aux machines et aux bâtiments. Marx l'appelle le *capital constant*, car il ne fait que transmettre sa valeur préexistante au produit fini, sans qu'aucune valeur supplémentaire (ou *plus-value*) ne soit créée dans l'opération. La deuxième fraction du capital correspond à la force de travail achetée par le salaire. Marx l'appelle *capital variable*, car cette partie du capital non seulement est entièrement renouvelée dans le processus de production, mais elle en ressort grossie. La quantité de travail fournie par le salarié est supérieure à celle que représente son salaire, et la différence entre les deux n'est rien d'autre que le profit, ou plus-value pour reprendre le terme de Marx.

Seul le capital variable est source de profit, car lui seul met en œuvre du travail vivant, créateur de valeur nouvelle. Le capital constant représente du travail ancien, dont la valeur est déjà réalisée – y compris la plus-value intégrée dans cette valeur.

Le capital constant n'est cependant constant que pendant la phase de production, dans laquelle l'ensemble du capital est engagé. Il est « constant » en ce sens qu'il ne participe pas à la formation du profit. Mais une fois ce profit réalisé, le capitaliste le réinvestit en partie. Et il le réinvestit aussi bien en capital constant qu'en capital variable ; aussi bien en nouvelles machines, en nouveaux ateliers et en matière première, qu'en force de travail supplémentaire.

Plus même. Toute l'évolution du capitalisme va dans le sens de la mécanisation, de l'automatisation, du remplacement de l'homme par la machine. Et donc de la diminution relative du capital variable par rapport au capital constant. La partie du capital qui participe à la formation du profit ne cesse donc de diminuer par rapport à celle qui ne fait que transmettre de la valeur ancienne.

C'est la raison pour laquelle le taux de profit a une tendance inexorable à baisser depuis plus de deux siècles, au fur et à mesure que les investissements en matériel supplantent les investissements en main d'œuvre.

À la recherche du profit perdu

Depuis plus de deux siècles, la bourgeoisie a pourtant tout fait pour contrecarrer cette chute : allongement de la journée de travail, baisse des salaires, exploitation du travail des enfants – tout ce qui pouvait augmenter le profit en valeur absolue pour compenser sa baisse en valeur relative par rapport à l'ensemble du capital investi. On a vu tout cela au XIX° siècle, dans les pays les plus avancés alors, dans l'Angleterre de Dickens comme dans la France de Zola.

La constitution de monopoles est une autre façon de faire remonter les profits. Une entreprise ou une association de fabricants qui n'a pas de concurrence dans son domaine peut vendre ses produits au-dessus de leur valeur de production, s'assurant ainsi un surprofit. C'était déjà le cas avant l'époque de libre échange, du temps d'Adam Smith (dont le livre est en grande partie un réquisitoire contre cette pratique).

À la fin du XIX° siècle, les monopoles se reconstituèrent sur la base de la grande industrie, sous la forme d'ententes entre sociétés, de cartels, rendus possibles par la concentration du capital et la diminution du nombre de concurrents. La « concurrence » n'en est plus vraiment une quand une poignée de grandes sociétés se partagent le marché, comme c'est aujourd'hui le cas de la téléphonie en France, ou de la sidérurgie à l'échelle mondiale.

Parallèlement, l'exportation des capitaux vers les pays non industrialisés a permis d'y retrouver des conditions dans lesquelles les investissements en matériel étaient moins lourds et la main d'œuvre meilleur marché, là aussi à partir du dernier quart du XIX° siècle. Le pillage du Tiers Monde n'a pas cessé, depuis, d'être la principale source de surprofits pour les capitalistes petits et grands.

Dans les pays industrialisés en revanche, malgré la mise en coupe réglée de l'économie par les trusts et les multinationales, il a bien fallu se faire une raison : le capital industriel est de moins en moins rentable. Certes, les profits ont joliment augmenté ces derniers temps, mais la croissance n'y est pour rien ; la réduction des effectifs et l'intensification du travail en sont la seule cause. Si l'on pouvait, dans ces pays-là, supprimer complètement la protection sociale et faire régresser d'un siècle le niveau de vie des travailleurs (ce à quoi le patronat s'applique consciencieusement un peu partout), on pourrait encore regagner quelques pour cent sur le taux de profit moyen. Mais le moral des ménages en prendrait encore un coup, la frilosité du consommateur ne ferait que s'aggraver, et la conjoncture serait plus morose que jamais sans parler des risques d'explosion sociale.

Alors, puisque les perspectives sont bouchées dans l'industrie, tant pis pour l'industrie. Il reste au capital d'autres terrains de jeu : les opérations financières, les produits dérivés, les fusions-acquisitions, les offres d'achat « amicales » et les propositions qui ne se refusent pas.

Quant à la croissance qui crée des emplois... envoyez-nous votre CV, on vous répondra.

Les marchés financiers, mon arrière-grand-père en parlait déjà à mon arrière-grand-mère

En janvier 2008, la Société Générale, troisième banque française, révélait avoir perdu 7 milliards d'euros en quelques semaines, dont près de 5 milliards de pertes provoquées par un de ses opérateurs dans la fraude la plus colossale de l'histoire de la finance mondiale. Les deux autres milliards, eux, s'étaient volatilisés dans la crise des « subprimes » (prêts immobiliers à risque) aux États-Unis.

Le jeune « trader », opérant sur les marchés financiers, aurait profité de sa connaissance des procédures de contrôle pour dissimuler ses positions à sa hiérarchie grâce à un montage sophistiqué de transactions fictives.

Douze ans avant lui, un autre trader, britannique celui-là, avait carrément provoqué la faillite de la banque anglaise Barings par le même genre de procédés. Et neuf mois après la Société Générale, c'était au tour des Caisses d'épargne de laisser des plumes – un modeste 600 millions cette fois – dans une opération spéculative analogue.

La fonction de ces traders est d'acheter et de revendre sans cesse en faisant le plus souvent possible un bénéfice. Ils spéculent sur à peu près tout : cours des actions en bourse, cours des matières premières, variation des taux d'intérêt ou des taux de change des monnaies. Toute leur science consiste à anticiper les évolutions et les retournements du marché. Sur chaque opération, ils sont censés engager une contrepartie, que la banque peut perdre. Mais ces garanties sont bien souvent fictives, et la plupart des banques ferment les yeux sur les acrobaties de leurs opérateurs tant que les marchés restent « bien orientés », traduisez « tant que la spéculation rapporte ».

Tout le monde sait dans ce milieu que cela ne peut pas durer éternellement et que les cours de la bourse font parfois le plongeon, entraînant la faillite des banques les plus exposées. Mais chacun espère que c'est le voisin qui plongera.

Retenez Sarkozy ou il va se fâcher

À chaque fois qu'éclate une affaire comme celle de la Société Générale ou de la Barings, on a droit à un concert d'indignation de commande contre les « dérives » du système, contre cette économie de casino, contre ces marchés financiers en folie qui mènent le monde à la catastrophe. Sarkozy s'est même fait une spécialité dans les remontrances contre ce mauvais capitalisme, qu'il ne faudrait pas confondre avec l'autre, le bon.

Depuis les déréglementations des années quatre-vingts, c'est un fait, les marchés financiers se sont considérablement développés, se substituant même partiellement aux banques commerciales traditionnelles dans leur rôle d'intermédiaires entre détenteurs et emprunteurs de capitaux.

Mais ces marchés financiers ne sont pas une verrue qui aurait poussé sur le corps d'un organisme sain. Ils sont le produit de toute l'évolution du capitalisme, un produit qui ne date pas d'hier qui plus est. Voilà presque un siècle que Lénine, à la suite d'autres auteurs, constatait « la suprématie du capital financier sur toutes les autres formes du capital » et « l'hégémonie du rentier et de l'oligarchie financière[1]. »

Avant lui, Marx analysait déjà le développement du capital financier parallèlement au capital industriel : « Le désir de rendre cette plus-value utilisable, en vue d'obtenir un profit ou un revenu, tandis qu'elle s'accumule comme capital-argent virtuel, trouve son accomplissement dans le système du crédit [...] Par ce fait, le capital financier acquiert sous une autre forme l'influence la plus énorme sur la marche et le prodigieux développement du système de production capitaliste[2]. »

Historiquement, le capital est d'abord apparu non sous la forme de capital industriel, mais de capital commercial ou usurier. Jusqu'au XVIII° siècle, il ne pénétrait dans la sphère de la production que de manière ponctuelle ; il n'a commencé à le faire massivement qu'avec la révolution industrielle. Mais même alors, la production n'est pas devenue la raison

---

[1] Lénine, L'impérialisme, stade suprême du capitalisme, éditions de Pékin, p. 68.

[2] Marx, *Le capital*, éditions du Progrès, Livre 2, p. 480

d'être du capital, qui aurait relégué au second plan ses aspects commerciaux et financiers.

« Le procès de production, écrit Marx, apparaît seulement comme un intermédiaire inévitable, un mal nécessaire pour faire de l'argent. C'est pourquoi toutes les nations adonnées au mode de production capitaliste sont prises périodiquement du vertige de vouloir faire de l'argent sans l'intermédiaire du procès de production[1]. »

« Le propre du capitalisme, ajoute Lénine, est, en règle générale, de séparer la propriété du capital de son application à la production ; de séparer le capital-argent du capital industriel ou productif ; de séparer le rentier, qui ne vit que du revenu qu'il tire du capital-argent, de l'industriel, ainsi que de tous ceux qui participent directement à la gestion des capitaux[2]. »

L'âge d'or du capital industriel

Ce « propre du capitalisme » s'est toutefois manifesté avec une intensité variable au cours du temps, et sous des formes différentes selon les pays. Le rentier est un personnage typique de la France du XIX° siècle, où l'industrialisation a été plus tardive et moins poussée qu'en Angleterre. Inversement, bien plus qu'en Allemagne ou dans les pays anglo-saxons, le capitalisme est resté chez nous une affaire de famille, et le patron a continué bien plus longtemps à diriger personnellement son entreprise, au lieu d'en confier la gestion à des directeurs salariés.

Quant au « vertige » de vouloir faire de l'argent en dehors de la production, sa seule antidote est la perspective d'en faire davantage *en dedans*. C'est ainsi qu'est apparu le capital manufacturier (au XVII° siècle en Europe) quand les négociants, qui achetaient auparavant leur marchandise à des artisans indépendants, ont commencé à les rassembler dans des ateliers, à leur fournir les outils et la matière première et à les faire travailler en échange d'un salaire. Tout cela demandait des investissements bien sûr – mais les profits en retour avaient vite fait de les rentabiliser.

Un siècle plus tard, avec l'apparition du machinisme, le capital manufacturier s'est mué en capital industriel. La productivité du travail s'en est trouvée multipliée, devenant dès lors l'arme décisive dans la compétition économique. En contrepartie, les investissements en matériel (en capital

---

[1] Marx, ibid., p. 63.
[2] Lénine, ibid.

fixe, pour employer le jargon des économistes) se voyaient augmentés non seulement dans l'absolu, mais en proportion par rapport à l'ensemble du capital. Alors que le capital destiné à acheter la force de travail, au contraire, représentait une proportion moindre du capital total, même s'il augmentait globalement.

C'est l'époque où Adam Smith (dans son livre publié en 1776) constatait une tendance à la baisse du taux de profit au fil du temps – sans parvenir à l'expliquer toutefois. Le phénomène était lié en fait à la modification de la composition du capital, comme Marx l'a montré quatre-vingt-dix ans plus tard. Le capital investi en machines et en bâtiments, en matières premières et en produits semi-finis, représentait désormais une fraction plus importante du capital total, au détriment du capital investi en main d'œuvre. Mais ce dernier seul représente du travail nouveau, créateur de valeur nouvelle – et donc générateur de profit. Le reste du capital ne fait que transmettre au produit final une valeur préexistante (contenant certes du profit, mais du profit ancien, déjà empoché par d'autres capitalistes).

Au fur et à mesure que les profits sont réinvestis dans le capital, sa partie « vivante », celle qui crée de la valeur nouvelle et du profit nouveau, décroît par rapport à sa partie « morte », qui représente du travail ancien dont la valeur ne fait que se transmettre. En somme, la partie du capital qui « produit » du profit diminue en proportion, par rapport à celle qui n'en produit pas. La source du profit se tarit petit à petit. Telle est l'explication marxiste de la tendance à la baisse du taux de profit.

Quand le capital retourne à ses premiers amours…

Il ne s'agit que d'une *tendance* à la baisse en effet, contre laquelle les capitalistes ont tout essayé depuis deux siècles et demi : nous faire travailler plus pour gagner moins, délocaliser la production, constituer des monopoles pour maintenir des prix élevés – entre autres.

Mais l'évolution n'en continue pas moins à jouer dans le même sens. Il faut aujourd'hui deux fois moins d'heures de travail qu'il y a trente ans pour produire une voiture en usine, mais deux fois plus d'investissements en machines. Au total, la Toyota de 2009 contient peut-être, tout compte fait, autant d'heures de travail que celle de 1979 – mais sur ce total, une fraction bien moindre a été réalisée dans les ateliers de Toyota, et une part bien plus importante vient de l'amortissement de machines achetées à un autre industriel.

Au total toujours, il se peut que notre véhicule ait généré autant de profit que son ancêtre d'il y a trente ans. Mais une partie bien plus importante de ce profit a été générée en amont de Toyota (chez le fabricant de machines entre autres), et une partie d'autant plus réduite chez Toyota lui-même. Du point de vue des actionnaires de Toyota, la construction automobile est donc une activité beaucoup moins rentable en 2009 qu'en 1979.

Il en va de même dans tous les secteurs de l'économie. Et voilà ce qui pousse le capitalisme à revenir à ses premiers amours (qu'il n'a jamais reniés du reste), du temps où il se contentait d'écumer une production qui se déroulait complètement en dehors de lui. Le capital n'est pas marié avec la production, il est marié avec le profit.

Il est vrai que ce n'est même pas vers le commerce que les capitaux en quête de placements juteux se tournent aujourd'hui, car l'activité commerciale ne permet guère d'espérer des taux de profit plus élevés que l'activité industrielle. Dans la sphère commerciale, les limites de la demande solvable (liées à la faiblesse du pouvoir d'achat des salariés) font en effet obstacle au développement et à l'extension des marchés.

Restent les autres marchés, ces fameux marchés financiers sur lesquels tout est possible – du moins le croit-on. On y exige des rendements de 15 % l'an pour le moindre placement, on y réalise des coups fabuleux.

Ou on y perd 7 milliards d'euros en deux semaines comme la Société Générale.

Mais même lorsqu'on y joue gagnant, ces marchés-là ne sont que l'endroit où se *réalise* une plus-value qui a été créée autre part. L'argent qui circule sur les places financières ne participe en rien à la *formation* du profit, qui ne peut être en dernier ressort que l'équivalent d'une création de richesse dans la sphère de la production.

... à un âge où ce n'est vraiment plus raisonnable

Il est bien caractéristique de notre temps, en revanche, que la répartition du profit s'opère aujourd'hui de préférence sur ces marchés spéculatifs, et non sur les marchés véritables ou s'échangent des biens matériels ou des services.

La spéculation n'est pas un phénomène nouveau, certes. Zola y consacre tout un roman (*L'argent*), Ricardo a fait fortune à la bourse de Londres au début du XIX° siècle, et on spéculait en France sur les assignats cinquante ans avant la Révolution.

Jamais cependant les marchés financiers n'ont connu un développement comparable à celui d'aujourd'hui, où à tout moment des sommes colossales (même par rapport à la production économique actuelle) sont en vadrouille d'une place boursière à une autre. Jamais ils n'avaient drainé une fraction aussi importante des capitaux – y compris des capitaux industriels qui s'y aventurent régulièrement, à l'affût de la bonne opération ou du profit à court terme. Jamais non plus ils n'avaient fait planer une telle menace sur l'ensemble du système, par l'instabilité qu'ils contribuent à entretenir.

Le FMI chiffre à 945 milliards de dollars les pertes liées à la crise financière de l'été 2007, à elle seule. Et les effets collatéraux de cette crise risquent d'être plus dramatiques encore. Après la débâcle dans l'immobilier, les capitaux spéculatifs se sont rués sur d'autres secteurs comme le pétrole et les denrées alimentaires, provoquant dans les deux cas une flambée des prix dont on n'a pas fini de payer les conséquences.

La critique de cet état de choses est pourtant stérile si elle se cantonne au seul aspect « marchés financiers », isolé du fonctionnement de la société capitaliste dans son ensemble. La condamnation des « dérives » du système est même le plus souvent une hypocrisie, ne visant qu'à défendre le système lui-même qui serait hors de cause.

La domination de plus en plus grande des marchés financiers sur l'économie réelle n'est pas un accident contre lequel on pourrait se prémunir dans le cadre de la société actuelle. Elle est le signe du vieillissement de l'économie capitaliste, dont le moteur – la recherche du profit – est de moins en moins efficace d'une part, et de l'autre entre de plus en plus en conflit avec le manque de pouvoir d'achat et les limites étroites du marché qui en résultent. À cause de ces limites, les entreprises ont *trop* d'argent par rapport aux possibilités d'investissements rentables dans la production.

C'est pourquoi cet argent déborde de partout et se déverse dans cette économie de casino, qui finira un jour ou l'autre par faire sauter la banque.

Du passé, ne faisons pas table rase

« Du passé, faisons table rase », proclame fièrement *l'Internationale.* Un slogan que les marxistes entonnent tous en chœur depuis la fin du XIX° siècle... et qui pourtant ne leur ressemble guère.

Les paroles du célèbre chant révolutionnaire ont été écrites en 1871 par Eugène Pottier, socialiste et membre de la Commune de Paris, mais nullement marxiste. Le mot « marxisme » n'existait d'ailleurs pas encore, et bien que Marx fût alors déjà célèbre, les partisans de ses théories étaient encore peu nombreux à l'époque.

Pottier, lui, était plutôt un disciple de Charles Fourier, l'un des tout premiers socialistes, dont les écrits remontent aux années 1820. Il y dressait un réquisitoire contre la société bourgeoise alors en plein essor en France, après le renversement de l'Ancien régime par la révolution de 1789.

« Fourier prend au mot la bourgeoisie, ses prophètes enthousiastes d'avant la révolution et ses flagorneurs intéressés d'après », écrit Engels soixante ans plus tard. « Il dévoile sans pitié la misère matérielle et morale du monde bourgeois et il la confronte avec les promesses flatteuses des philosophes des lumières. [...] Il peint avec autant de maestria que d'agrément la folle spéculation qui fleurit au déclin de la révolution ainsi que l'esprit boutiquier universellement répandu dans le commerce français de ce temps. Plus magistrale encore est la critique qu'il fait du tour donné par la bourgeoisie aux relations sexuelles et de la position de la femme dans la société bourgeoise. Il est le premier à énoncer que, dans une société donnée, le degré d'émancipation de la femme est la mesure naturelle de l'émancipation générale[1]. »

Fourier pensait édifier la société socialiste grâce à la création et au développement de communautés, qu'il appelait des phalanstères. Toutes les expériences qui furent tentées en ce sens se soldèrent par des échecs, mais le mouvement garda néanmoins des adeptes jusqu'à la fin du XIX° siècle. Et on vit même ce type d'expériences communautaires connaître une nouvelle jeunesse plus près de nous, dans les années 1970.

Le côté utopique des premiers socialistes

Du temps de Fourier, d'autres penseurs socialistes avaient élaboré des théories et tenté de les mettre en pratique. Les plus connus d'entre eux furent le Français Claude Saint-Simon et le Britannique Robert Owen. Par-delà leurs différences, ils avaient en commun de vouloir refaire le monde par l'exemple, à partir de prototypes créés de toutes pièces localement, et en reprenant en quelque sorte toute l'histoire humaine à zéro. « Du passé faisons table rase » résumait de fait assez bien leur philosophie – mais c'est précisément sur ce point que Marx se sépara des socialistes qui l'avaient précédé.

Marx avait commencé par être un démocrate, comme l'étaient les intellectuels les plus avancés de son époque. Il rêvait pour son pays d'une révolution analogue à celle de 1789, qui abattrait la monarchie et les vestiges du féodalisme encore bien présents en Allemagne. Lorsqu'il évolua vers le socialisme, aux alentours de sa vingt-cinquième année, il rejeta d'emblée le côté utopiste des théories de Fourier ou de Saint-Simon, tout en gardant une grande estime pour l'un comme pour l'autre.

Pour Marx, une société nouvelle ne se bâtit pas à partir du cerveau d'un réformateur, mais à partir de l'état de choses légué par l'ancienne société qui vient d'être évincée. Le capitalisme, qu'il voyait se développer en France et en Angleterre, était lui-même issu de l'ancienne société aristocratique, tout en ayant œuvré à son renversement (en 1789 en France, un siècle plus tôt en Angleterre).

Avant de renverser l'aristocratie, la bourgeoisie avait grandi et s'était renforcée pendant des siècles au sein de la société d'ancien régime, à travers

---

[1] Friedrich Engels, *Socialisme utopique et socialisme scientifique*, Éditions sociales.

les corporations d'artisans, les guildes de marchands, les compagnies commerciales, les institutions municipales et les tribunaux. Quand cette bourgeoisie s'empara du pouvoir politique (ou força la noblesse à le partager avec elle), elle n'eut pas à « instaurer » son système économique, qui existait déjà en grande partie, mais seulement à supprimer les entraves à son développement que constituaient les lois et les institutions de l'ancienne société.

Il est vrai qu'on ne voit aucune économie socialiste se développer dans les interstices du système capitaliste, comme le capitalisme s'était développé dans les interstices de l'économie médiévale. Mais c'est le capitalisme lui-même, par le développement prodigieux des forces productives auquel il donne lieu, qui prépare le terrain pour une organisation communiste de la société, qui en crée les bases, tant sociales que matérielles. Telle est la conclusion à laquelle Marx était parvenu dès le début des années 1840.

Plus même, comme il l'écrivait en 1846, « le capitalisme est une condition préalable [au communisme] absolument indispensable, car, sans lui, c'est la pénurie qui deviendrait générale et, avec le besoin, c'est aussi la lutte pour le nécessaire qui recommencerait, et l'on retomberait fatalement dans la vieille gadoue[1]. »

Le communisme, Marx le résumait volontiers par la formule « De chacun selon ses capacités, à chacun selon ses besoins[2]. » Un programme qui reste une utopie tant que règnent la pénurie de biens matériels et la faible productivité du travail – dans de telles conditions, c'est fatalement la lutte pour l'existence et le chacun pour soi qui prédominent, et même les communautés fouriéristes ou saint-simoniennes finissent par retomber dans cette « vieille gadoue ».

Les bases économiques d'une société socialiste

En développant l'industrie, la production de masse et le marché mondial, le capitalisme, bien malgré lui, crée les bases économiques grâce auxquelles le socialisme (ou le communisme) cesse d'être une utopie. Mais il fait bien plus que cela. Il remplace chaque jour un peu plus le travail individuel par

---

[1] Karl Marx et Friedrich Engels, *L'idéologie allemande*, éditions sociales.

[2] Dans cette optique, les marxistes utilisent plutôt le mot « socialisme » pour désigner la phase transitoire entre le capitalisme et le communisme proprement dit, sans toutefois respecter scrupuleusement cette distinction.

le travail collectif, l'éparpillement des moyens de production par leur concentration, l'économie locale par la division internationale du travail.

« Corrélativement à cette centralisation ou à cette expropriation du grand nombre des capitalistes par une poignée d'entre eux, se développent la forme industrielle, sur une échelle toujours plus grande, du processus de travail, l'application consciente de la science à la technique, l'exploitation méthodique de la terre, la transformation des instruments particuliers de travail en instruments de travail utilisables seulement en commun [...], l'entrée de tous les peuples dans le réseau du marché mondial[1]. »

L'économie capitaliste a déjà dans les faits un caractère à moitié socialiste. Elle a complètement *socialisé* la production – à ceci près que cette dernière continue de s'effectuer sur la base de la propriété privée. Mais la propriété privée elle-même, en deux siècles de capitalisme, s'est transformée en son contraire. La terre du paysan ou les outils de l'artisan d'autrefois étaient la propriété des producteurs eux-mêmes sur leurs propres moyens de production. Alors qu'avec la grande industrie, la propriété des moyens de production est « privée » essentiellement en ce sens que les producteurs en sont privés.

Le caractère privé de la propriété ne faisait autrefois que traduire le caractère individuel de la production elle-même. Mais le capitalisme a éliminé en grande partie la production individuelle. En collectivisant les moyens de production industriels, le socialisme ne fait que mettre le droit de propriété en accord avec la réalité de l'économie moderne. Et c'est bien en partant de cette réalité-là que Marx pensait construire la société du futur, et non par des expériences en laboratoire comme l'imaginaient les premiers socialistes au début du XIX° siècle.

Le capitalisme aussi a été révolutionnaire en son temps

Marx rejoignait entièrement les premiers socialistes dans leur critique de la société bourgeoise. Comme eux, il en dénonçait l'hypocrisie, l'esprit mesquin, l'adoration du dieu argent et la misère dans laquelle cette société maintient la population laborieuse. Mais en même temps, il voyait dans le capitalisme un progrès gigantesque par rapport aux sociétés d'ancien régime

---

[1] Karl Marx, *Le Capital*, Livre 1, éditions sociales.

(qui prédominaient encore dans la plus grande partie de l'Europe au milieu du XIX° siècle).

« La bourgeoisie ne peut exister », écrivait-il en 1848, « sans révolutionner constamment les instruments de production et donc les rapports de production, c'est-à-dire l'ensemble des rapports sociaux. Le maintien sans changement de l'ancien mode de production était, au contraire, pour toutes les classes industrielles antérieures, la condition première de leur existence. Ce bouleversement continuel de la production, ce constant ébranlement de toutes les conditions sociales, cette agitation et cette insécurité perpétuelles distinguent l'époque bourgeoise de toutes les précédentes[1]. »

Le refus de s'en tenir à une simple condamnation morale du capitalisme, la reconnaissance de son caractère révolutionnaire, cette façon même de le considérer comme une étape nécessaire pour préparer les bases d'une société communiste – tous ces traits distinguent le marxisme des autres courants de pensée socialistes, ainsi que de l'anarchisme apparu à la même époque.

Le capitalisme ne s'est pas imposé à l'espèce humaine par suite de la perversité de quelques individus. Il est apparu à une certaine étape de notre histoire, comme le produit de tout un développement antérieur. Il représentait une forme économique supérieure par rapport à l'économie paysanne et artisanale du Moyen Âge ou du XVIII° siècle (ou même du XX° siècle dans les pays du Tiers Monde).

Sa domination s'est accompagnée d'un cortège de guerres, de dictatures, de souffrances sans nom pour des centaines de millions d'êtres humains arrachés à leurs conditions de vie traditionnelles. Mais l'humanité, sous la férule du capitalisme, est passée de l'état de pénurie généralisée à un état d'abondance relative. Elle a appris à faire travailler des machines à sa place. Elle s'est habituée à vivre à l'heure du marché mondial et des télécommunications.

Toutes choses grâce auxquelles le socialisme est désormais possible sans qu'il ne soit une simple « socialisation de la misère », et sans qu'on ait trop à craindre de retomber dans la « vieille gadoue ».

---

[1] Karl Marx et Friedrich Engels, *Manifeste du Parti communiste*, Éditions sociales.

Les contradictions du système

Mais le capitalisme n'a pas seulement rendu le socialisme possible. Il l'a rendu nécessaire.

Dès le XIX° siècle, la répétition inexorable des crises économiques mettait en lumière les contradictions de ce mode de production, écartelé entre sa frénésie d'expansion d'un côté et les limites du marché de l'autre. Un marché que les patrons s'ingénient eux-mêmes à restreindre en diminuant les salaires.

Il est vrai que dans le même temps, le marché s'étendait dans l'espace, le capitalisme gagnant sans cesse de nouveaux pays et de nouveaux consommateurs. C'est l'un des remèdes auxquels il doit d'avoir prospéré jusqu'à nos jours, envers et contre tout.

Cette fuite en avant ne pouvait cependant se poursuivre indéfiniment. La planète entière est désormais mise en coupe réglée par le capital. Il n'est plus guère d'endroit aujourd'hui qui échappe à son emprise. L'extension du marché a elle-même atteint ses limites, et les contradictions du système s'en trouvent attisées. Les crises succèdent aux crises (1997 en Asie, 1998 en Russie, crise dans les Télécommunications en 2001, dans l'immobilier en 2007) et à chacune d'entre elles les financiers se demandent par quel miracle leur château de cartes tient encore debout.

Pire encore, les crises financières à répétition ont poussé récemment les capitaux spéculatifs en mal de placements vers les marchés des produits alimentaires de base, entraînant une flambée des prix délirante sur le riz, le blé, le maïs ou l'huile. En un an, d'après les chiffres de l'aide alimentaire mondiale, les prix des céréales ont augmenté de 131 %, menaçant de famine plus de cent millions de personnes et en plongeant des centaines de millions d'autres dans la misère noire.

Le capitalisme a fait son temps, bien que ses défenseurs refusent – et refuseront toujours – de l'admettre. Comme tout ce qui existe sur terre, il a eu sa raison d'être. Mais, comme le notait très justement Adam Smith, « Il arrive fréquemment que les lois continuent de s'appliquer longtemps après la disparition des circonstances qui leur ont donné naissance et qui, seules, pouvaient leur donner un sens[1]. »

Smith visait les lois et le système économique de la société aristocratique, certes. Mais quatre-vingt-dix ans plus tard, Marx établissait le

[1] Adam Smith, *Recherche sur la nature et les causes de la richesse des nations*, p. 400.

même diagnostic pour la société bourgeoise qui l'avait remplacée : « Le monopole du capital devient une entrave pour le mode de production qui a grandi et prospéré avec lui et sous ses auspices. La centralisation des moyens de production et la socialisation du travail arrivent à un point où elles ne peuvent plus tenir dans leur enveloppe capitaliste. Cette enveloppe se brise en éclats. L'heure de la propriété privée capitaliste a sonné. Les expropriateurs seront à leur tour expropriés[1]. »

La société de l'avenir

À l'encontre de Fourier qui a consacré sa vie à tracer les plans d'une société idéale, Marx s'est fixé pour tâche d'étudier l'économie capitaliste afin d'apporter un fondement scientifique au socialisme. Une tâche immense en vérité, et dont Marx n'est pas vraiment venu à bout. Seul le premier livre de son *Capital* a été publié de son vivant. Les livres II et III sont restés à l'état de manuscrits, et c'est Engels qui en assurera l'édition après la mort de Marx en 1883.

Le socialisme, Marx ne le concevait pas comme l'application d'une idéologie sortie de la tête d'un penseur. Le capitalisme lui-même ne s'est nullement instauré comme résultat d'une volonté, d'une idéologie. Il a grandi silencieusement dans le cadre de l'ancien mode de production, jusqu'à devenir incompatible avec ce dernier. Le socialisme n'a peut-être pas grandi de la même façon, mais lui aussi plonge ses racines dans la société qui l'a précédé – la société capitaliste –, dans ses acquis comme dans ses contradictions.

Pour les marxistes, c'est la société qui explique l'idéologie et non l'inverse. Non pas que les idées soient sans importance, loin de là. Mais elles ne se développent pas dans le vide. Elles reflètent la façon dont les hommes vivent, produisent, se répartissent les richesses et se battent entre eux.

Avec Marx, c'est aussi une autre vision de l'histoire qui commence à s'imposer. Une histoire qui n'est plus une simple succession de règnes, de conquêtes militaires ou de conflits religieux, mais aussi et d'abord une histoire des techniques, des systèmes économiques et des classes sociales.

---

[1] Karl Marx, *Le Capital*, Livre 1.

Les marxistes ne sont pas tous des historiens bien sûr. Mais ils ne sont pas de ceux qui du passé veulent faire table rase. Plutôt de ceux qui, dans le passé, recherchent les racines de l'avenir.

Qu'est-ce que vous avez contre la dictature du prolétariat ?

> « Entre la société capitaliste et la société communiste, se place la période de transformation révolutionnaire de celle-là en celle-ci. À quoi correspond une période de transition politique où l'État ne saurait être autre chose que la dictature révolutionnaire du prolétariat. »
> Karl Marx, *Critique du programme de Gotha.*

La dictature du prolétariat : s'il est un aspect du marxisme qui suscite aujourd'hui un rejet unanime, c'est bien celui-là. Pour la plupart des gens, il évoque des images terribles et des crimes monstrueux : les camps de concentration du régime stalinien et ses épurations sanglantes, les millions de victimes de la révolution culturelle en Chine, ou encore le massacre du quart de la population du Cambodge par les Khmers rouges.

Bien entendu, les médias au service de la bourgeoisie ont tout fait (et continuent à tout faire) pour nous enfoncer dans le crâne cette assimilation entre le marxisme et les atrocités qui ont été commises en son nom.

... Et encore, même pas toujours en son nom. Les Khmers rouges ne se revendiquaient nullement du marxisme. Le nom exact de leur organisation était Parti du Kampuchéa Démocratique. C'est leur allié, le prince Norodom Sihanouk, qui les a baptisés « Khmers Rouges ». Leur idéologie était un mélange de nationalisme et d'utopies de toutes sortes empruntées aux milieux tiers-mondistes européens. Lorsqu'ils s'emparèrent du pouvoir en 1975, avec le soutien de Sihanouk, leur première mesure a consisté à chasser des villes tous leurs habitants, y compris les ouvriers. Curieux vraiment, pour une dictature du prolétariat !

Mao, lui, continuait à se prétendre marxiste en 1966, au moment de la révolution culturelle. Son « marxisme » consistait en une série de citations tronquées et coupées de leur contexte, à la mode stalinienne. En réalité, tout comme les Khmers Rouges, c'est sur la base d'un programme nationaliste – et non marxiste – qu'il est arrivé au pouvoir (en 1949), en s'appuyant sur la paysannerie et non sur la classe ouvrière, et sans aucune forme de contrôle de la population sur le nouvel État[1]. Populaire malgré tout dans les premiers temps, son régime, dès les premières difficultés, est devenu sans conteste une dictature... mais sûrement pas du prolétariat.

Reste le cas de l'Union Soviétique. Le seul où le prolétariat industriel ait été la force motrice de la révolution ; le seul où la classe ouvrière ait exercé au début un contrôle sur le nouveau régime – par l'intermédiaire des soviets notamment, mais d'autres organismes (syndicats, comités de toutes sortes), y ont contribué dans une moindre mesure. Le seul, enfin, où le parti dirigeant du nouveau régime ait pris le pouvoir sur la base d'un programme marxiste et internationaliste.

C'est le seul exemple authentique de dictature du prolétariat que nous montre l'histoire, hormis l'éphémère Commune de Paris en 1871. Une dictature du prolétariat qui, c'est incontestable, est devenue au fil des ans une dictature bureaucratique dans laquelle le prolétariat n'avait plus que le droit de se taire. Mais doit-on pour autant jeter l'enfant avec l'eau sale de la baignoire ?

Derrière la démocratie apparente, la dictature de fait de la bourgeoisie

La première mention par Marx de la dictature du prolétariat se trouve dans un écrit de 1850, *Les luttes de classes en France*, consacré à la révolution de 1848. Quelques mois avant cette révolution, le *Manifeste Communiste* préconisait déjà la « conquête du pouvoir politique par le prolétariat ». Mais cette formulation semblait désormais dépassée à ses auteurs.

[1] Voir sur ce sujet le livre de Jack Belden *La Chine ébranle le monde*, éditions Gallimard, 1951.

La machine d'État, avec son arsenal de lois défendant avant tout la propriété privée, avec ses grands corps constitués (préfets, hauts fonctionnaires, diplomates, magistrats, officiers supérieurs de la police et de l'armée), est bien trop liée à la bourgeoisie pour que les classes populaires puissent l'utiliser à leur service. Et cette vérité vaut même pour les régimes bourgeois les plus démocratiques en apparence – telle est la leçon que Marx tire de la période 1848-1850 en France, juste avant le coup d'État qui renversera la République pour instaurer le Second Empire.

La démocratie, en quoi consiste-t-elle au juste dans la société bourgeoise ? En ceci que le peuple est appelé à élire ses représentants au Parlement une fois tous les quatre ou cinq ans. Mais le Parlement n'est que l'apparence du pouvoir, l'endroit où les députés s'invectivent en public, pendant que la véritable besogne de l'État s'effectue loin des regards indiscrets, dans les chancelleries, les préfectures, les tribunaux et les états-majors, sous la direction de grands commis de l'État que personne n'a élus mais qui sont liés par mille liens aux milieux d'affaires (quand ils n'en font pas directement partie).

Bien sûr, par leur vote, les électeurs ont aussi le pouvoir de changer le gouvernement – mais le gouvernement seulement, pas l'ensemble de la machine d'État. Une maxime le dit crûment d'ailleurs : les gouvernements passent, la police reste.

C'est d'ailleurs un gouvernement républicain, issu d'une assemblée élue au suffrage universel, qui a fait tirer sur les ouvriers parisiens en juin 1848, laissant des milliers de victimes sur le carreau. Le même massacre, multiplié par dix, sera perpétré en 1871 après la Commune de Paris, là encore sous les ordres d'un gouvernement issu du suffrage universel.

Mais de toute façon, une fois les élections passées, c'est fini pour cinq ans. Pendant ces cinq ans, la politique et la gestion de l'État échappent à tout contrôle de la population, la chose publique (*res publica* en latin) redevient la chose privée de professionnels que tout sépare du bon peuple et que tout lie au capital.

La forme démocratique de l'État – lorsqu'elle existe – n'est donc que le paravent servant à masquer la dictature de fait de la bourgeoisie. La dictature du prolétariat n'est rien d'autre que la conséquence logique de cette constatation.

« Les formes d'État bourgeois sont extrêmement variées, écrira Lénine en 1917, mais leur essence est une : en dernière analyse, tous ces États sont, d'une manière ou d'une autre, mais nécessairement, une dictature de la bourgeoisie. Le passage du capitalisme au communisme ne peut évidemment manquer de fournir une grande abondance et une large diversité de formes politiques, mais leur essence sera nécessairement une : la dictature du prolétariat[1]. »

Un État contrôlé par la population laborieuse

Comme on le voit, même Lénine, à la veille de la Révolution d'Octobre, reste très ouvert sur la « grande abondance » et la « large diversité » des formes politiques que peut revêtir la dictature du prolétariat. À plus forte raison, Marx et Engels, un demi-siècle plus tôt, ne cherchaient pas à tirer de leur cerveau des schémas tout faits que le mouvement ouvrier n'aurait plus qu'à appliquer. La dictature du prolétariat, c'était pour eux l'idée fondamentale qu'il fallait garder en tête. Quelles formes concrètes elle pourrait prendre, ils attendaient que la vie elle-même se charge d'y répondre.

La réponse eut lieu de leur vivant, et ce fut la Commune de Paris. Pendant trois mois, de mars à mai 1871, la capitale fut aux mains des ouvriers et du petit peuple. La bourgeoisie avait fui à Versailles, entraînant derrière elle non seulement tout ce que le Paris du Second Empire comptait comme parasites, mais également une grande partie du personnel de l'État.

Les « communards », comme on les a appelés, ont donc été bien contraints de ne « pas se contenter de prendre telle quelle la machine d'État », pour reprendre une formule de Marx. Ravitaillement, finances, services publics, sécurité, ils ont dû tout réorganiser sur de nouvelles bases et en ne comptant que sur leurs propres forces.

« La Commune était formée de conseillers municipaux élus dans les circonscriptions parisiennes au suffrage universel », écrit Marx quelques semaines plus tard. « Ils étaient responsables et révocables à tout moment ». On ne se contentait donc plus de glisser son bulletin dans l'urne à date fixée. On contrôlait le travail des élus entre-temps, et on pouvait les destituer s'ils ne donnaient pas satisfaction – grande nouveauté !

Mais l'élection et la révocabilité ne s'appliquaient pas qu'aux membres de la Commune. Les policiers devenaient pareillement responsables devant la population et révocables par elle, de même que les fonctionnaires de

[1] Lénine, *L'État et la révolution*, éditions sociales.

toutes les branches de l'administration et de la justice – ceux du moins qui étaient restés fidèles à leur poste.

Autre mesure révolutionnaire : « Depuis les membres de la Commune jusqu'en bas de l'échelle, la fonction publique devait être assurée pour des salaires d'ouvriers. » Halte au carriérisme et à l'arrivisme si répandus dans l'administration et la classe politique ! « Le peuple organisé en communes était désormais appelé à se servir du suffrage universel exactement comme n'importe quel employeur qui se sert de son droit individuel de choisir les ouvriers, les surveillants, les comptables pour ses entreprises[1]. »

Bref, comme le résume Engels vingt ans plus tard : « La Commune dut reconnaître d'emblée que la classe ouvrière, une fois au pouvoir, ne pouvait continuer à administrer avec la vieille machine d'État ; pour ne pas perdre à nouveau sa propre domination qu'elle venait à peine de conquérir, cette classe ouvrière devait, d'une part, éliminer la vieille machine d'oppression jusqu'alors employée contre elle-même, mais, d'autre part, prendre des assurances contre ses propres mandataires et fonctionnaires en les proclamant, en tout temps et sans exception, révocables[2]. »

Les soviets, mode d'emploi

Voilà donc quelle fut la première incarnation de cette terrible dictature du prolétariat dont on ne peut plus prononcer le nom, aujourd'hui, sans voir les visages se décomposer, les cheveux se dresser sur les têtes et le sang se glacer dans les veines.

La deuxième incarnation, ce fut le système soviétique issu de la révolution russe de 1917. Là non plus, ce système n'est pas venu au monde comme la mise en œuvre d'un plan préconçu dans le cerveau des marxistes, mais de façon plus ou moins spontanée, dans le cours même de la révolution.

Dès le début de cette révolution en février, dans chaque grande ville s'est constitué un soviet (« conseil » en russe) composé de représentants élus sur le lieu de travail, sur la base d'un délégué pour mille ouvriers. Dans les villes de garnison, et en particulier dans la capitale Saint-Pétersbourg, les soldats envoyaient aussi des délégués, un par compagnie. (On était alors en

---

[1] Karl Marx, *La guerre civile en France*, Éditions sociales.
[2] Friedrich Engels, préface à *La guerre civile en France*.

pleine guerre mondiale, et des millions d'hommes se trouvaient sous les drapeaux).

Avec l'approfondissement de la révolution dans les mois suivants, ce système de soviets s'est étendu progressivement aux villes moyennes et même aux campagnes. Fin août, on dénombrait ainsi 600 soviets, représentant 23 millions d'électeurs. Ils étaient bien plus nombreux encore deux mois plus tard.

Contrairement à la Commune de Paris, la Révolution russe ne s'est pas retrouvée au départ face à un vide étatique (provoqué par la fuite du gouvernement et des fonctionnaires d'État) mais au contraire face à un trop-plein. D'un côté, un gouvernement provisoire bourgeois rapidement mis en place après l'effondrement de la monarchie tsariste ; et de l'autre les soviets, simple représentation populaire dans l'esprit des socialistes modérés qui les dirigeaient au début, mais qui dans les faits, face à la carence et au sabotage des autorités officielles, ont été amenés à se comporter comme un véritable pouvoir.

« Bien des soviets de province, relate Trotski, étaient déjà avant les journées de Juillet [1917] des organes de pouvoir, sinon formellement, du moins en fait, sinon constamment, du moins épisodiquement. Le soviet de Krasnoïarsk imposa tout à fait de son propre chef le régime des cartes de distribution pour les objets de consommation individuelle. Le soviet conciliateur de Saratov fut obligé d'intervenir dans les conflits économiques, d'opérer l'arrestation de certains entrepreneurs, de confisquer le tramway appartenant à une compagnie belge, d'établir le contrôle ouvrier et d'organiser la production dans les usines abandonnées. Dans l'Oural, les soviets exerçaient fréquemment la justice. [...] Dans les entreprises minières de Simsk, les soviets organisèrent une direction usinière régionale qui se subordonna toute l'administration, la caisse, la comptabilité et la réception des commandes[1]. »

Parallèlement aux soviets, d'autres organismes comme les Comités de fabriques et d'usines agissaient dans le même sens. Et au mois d'octobre, à la veille de la deuxième insurrection, ces conseils et comités assumaient de fait toutes les fonctions essentielles : « Les problèmes les plus importants tels que ceux de l'approvisionnement des villes en eau, en lumière, en combustibles, en vivres, tombent de plus en plus à la charge des soviets et des autres organisations ouvrières. Le comité d'usine de la station d'éclairage de Pétrograd [Saint-Pétersbourg] courait la ville et la banlieue,

[1] Léon Trotski, *Histoire de la révolution russe*, éditions du Seuil.

cherchant soit du charbon, soit de l'huile pour les turbines, et obtenait l'un et l'autre par l'intermédiaire des comités d'autres entreprises, dans une lutte contre les patrons et l'administration[1]. »

Les soviets élisaient à leur tour des délégués à des conférences régionales, et tenaient des congrès nationaux, en principe tous les trois mois. Après la révolution d'Octobre, ce système est devenu la base même du nouveau régime.

Une forme de démocratie supérieure

L'un des lieux communs les plus éculés sur la Révolution russe est l'affirmation selon laquelle ce système, démocratique dans ses principes, aurait été aboli de fait par la Révolution d'Octobre pour faire place à la dictature du Parti bolchevik (le parti de Lénine, rebaptisé Parti communiste), dont la dictature stalinienne ne serait que la suite logique.

Cette vision simpliste (et si commode pour certains) n'a qu'un lointain rapport avec la vérité. La « dictature » bolchevik était si terrible, dans les premiers temps, que Lénine n'avait même pas de gardes du corps et qu'en août 1918 il a été victime d'un attentat dont il est sorti grièvement blessé (et diminué pour le restant de ses jours).

Le Parti communiste, c'est vrai, s'est retrouvé seul aux commandes au bout de quelques mois, essentiellement du fait que tous les autres partis de gauche refusaient de reconnaître le nouveau régime, quand ils ne le combattaient pas les armes à la main. Mais le parti de Lénine ne dirigeait pas tout pour autant – il en était bien incapable en fait. Toute la réorganisation de la société et de l'administration qui s'est faite dans ces années-là, au milieu de la guerre civile et des pires difficultés économiques, aurait été impossible sans les soviets, sans les comités d'usines, sans les syndicats et les coopératives, et d'autres organismes encore dont beaucoup n'avaient rien de bolchevik. À travers ces organismes, ce sont des millions de prolétaires et de paysans qui ont participé au pouvoir à leur niveau.

Est-ce à dire que tout fut parfait dans cette révolution ? Certes non. Une révolution est une révolution. C'est un acte de violence par lequel une partie de la société impose sa volonté à une autre. Ce genre de choses ne vont jamais sans des « effets collatéraux », pour employer une expression à la

---

[1] Léon Trotski, ibid.

mode. Qui plus est, les révolutions ont la mauvaise habitude de n'éclater jamais quand tout va bien.

La révolution russe a eu ses faiblesses, ses zones d'ombre, ses épisodes peu glorieux. Tout comme la Commune d'ailleurs, bien que cette dernière n'ait duré que trois mois. Les deux ont fini tragiquement, quoi que de façon différente. Mais les deux ont l'immense mérite d'avoir développé une forme de démocratie infiniment supérieure à la démocratie bourgeoise, dans laquelle le seul droit reconnu aux travailleurs est de voter tous les cinq ans pour des politiciens qui les tromperont dès le lendemain des élections.

Les adorateurs de l'État ne sont pas ceux qu'on croit

C'est une réputation tenace que traînent les marxistes : celle d'être des fanatiques de l'État et de tout ce qui s'y rattache – nationalisations, fonction publique, bureaucratie et réglementations en tout genre. Une image que l'idéologie néolibérale se complaît à entretenir bien sûr. Mais une image que nombre d'organisations se réclamant du marxisme ont contribué à forger, en dénaturant la position de Marx et d'Engels sur cette question fondamentale.

Dans un texte de 1891 déjà cité, Engels s'élève en effet contre « cette vénération superstitieuse de l'État et de tout ce qui y touche, vénération qui s'installe d'autant plus facilement qu'on est, depuis le berceau, habitué à s'imaginer que toutes les affaires et tous les intérêts communs de la société entière ne sauraient être réglés que comme ils ont été réglés jusqu'ici, c'est-à-dire par l'État et ses autorités dûment établies[1]. »

En réalité, écrit le même Engels dans un autre ouvrage « l'État n'existe pas de toute éternité. Il y a des sociétés qui se sont tirées d'affaire sans lui, qui n'avaient aucune idée de l'État et du pouvoir d'État[2]. » (Cette conclusion fait suite à une description de la société des Indiens iroquois, d'après les travaux d'un ethnologue de son époque.)

Si l'État n'a pas toujours existé, comment et pourquoi est-il apparu ? D'après Engels, à un certain stade du développement économique, les sociétés se divisent en classes sociales, avec toujours une classe minoritaire privilégiée imposant sa domination aux autres. C'est cette division de la

---

[1] Friedrich Engels, préface à *La guerre civile en France*.

[2] Friedrich Engels, *L'origine de la famille, de la propriété privée et de l'État*, Éditions sociales.

société en classes qui crée la nécessité d'un organisme situé en apparence au-dessus de la société, et dont la fonction principale est de maintenir l'ordre social.

Or, pour Engels comme pour Marx, le communisme sera une société où les classes sociales n'existeront plus. Dans une telle société, il subsistera sans doute des conflits individuels, mais pas d'antagonisme social menaçant de dégénérer en guerre civile. L'État aura donc perdu sa raison d'être. « Nous nous rapprochons maintenant à pas rapides, poursuit-il, d'un stade de développement de la production dans lequel l'existence de ces classes a non seulement cessé d'être une nécessité, mais devient un obstacle positif à la production. Ces classes tomberont aussi inévitablement qu'elles ont surgi autrefois. L'État tombe inévitablement avec elles[1]. »

Le communisme : une société sans État !

C'est clair : la société communiste telle que la conçoivent les marxistes sera une société sans classes... et sans État.

« Nous nous assignons comme but final la suppression de l'État, renchérit Lénine, c'est-à-dire de toute violence organisée et systématique, de toute violence exercée sur les hommes, en général. [...] Aspirant au socialisme, nous sommes convaincus que dans son évolution il aboutira au communisme et que, par suite, disparaîtra toute nécessité de recourir en général à la violence contre les hommes, toute nécessité de la soumission d'un homme à un autre, d'une partie de la population à une autre[2]. »

Une société sans État – les marxistes se rallieraient-ils donc au point de vue des anarchistes ?

Ils s'y rallient d'autant moins qu'il n'y a jamais eu de divergence entre eux sur le but final. C'est sur le moyen d'y parvenir que les conceptions s'opposent : les anarchistes veulent abolir l'État immédiatement et sans transition, ce que les marxistes rejettent comme de l'utopie.

« Nous ne sommes pas le moins du monde en désaccord avec les anarchistes quant à l'abolition de l'État en tant que *but*, précise encore Lénine. Nous affirmons que, pour atteindre ce but, il est nécessaire d'utiliser provisoirement les instruments, les moyens et les procédés du pouvoir d'État

---

[1] Ibid.

[2] Lénine, *L'État et la révolution*, Éditions sociales.

contre les exploiteurs, de même que, pour supprimer les classes, il est indispensable d'établir la dictature provisoire de la classe opprimée[1]. »

La dictature du prolétariat n'est en rien le but pour les marxistes ; elle n'est qu'un moyen, un instrument nécessaire pour empêcher la bourgeoisie de reprendre le pouvoir et de restaurer le capitalisme. Mais tant qu'elle reste nécessaire, c'est le signe qu'il existe encore un prolétariat et une bourgeoisie, que les classes sociales n'ont pas encore disparu – aucune révolution ne peut les faire disparaître d'un coup de baguette magique – et que donc on n'en est pas encore au communisme. Le communisme et la dictature du prolétariat sont deux choses non seulement distinctes, mais même opposées.

Cet aspect du marxisme (comme bien d'autres d'ailleurs) a été complètement défiguré par le stalinisme. Au fur et à mesure qu'avançait ce que la propagande soviétique présentait comme la construction du socialisme, l'État, loin de s'éteindre progressivement comme il aurait dû le faire, n'a cessé de se renforcer au contraire. Mais c'était de moins en moins la dictature du prolétariat, et de plus en plus celle de la bureaucratie (et de Staline).

La dictature du prolétariat n'est d'ailleurs que l'aspect politique de la période de transition entre le capitalisme et le communisme, dont la véritable tâche sera la transformation économique de la société. C'est seulement quand cette tâche sera menée à bien (et elle ne pourra l'être qu'à l'échelle mondiale), quand la société sera en mesure d'accorder « à chacun selon ses besoins », que la victoire du communisme sera définitivement assurée.

Les vrais adorateurs de l'État

L'État est donc « un mal dont hérite le prolétariat vainqueur dans la lutte contre la domination de classe et dont, tout comme la Commune, il ne pourra s'empêcher de rogner aussitôt au maximum les côtés les plus nuisibles, jusqu'à ce qu'une génération grandie dans des conditions sociales nouvelles et libres soit en état de se défaire de tout ce bric-à-brac de l'État[2]. »

---

[1] Ibid.

[2] Friedrich Engels, préface à *La guerre civile en France*.

Telle est la position des marxistes sur le sujet – à des années-lumière de celle que leurs adversaires voudraient leur faire endosser.

S'il est une classe sociale qui voue un véritable culte à l'État, c'est bien la bourgeoisie en vérité. Oh bien sûr, côté cour, voilà deux siècles et plus qu'elle récite sa profession de foi libérale et anti-étatiste. Mais toute son histoire, côté jardin, est celle des relations étroites qui se sont tissées, génération après génération, entre elle et l'État – *son* État.

Tous les postes importants dans l'appareil d'État (hauts fonctionnaires et magistrats, officiers supérieurs, diplomates) sont occupés par des hommes issus de ses rangs ou dévoués à ses intérêts. Des milliers de liens unissent les hommes d'affaires à ces hommes d'État ainsi qu'à la classe politique, le plus ouvertement du monde comme aux États-Unis, ou plus discrètement mais non moins étroitement comme en Europe.

Aux États-Unis, l'équipe de George W. Bush était ainsi constituée en grande partie de dirigeants ou membres de Conseils d'administration de grandes entreprises.

En France, l'ancien Premier ministre et président Georges Pompidou avait été auparavant fondé de pouvoir de la banque Rothschild. Plus près de nous, on peut citer le cas de Thierry Breton, ministre des Finances en 2005 après avoir été à la tête de différentes entreprises, dont Thomson et France Télécom. En sens inverse, l'ancien ministre Renaud Dutreil a quitté la politique en septembre 2008 pour présider la filiale américaine du leader mondial du luxe LVMH.

Au Parti socialiste également, il y a des aller-retour entre les cabinets ministériels et les Conseils d'administration, à l'exemple de Martine Aubry, directrice adjointe de Péchiney entre 1989 et 1991, entre son passage dans différents ministères et son poste de ministre du Travail dans le gouvernement Jospin.

L'État, un intervenant dont l'économie capitaliste n'a jamais pu se passer

L'État bourgeois n'est pas seulement le garant de l'ordre social, qui matraque les grévistes et réprime dans le sang les révolutions. Il est aussi le défenseur de *sa* bourgeoisie contre les bourgeoisies concurrentes des autres pays, et à l'occasion celui qui lui ouvre de nouveaux marchés à coups de canons. Mais les canons ne sont pas toujours nécessaires, les voyages présidentiels accompagnés de leur cohorte de chefs d'entreprise sont aujourd'hui aussi efficaces.

Partout enfin, et quoi qu'en dise la propagande néolibérale, l'État bourgeois est un intervenant majeur de l'économie capitaliste, par ses commandes militaires, ses marchés publics, ses subventions, ou ses propres investissements dans les secteurs que les capitaux privés jugent non rentables. C'est ainsi que l'informatique, dans ses débuts, fut portée à bouts de bras pendant vingt ans par l'État américain avant qu'IBM ne s'y lance à son tour ; et que l'État français nationalisa la sidérurgie au moment où elle était en crise, pour la reprivatiser treize ans plus tard.

Dans les pays du Tiers-Monde, les nationalisations sont souvent le seul moyen de permettre à une industrie locale de voir le jour, face à la concurrence de capitaux étrangers bien plus puissants.

Et à chaque crise économique ou financière, ce sont les États et les banques centrales qu'on voit voler au secours des entreprises en difficulté. De la crise des « subprimes » de l'été 2007 au krach boursier d'octobre 2008, la Réserve fédérale américaine a ainsi injecté près de mille milliards de dollars dans le système bancaire et racheté une partie des titres liés aux crédits hypothécaires. La Banque centrale européenne en a fait autant de son côté, de même que la Banque centrale du Royaume Uni. Des deux côtés de l'Atlantique, des banques et des entreprises ont été nationalisées provisoirement pour les sauver de la faillite.

Étatisme et socialisme : deux notions bien différentes

Cette forme d'étatisme, où la recherche du profit reste le moteur de l'économie, n'a rien à voir avec le socialisme. Le socialisme ne nationalisera pas les pertes pour mieux privatiser les bénéfices, comme on sait si bien le faire en France. Il ne cherchera pas à développer de nouvelles industries nationales pour finalement les revendre à des intérêts privés, comme l'a fait le régime chinois.

Il réorganisera toute l'économie en fonction des besoins, et non plus en fonction des profits. Pour cela, il ne suffira pas que les principaux moyens de production et de transport, le système bancaire et la grande distribution, soient entre les mains de l'État. Il faudra que l'État lui-même soit entre les mains de la population laborieuse, sous son contrôle démocratique. C'est seulement un État de ce type-là qui pourra mener à bien la transition vers une forme supérieure de société.

Cet État-là, paradoxalement, travaillera ainsi à sa propre perte. Car une fois cette tâche accomplie, « La société, qui réorganisera la production sur la base d'une association libre et égalitaire des producteurs, relèguera toute la machine de l'État là où sera dorénavant sa place : au musée des antiquités, à côté du rouet et de la hache de bronze[1]. »

---

[1] Friedrich Engels, *L'origine de la famille, de la propriété privée et de l'État.*

Une belle brochette d'intellos

Pas plus que de l'État, Marx et Engels n'étaient amoureux de la classe ouvrière. Ils ne s'extasiaient pas devant sa beauté, ne lui vouaient aucun culte, ne la paraient d'aucune vertu biblique. Encore moins ramenaient-ils la lutte des classes à une opposition simpliste entre les gentils ouvriers d'un côté et les méchants patrons de l'autre.

Ils considéraient en revanche le prolétariat comme la classe révolutionnaire de leur époque, tout comme la bourgeoisie avait été la classe révolutionnaire de l'époque précédente.

Ce n'est pas parce que les salariés sont exploités qu'ils forment une classe révolutionnaire. Dans la société capitaliste, d'autres classes sociales peuvent être exploitées aussi durement sinon plus, comme la paysannerie par exemple. Les paysans des pays pauvres notamment, pris en tenaille entre leurs propriétaires fonciers et les cours du marché mondial, sont souvent bien plus misérables que les ouvriers ou les employés des pays occidentaux.

Mais les paysans du Tiers Monde, même misérables, aspirent à devenir des petits propriétaires. Et même quand ce n'est pas le cas, leurs conditions d'existence, leur dispersion, leur éloignement des centres de la vie politique et économique, ne leur permettent pas de devenir une force autonome, et encore moins de renverser le pouvoir de la bourgeoisie.

Des révoltes paysannes, l'histoire en est pourtant remplie. Mais la plupart, quand elles n'ont pas été réprimées dans le sang, n'ont abouti qu'au remplacement d'un seigneur par un autre seigneur ou d'une dynastie par une autre dynastie.

Plus près de nous, des soulèvements de la paysannerie ont servi de forces d'appoint à des révolutions bourgeoises, comme ce fut le cas dans les campagnes françaises en 1789.

Au XX° siècle, c'est en s'appuyant sur les paysans que bon nombre de mouvements nationalistes ont conquis le pouvoir les armes à la main, sans que la paysannerie ne devienne pour autant la classe dirigeante des régimes mis en place – une telle chose ne s'est encore jamais vue. Certains de ces régimes (pas tous, loin de là) ont réalisé des réformes agraires en faveur des paysans pauvres et moyens. Mais nulle part la paysannerie n'a exercé un contrôle démocratique sur les États en question.

Les marxistes ne méprisent pas les paysans. Ils les soutiennent quand ils se battent contre les propriétaires fonciers ou contre les multinationales de l'agroalimentaire. Ils s'efforcent de lier leur sort à celui de la classe ouvrière. Mais la paysannerie reste la paysannerie ; et les partis politiques qui fondent sur elle toute leur stratégie, quelle que soit leur étiquette par ailleurs, ne se placent pas dans une perspective socialiste.

Une classe révolutionnaire, dommage qu'elle ne s'en rende pas compte

La classe ouvrière est la seule classe qui soit opposée à la classe capitaliste en tant que telle (et pas seulement victime de telle ou telle injustice comme peuvent l'être d'autres couches de la population).

C'est en même temps la seule force sociale, en dehors de la bourgeoisie, que son rôle dans l'économie mette en position d'exercer un contrôle sur la production, sur la distribution, sur les mouvements de capitaux, et finalement sur toute la société.

Enfin, c'est la seule classe qui n'ait aucun intérêt au maintien des frontières nationales, et dont la lutte puisse renverser la domination de la bourgeoisie à l'échelle mondiale – la seule échelle qui compte aujourd'hui.

Toutes ces belles choses sont hélas plus faciles à coucher sur le papier qu'à faire passer dans la réalité. Et paradoxalement, la principale difficulté vient de la classe ouvrière elle-même !

En temps ordinaire, la plupart des salariés ne font pas de politique. La majorité d'entre eux ne sont pas même syndiqués. Pour améliorer leur condition, ils comptent sur l'avancement individuel, sur les combines, sur le système D ou sur le Loto, plus que sur l'action collective.

Nombre d'entre eux, y compris parmi les plus pauvres, n'ont pas vraiment le sentiment d'appartenir à une classe ; ou alors, c'est un sentiment diffus, et qui vient loin derrière le sentiment national, voire chez certains derrière la communauté de religion.

Ce que les marxistes appellent la *conscience de classe* est en réalité bien plus développé chez les bourgeois que les prolétaires. Chez ces derniers, ce qui prévaut est le simple constat qu' « il faut bien se défendre », mais qu'on ne peut guère aller plus loin, que les patrons seront toujours les plus forts et qu'il faut faire avec. Il va de soi que la bourgeoisie, de son côté, fait tout ce qu'il faut pour entretenir ce fatalisme chez les exploités.

Des idées venues d'ailleurs

Les exploités se battent pourtant. Le mouvement ouvrier (au sens large de ce terme) est une réalité depuis deux siècles. Il a véritablement accompagné le développement du capitalisme lui-même. Son essor était un des faits marquants en Europe dès la première moitié du XIX° siècle. Et au fur et à mesure que le mode de production capitaliste s'étendait à de nouveaux pays ou à de nouveaux continents, il était suivi comme son ombre par la lutte salariale et la croissance du mouvement syndical.

Les travailleurs, cependant, ne se mettent jamais en grève pour renverser le capitalisme. Non seulement les grèves éclatent habituellement pour des motifs purement revendicatifs (salaires, temps de travail, conditions de travail, maintien de l'emploi), mais les revendications elles-mêmes reflètent souvent des préjugés corporatistes, voire franchement réactionnaires. On a vu autrefois des typographes faire grève pour interdire l'accès des femmes à leur profession. Plus récemment, on a vu des infirmières en grève ne surtout pas vouloir s'unir avec les aides-soignantes.

C'est pourtant dans les luttes sociales que les salariés prennent conscience de leur force collective, et même de leurs intérêts de travailleurs par-delà les différences de qualification, de sexe ou de nationalité. En un mot, c'est dans les luttes que se forge leur conscience de classe. Mais jusqu'à un certain point seulement.

« L'émancipation des travailleurs sera l'œuvre des travailleurs eux-mêmes », proclamait la Première Internationale du temps de Marx. Mais cette belle formule, singulièrement, c'est un intellectuel qui l'avait soufflée aux « travailleurs eux-mêmes ». Les adversaires du marxisme n'ont pas manqué de se gausser de cette apparente contradiction. Elle ne fait pourtant que traduire un fait bien réel : les idées socialistes ont été amenées de l'extérieur à la classe ouvrière. Et il ne pouvait guère en être autrement.

Entre la lutte revendicative et l'idée qu'on puisse se passer des patrons et réorganiser toute l'économie sur d'autres bases, il y a bien plus qu'un pas à franchir. C'est ce qu'expliquait en 1901 le théoricien du marxisme Karl Kautsky : « Le socialisme et la lutte de classe surgissent parallèlement et ne s'engendrent pas l'un l'autre ; ils surgissent de prémisses différentes. La conscience socialiste d'aujourd'hui ne peut surgir que sur la base d'une profonde connaissance scientifique. [...] Or, le porteur de la science n'est pas le prolétariat, mais les intellectuels bourgeois : c'est en effet dans le cerveau de certains individus de cette catégorie qu'est né le socialisme contemporain, et c'est par eux qu'il a été communiqué aux prolétaires intellectuellement les plus évolués, qui l'introduisent ensuite dans la lutte de classe du prolétariat là où les conditions le permettent[1]. »

Un point de vue identique était défendu par Lénine à la même époque : « Par ses seules forces, la classe ouvrière ne peut arriver qu'à la conscience syndicaliste, à la conscience qu'il faut s'unir en syndicats, mener la lutte contre le patronat, réclamer du gouvernement telle ou telle loi nécessaire aux ouvriers. Quant à la doctrine socialiste, elle est née des théories philosophiques, historiques, économiques élaborées par les représentants instruits des classes possédantes, par les intellectuels[2]. »

Pas démagos pour un sou

Pour être des intellectuels, Marx et Engels l'étaient plutôt deux fois qu'une. L'un comme l'autre étaient d'incroyables boulimiques de lecture. Pour écrire *Le capital*, ce sont des centaines d'ouvrages que Marx a compulsés, sans compter les articles de journaux, rapports de parlementaires ou d'inspecteurs du travail. Mais sa curiosité ne se bornait pas à l'économie, loin de là. Il avait fait des études de philosophie et sa culture en ce domaine était considérable. Il se passionnait pour les progrès des sciences et des techniques, et fut un lecteur enthousiaste de Darwin dès la sortie de son livre sur l'*Origine des Espèces*. En plus de sa langue maternelle, il parlait couramment le français, l'anglais et l'italien, et s'est même mis au russe sur ses vieux jours.

---

[1] Karl Kautsky, article paru dans le journal socialiste allemand *Neue Zeit*.

[2] Lénine, *Que faire ?*, éditions sociales.

Engels, lui, baragouinait une vingtaine de langues, en maîtrisait une demi-douzaine, avait le même intérêt que Marx pour tout ce qui touchait aux sciences et aux techniques, et s'était même acquis des connaissances notables dans le domaine militaire.

La génération suivante de marxistes a compté dans ses rangs des intellectuels de la même étoffe. Bien qu'absorbés par les tâches militantes davantage que ne l'étaient Marx et Engels, des gens comme Rosa Luxembourg, Lénine, Trotski, et même d'autres moins connus comme Riazanov ou Boukharine, tous suivaient la vie intellectuelle de leur temps, lisaient tout ce qui leur tombait sous la main, parlaient quatre ou cinq langues ; tous avaient une vaste culture, quand ils n'étaient pas des « pointures » dans certains domaines comme Rosa Luxembourg et Boukharine en économie ou Riazanov en histoire.

Le marxisme, le vrai, n'a rien à voir avec l'ouvriérisme. Affirmer que la classe ouvrière doit devenir la classe dirigeante est une chose. Se prosterner devant elle en est une autre – à l'exact opposé.

Le marxisme a toujours combattu les préjugés, même quand ils étaient répandus dans le milieu ouvrier. En Russie, par exemple, la majorité des ouvriers étaient antisémites avant la révolution (pas plus que le reste de la population, mais pas moins). Les marxistes ne leur ont fait aucune concession sur ce sujet – et l'ironie de l'histoire a voulu que la Révolution de 1917 porte au pouvoir un parti dont bon nombre de dirigeants étaient d'origine juive.

Les marxistes ont été de même les premiers à condamner sans réserve le colonialisme, à une époque où les socialistes non marxistes avaient plutôt tendance à reprendre le discours officiel sur ses prétendus bienfaits pour les peuples colonisés.

Engels, de son côté, a été l'un des premiers à s'élever contre l'oppression de la femme et pour son émancipation. Et en 1879, le marxiste allemand August Bebel publiait *La femme et le socialisme*, vibrant plaidoyer en faveur de l'égalité des sexes, qui se terminait par ces mots : « L'avenir appartient au socialisme, c'est-à-dire en premier lieu à l'ouvrier et à la femme[1]. » Un point de vue qu'il n'était pas évident de défendre devant les ouvriers en ce temps-là !

Loin de l'ouvriérisme et de la démagogie, le marxisme a incarné pendant toute une époque l'alliance entre les salariés et la fraction la plus progressiste des intellectuels. Par l'entremise de ces derniers, il a fait

[1] August Bebel, *La femme et le socialisme*, éditions Dietz Verlag, Berlin

accéder à la culture des milieux qui en étaient complètement exclus jusque-là. L'offre correspondait à une demande en vérité, car les exploités qui s'éveillent à la lutte sont avides d'explications sur le monde et la société.

La culture bourgeoise, ça vaut mieux que pas de culture du tout

C'est une image complètement fausse qu'on se fait du marxisme lorsqu'on croit que celui-ci rejette la culture bourgeoise au nom de la « culture prolétarienne ». Cette dernière est en réalité une pure création de l'époque stalinienne. Elle a légué à l'humanité les œuvres impérissables (mais aujourd'hui oubliées) de plumitifs serviles, d'artistes au garde-à-vous devant leurs protecteurs et de scientifiques soumettant leurs travaux à l'approbation du Comité central.

Dès 1923, Trotski mettait en garde contre cette notion de culture prolétarienne qui commençait à pointer son nez[1]. Il rappelait à ce sujet quelques vérités de base du marxisme : que le but final des communistes était le communisme, société sans classes, et non la dictature du prolétariat ; que c'est seulement dans la société sans classes qu'une culture supérieure pourrait véritablement s'épanouir ; et qu'en attendant ce serait déjà un grand progrès pour la classe ouvrière de s'élever au niveau de la culture bourgeoise.

Bien sûr, cette culture bourgeoise véhicule de l'idéologie bourgeoise – c'est une vérité de La Palisse. Les révolutionnaires se doivent de le mettre en lumière, mais sans pour autant rejeter l'enfant avec l'eau du bain. La culture a toujours (plus ou moins) un contenu de classe. Mais elle représente en même temps ce qu'une classe a de meilleur.

Les marxistes ne condamnent pas la bourgeoisie dans l'abstrait ni dans l'absolu. Bien au contraire, la possibilité même du socialisme découle pour eux des acquis économiques du capitalisme. Pourquoi en irait-il autrement dans le domaine culturel que dans le domaine économique ?

Il n'y a pas d'autre culture aujourd'hui que la culture bourgeoise. Rejeter cette dernière purement et simplement n'est que de l'enfantillage. Autant vouloir bâtir le socialisme en repartant de l'âge de la pierre taillée… au nom de la lutte contre l'idéologie bourgeoise.

---

[1] Léon Trotski, *Littérature et révolution*, éditions 10/18.

Tout le contraire d'un prophète

« En tout cas, moi, je ne suis pas marxiste. » C'est ce que Marx aurait déclaré au socialiste français Jules Guesde en 1880. Et il aurait adressé la même mise au point à son gendre, Paul Lafargue, lui aussi l'un des premiers « marxistes ».

Visiblement, ce mot nouveau agaçait l'auteur du *Capital*. Et plus encore sans doute l'idée qu'on puisse faire de lui une sorte de prophète, et de sa pensée une religion.

C'est malheureusement ce qui a fini par se produire. Pas du vivant de Marx, ni dans les années qui ont suivi sa mort, mais bien plus tard, au temps du stalinisme ou du maoïsme. Il est vrai que ce sont Staline et Mao eux-mêmes qui ont fait l'objet d'un culte délirant ; mais à ce culte, Marx et Lénine furent associés bien malgré eux. On les citait à tout propos et hors de propos, c'était devenu un tic de langage.

On les citait d'autant plus que la politique réellement menée (la fameuse « ligne du Parti ») s'éloignait de l'esprit véritable du marxisme. Les citations, tronquées, déformées, coupées de leur contexte, ne servaient qu'à justifier les zigzags successifs de cette ligne (et les purges sanglantes qui allaient avec). À chaque tournant, on allait chercher la citation qui va bien. Le marxisme fut ainsi débité en rondelles et transformé en catéchisme.

Mais il paraît que le mal serait plus ancien, d'après certains docteurs qui se sont penchés sur le malade. La transformation du marxisme en dogme religieux aurait commencé avec Lénine, et même bien avant : « Les amis qui l'ensevelirent sous plusieurs couches successives de simplifications, puis de mensonges, furent Engels et Kautsky », s'il faut en croire Jacques Attali[1]. Lequel ne fait en l'occurrence que reprendre les ragots d'un autre « marxologue », Maximilien Rubel ; selon ce dernier, Engels aurait carrément falsifié les textes de Marx avant de les publier, et serait l'inventeur du « marxisme idéologique ».

Marx le gentil et Engels le teigneux

En quoi Engels aurait-il dénaturé Marx ? Il en aurait fait (dixit Attali) un partisan des méthodes violentes alors que le vrai Marx aurait souhaité le passage au socialisme par des voies pacifiques et parlementaires. À preuve ces lignes écrites par Marx dans les années 1870 : « En Angleterre, par exemple, la voie qui mène au pouvoir politique est ouverte à la classe ouvrière. Une insurrection serait folie là où l'agitation pacifique peut tout accomplir avec promptitude et sûreté ».

Sous couleur de « réhabiliter » Marx, Attali – comme tant d'autres avant lui – le transforme donc en un pacifiste qui n'aurait pas fait de mal à une mouche. Le pelé, le galeux dont nous vient tout le mal, serait son copain Engels.

Mais d'une part, Marx n'a nul besoin d'être réhabilité (surtout par un conseiller de Sarkozy) ; d'autre part, s'il a effectivement *envisagé* une prise de pouvoir « pacifique » par la classe ouvrière dans certains de ses écrits, c'est pour deux pays uniquement, l'Angleterre et les États-Unis, en raison d'une particularité exceptionnelle parmi les nations développées : l'absence de militarisme et le faible poids de l'État (mais l'Angleterre comme les États-Unis se sont bien rattrapés dans ce domaine depuis l'époque de Marx).

Marx n'était pas un doctrinaire. Il ne fermait la porte à aucune possibilité. Encore faut-il préciser dans quel contexte il évoquait cette possibilité : il polémiquait en fait contre des socialistes allemands rêvant d'une évolution « en douceur » pour leur pays. Un passage pacifique au socialisme, leur dit Marx, on peut l'envisager en Angleterre et aux États-Unis. Mais dans une monarchie autoritaire et militariste comme chez vous en Allemagne, c'est une mauvaise plaisanterie.

Quant à Engels, pas plus que Marx il n'était *partisan* de la violence. Il en reconnaissait la nécessité, ce qui n'est pas la même chose. Ni plus ni moins

---

[1] Jacques Attali, *Karl Marx ou l'esprit du monde*, éditions Fayard.

que Marx : il n'y a pas l'ombre d'une divergence entre eux sur ce sujet. Faut-il rappeler qu'à l'époque, on envoyait l'armée contre les grévistes un peu partout, comme dans *Germinal* ; que le droit de vote en était encore à ses tout débuts ; et qu'on n'avait jamais vu une société succéder à une autre par la voie parlementaire ?

À vrai dire, depuis non plus, on ne l'a jamais vu...

Le marxisme, c'est aussi Engels

Les intellectuels qui se lancent de nos jours dans la lecture des œuvres de Marx sont généralement surpris d'y découvrir tout autre chose que le marxisme « simpliste » et « réducteur » dont l'image est complaisamment entretenue par les médias. Ce qui plaît d'ailleurs visiblement à des gens comme Attali, chez Marx, c'est qu'il est un auteur qui se mérite – particulièrement son œuvre maîtresse, *Le Capital*.

Et le fait est : à de rares exceptions près, les écrits de Marx ne sont pas d'une lecture facile. Il ne s'est guère préoccupé de les populariser, de les rendre accessibles à des lecteurs de milieu ouvrier – ou il n'en a pas trouvé le temps, ce qui revient un peu au même. Une sacrée contradiction pour quelqu'un qui ne se voyait pas comme un pur théoricien, mais comme un intellectuel dont le but était d'apporter sa contribution aux luttes de la classe ouvrière.

C'est à Engels que revient le mérite d'avoir mis les idées de Marx – qui étaient autant les siennes – à la portée d'un public beaucoup plus large. Et c'est ce qu'Attali et ses semblables ne lui pardonnent pas en vérité. Ils auraient tant aimé que Marx reste un sujet de thèse universitaire, et voilà qu'on permet à la populace d'y mettre son nez. Un tel sacrilège n'était possible, assurément, qu'en dénaturant la pensée du Maître et en la simplifiant outrageusement.

Ces accusations sont passablement ridicules. Engels n'a pas traduit Marx en bandes dessinées, et ses propres œuvres ne se lisent pas comme des polars. Lui-même était un intellectuel comme on n'en fait plus aujourd'hui, parlant de nombreuses langues et compétent en de nombreux domaines (parmi ses écrits, on peut citer une étude sur la guerre des paysans allemands au XVI° siècle, une autre sur l'Afghanistan, un essai sur le rôle du travail dans la transformation du singe en l'Homme et une contribution à l'histoire du Christianisme primitif). Loin d'être négligeable, son apport au marxisme a été fondamental sur plusieurs points, notamment pour ce qui concerne l'émancipation de la femme (un sujet sur lequel Marx n'a pas été très bavard de son côté).

Plus mensongères encore sont les insinuations selon lesquelles Engels aurait dénaturé, falsifié la pensée de Marx. Le *Manifeste communiste* de 1848, faut-il le rappeler, est l'œuvre commune des deux auteurs. L'*Anti-Dühring*, l'une des œuvres majeures d'Engels, a été rédigé du vivant de Marx, et ce dernier en a lu et révisé le manuscrit avant sa publication (l'un des chapitres de ce livre a d'ailleurs été rédigé par Marx)[1].

Quant au fait qu'Engels aurait créé la « religion » marxiste après la mort de Marx en 1883, c'est une pure invention. Il suffit de mentionner que les termes « marxiste », « marxisme » n'apparaissent jamais sous la plume d'Engels, sauf une fois entre guillemets !

L'évangile selon saint Jacques

Toutes ces accusations de Jacques Attali ne l'empêchent pas de s'enthousiasmer, au début de son livre, de ce que Marx ait été « fondateur de la seule religion neuve de ces derniers siècles ». Comprenne qui pourra !

Mais le marxisme n'est pas une religion. Il n'est pas descendu sur Marx et Engels comme une vérité révélée. Les deux penseurs ont élaboré leurs idées petit à petit tout au long de leur vie, au contact de la vie, au contact de la société capitaliste en plein développement et du mouvement ouvrier en plein essor.

Les écrits de Marx témoignent d'une évolution considérable au fil du temps, tant au niveau du style que du contenu. Ses textes antérieurs au *Manifeste communiste* sont empreints d'un style ampoulé, remplis de jargon philosophique, centrés sur les sujets à la mode dans le milieu des « jeunes hégéliens » (les disciples du philosophe allemand Hegel). Ce n'est que progressivement que Marx s'est émancipé de ce courant et de sa phraséologie.

Pas davantage Marx et Engels n'ont tiré toutes leurs idées de leur propre cerveau. Ils n'ont cessé de souligner, au contraire, tout ce qu'ils devaient aux philosophes, historiens, économistes ou socialistes qui les avaient précédés et dont ils se sont inspirés tout en les critiquant.

---

[1] C'est de l'*Anti-Dühring* qu'est tirée la brochure *Socialisme utopique et socialisme scientifique*, l'exposé le plus populaire des idées marxistes à côté du *Manifeste communiste*.

« Ce n'est pas à moi, écrivait Marx en 1852, que revient le mérite d'avoir découvert ni l'existence des classes dans la société moderne, ni leur lutte entre elles. Longtemps avant moi, des historiens bourgeois avaient décrit le développement historique de cette lutte des classes, et des économistes bourgeois en avaient exprimé l'anatomie économique. Ce que je fis de nouveau, ce fut : 1° de démontrer que l'existence des classes n'est liée qu'à des phases de développement historique déterminé de la production ; 2° que la lutte des classes conduit nécessairement à la dictature du prolétariat ; 3° que cette dictature elle-même ne constitue que la transition à l'abolition de toutes les classes et à une société sans classe[1]. »

Sur la dictature du prolétariat elle-même, Marx et Engels n'ont en rien cherché à imposer leurs vues au mouvement ouvrier. Ils s'en sont tenus à une formule générale, jusqu'à ce que le mouvement ouvrier lui-même lui trouve sa première forme concrète avec la Commune de Paris ; et c'est de cette expérience concrète qu'ils ont tiré des déductions théoriques sur le type d'État que le prolétariat devait se donner dans la période de transition entre le capitalisme et le communisme.

Une méthode, pas un catéchisme

Le marxisme n'a pas réponse à tout non plus. Bien des problèmes de la société actuelle ne se posaient guère du temps de Marx, ou pas de façon aussi aigüe qu'aujourd'hui. On ne trouve rien dans *Le capital* au sujet du réchauffement climatique, de la montée de l'individualisme ou du développement de l'obésité dans la population.

Le marxisme ne dispense pas de réfléchir avec sa propre tête. Bien au contraire : c'est une méthode qu'il fournit, et non des réponses toutes faites.

Le marxisme ne dicte pas aux écrivains ce qu'ils doivent écrire, aux poètes ce qu'ils doivent chanter, aux scientifiques ce qu'ils doivent découvrir. Quand on en arrive là, le marxisme est effectivement devenu une religion ; mais le marxisme n'est plus le marxisme.

Et Marx, qui lui-même n'était pas marxiste, doit se retourner dans sa tombe.

---

[1] Karl Marx, lettre à Weydemeyer.

Peut-on encore être marxiste en 2009 ?

Si Marx lui-même n'était pas marxiste, à quoi bon s'accrocher à cet adjectif cent vingt-six ans après sa mort ?

Les mots ont-ils tant d'importance au demeurant ? Le fleuve qui coule à Paris devrait s'appeler l'Yonne et non la Seine (au confluent des deux rivières, à Montereau, le débit de l'Yonne est nettement plus important que celui de la Seine). Et quand j'aurai terminé ce chapitre, j'arrêterai mon ordinateur en cliquant sur le bouton *Démarrer* (merci Microsoft).

L'histoire elle-même n'est pas avare de plaisanteries de ce genre. Les partisans de Robespierre, en 1789, tiraient leur nom de « jacobins » d'un ordre religieux (dont ils squattaient les locaux). Quant aux bolcheviks, en 1917, leur nom ne voulait strictement rien dire même pour les prolétaires de Petrograd. Il fallait connaître toute l'histoire de la social-démocratie russe pour savoir que quatorze ans plus tôt, lors d'un obscur congrès de ce parti, la tendance de Lénine avait eu la majorité contre celle de Martov sur un point particulier – d'où son appellation de bolchevik (majoritaire), les partisans de Martov devenant dès lors les mencheviks (minoritaires). Pour tout arranger, au début de la révolution, en février, dans les soviets eux-mêmes, les « majoritaires » étaient… minoritaires, et de loin.

Après la prise du pouvoir en octobre, Lénine (pour qui les mots avaient leur importance) proposa néanmoins aux bolcheviks d'abandonner leur dénomination énigmatique, compréhensible des seuls initiés, pour adopter ce qu'il considérait comme la seule appellation conforme aux buts et au programme de son parti : communiste.

Marx et Engels avaient fait le même choix trois quarts de siècle auparavant, en publiant le *Manifeste communiste* – et non le *Manifeste socialiste.* Comme l'écrivait Engels bien plus tard, les socialistes, dans les années 1840, étaient des réformateurs qui voulaient « supprimer les défauts de la société, sans faire le moindre tort au capital et au profit[1] » ; alors que les communistes étaient des ouvriers qui réclamaient une transformation fondamentale de la société, quel que soit le caractère brouillon et utopique de leurs théories à l'époque.

Par la suite, Marx et Engels acceptèrent à contrecœur que des partis s'inspirant de leurs idées s'intitulent néanmoins socialistes, ou sociaux-démocrates. Mais ils y voyaient une concession, un désir de faire plus respectable aux yeux de l'opinion publique bourgeoise.

Good bye, Marx ?

Tout cela, c'est de l'histoire ancienne, dira-t-on. Nous ne sommes plus en 1848, ni en 1917. Bien de l'eau a coulé sous les ponts depuis. Le communisme, on l'a vu en œuvre en URSS, en Europe de l'Est, en Chine, au Cambodge. Comment peut-on encore se réclamer de lui après le goulag, la Stasi, les Khmers rouges ? Comment peut-on être encore marxiste en 2009, comme si de rien n'était ?

Comme si de rien n'était, on ne le peut pas – c'est l'évidence. Le fait marquant de notre époque depuis deux décennies, depuis la chute du Mur de Berlin, est l'écroulement de ces régimes dits « communistes » ; ou leur retour au bercail de l'économie capitaliste pour la Chine et quelques autres. Des événements célébrés en fanfare par les idéologues du camp d'en face, avec force « morale de l'histoire » et trémolos dans la voix. Le capitalisme avait triomphé du communisme, c'était la fin d'un cauchemar et le début d'une ère nouvelle, sonnez, trompettes !

Good bye, Lenin, titrait un film (excellent du reste) en 2003. Mais en août 1968, lors de l'intervention soviétique en Tchécoslovaquie, c'est un autre slogan qu'on avait vu fleurir sur les murs : « Lénine, réveille-toi, ils sont devenus fous. »

Ce n'est pas le communisme qui s'est écroulé avec le Mur de Berlin. Ce sont des régimes bureaucratiques, imposés par une puissance étrangère pour

---

[1] Friedrich Engels, préface au *Manifeste communiste*, 1890.

la plupart, où la classe ouvrière n'a jamais eu son mot à dire. L'industrie y était certes nationalisée en bonne partie. Mais pas plus qu'une hirondelle ne fait le printemps, une nationalisation ne fait le communisme. La nationalisation des banques et des principaux moyens de production est certes la première mesure économique que prendra un régime se donnant pour but la construction d'une société communiste. Mais il y a nationalisation et nationalisation, comme on le sait bien en France où la sidérurgie en crise a été nationalisée pendant treize ans avant d'être revendue au privé.

Le cas de la Chine est différent de celui des Pays d'Europe de l'Est. Le régime de Mao n'a pas été imposé de l'extérieur. Il bénéficiait au contraire d'une large adhésion de la population au départ, sur la base d'un fort sentiment national : c'était le premier gouvernement vraiment indépendant de ce grand pays, réduit pendant près d'un siècle à l'état de semi-colonie par les puissances occidentales et occupé pendant toute la Seconde guerre mondiale par les troupes japonaises.

Mais le parti qui a pris le pouvoir en Chine en 1949 n'avait de communiste que l'étiquette. C'était un parti stalinien qui s'était transformé en parti nationaliste. Après l'écrasement d'une première révolution en 1927, il avait perdu tout lien avec le prolétariat, se réfugiant dans les campagnes et ne s'appuyant plus que sur les paysans. Il avait cependant mis en veilleuse ses mots d'ordre de réforme agraire pendant l'occupation japonaise, pour ne plus mettre en avant que la lutte contre l'occupant. Il avait même tenté sur cette base un rapprochement avec le régime en place, celui du dictateur Tchang Kai-chek.

La réforme agraire eut quand même lieu après la prise du pouvoir par Mao, assurant au nouveau régime une popularité indiscutable. Cela n'en faisait pas pour autant un régime démocratique, et encore moins un régime communiste.

Des Khmers Rouges, on a pu lire dans certains articles de presse qu'ils auraient instauré au Cambodge un régime « ultra-communiste », en application du théorème bien connu selon lequel la quantité de communisme est proportionnelle au nombre de personnes massacrées. Des articles plus honnêtes mentionnent toutefois que leur idéologie était « un mélange de maoïsme et de nationalisme ». Autrement dit, un mélange de nationalisme et de nationalisme, avec une hérédité stalinienne chargée.

Les premières victimes de Staline

Reste le cas Staline lui-même. Le cas qui pose problème. Là, pas question de botter en touche : c'est bien une révolution prolétarienne qui a mis en place le nouveau régime en octobre 1917. Et le parti dirigeant était alors aussi marxiste qu'il est permis de l'être. Internationaliste jusqu'au bout des ongles, il considérait la révolution russe comme une première victoire dans une lutte qui ne pouvait connaître son dénouement qu'à l'échelle mondiale.

C'était un parti structuré, discipliné, mais qui discutait beaucoup, où les débats étaient toujours vifs… et où Lénine n'avait pas toujours le dessus.

Dix ans plus tard (et trois ans après la mort de Lénine), les débats se réglaient par des exclusions, des emprisonnements ou des déportations. Cinq ans de plus, et c'était le temps des exécutions au fond d'une cave, et bientôt des procès de Moscou.

Entre-temps, Staline avait inventé la théorie du « socialisme dans un seul pays ». La révolution mondiale n'était plus indispensable à l'édification de la société nouvelle. Ce qui était indispensable désormais, c'était les épurations, les liquidations, l'élimination des traîtres.

La terreur stalinienne a fait des millions de victimes. Cela, tout le monde le sait. C'est écrit dans tous les manuels scolaires d'histoire, et des articles le rappellent régulièrement dans les journaux, ou des émissions à la télé.

On oublie juste, le plus souvent, de mentionner que les premières victimes de cette terreur furent des communistes. Des milliers de communistes. Et pas n'importe lesquels : ceux qui avaient vécu et dirigé la révolution, qui en incarnaient toute l'expérience. De tout le Comité central bolchevik d'octobre 1917, seul Lénine, mort à temps en 1924, a finalement échappé au massacre.

Ce n'est pas ainsi que les journalistes nous présentent généralement les choses dans leurs articles ou leurs chroniques télévisées. L'histoire y est linéaire et limpide : Lénine a instauré une dictature (la dictature du prolétariat), Staline n'a fait que poursuivre son œuvre.

Et après ça, c'est le marxisme qui est une théorie simpliste et réductrice !

Une maladie dont le marxisme ne s'est toujours pas remis

Le marxisme n'a pas inventé de vaccin contre ses propres maladies. Il a connu toutes sortes de déformations : réformistes, ultragauchistes, nationalistes. La pire de toutes, la plus monstrueuse, a été le stalinisme, qui combinait d'ailleurs un peu de toutes les autres.

Le stalinisme était le reflet idéologique de la bureaucratie qui s'est développée en Union Soviétique après la stabilisation du régime dans les années 1920. Sous couleur de préserver les conquêtes de la révolution, c'étaient surtout ses privilèges, ses datchas, ses limousines, ses magasins réservés, que cette couche sociale défendait becs et ongles. C'est pour garantir ces privilèges que la démocratie soviétique a fait place peu à peu à un régime de terreur ; que toute la vieille garde révolutionnaire a été liquidée ; que des millions de paysans ont été déportés, des millions de personnes internées dans des camps ; et que le marxisme a été réduit à une collection de citations, à utiliser en fonction de la politique du jour.

Le stalinisme n'est pas mort avec Staline malheureusement. Ses méthodes se sont poursuivies en Union Soviétique sous une forme à peine atténuée, les hôpitaux psychiatriques remplaçant les camps de concentration. En dehors de l'URSS, les procédés staliniens (calomnies, falsifications, violences physiques) sont restés solidement ancrés dans les Partis communistes officiels pendant toute une génération encore.

Quant au mouvement maoïste, il a perpétué la tradition du « marxisme » caricatural avec ce *Petit livre rouge* des pensées de Mao dont les adeptes vous débitaient des extraits comme les Témoins de Jéhovah récitent des versets de la Bible, pendant qu'en Chine de nouvelles victimes venaient grossir le monceau de cadavres transmis par Staline en guise d'héritage.

De tout cela, le marxisme a aujourd'hui bien du mal à se remettre. Les horreurs du passé ne s'effacent pas si vite. On ne peut pas faire que ce qui fut n'ait pas été.

Mais le marxisme, le vrai, doit revivre envers et contre tout. À tous ceux qui veulent en finir avec le capitalisme, avec cette société d'exploitation et d'oppression, avec son économie de casino et ses crises à répétition, personne n'a rien trouvé de mieux à proposer que la théorie marxiste. Quoi qu'on en dise.

De toute façon, c'est dépassé

On en dit, entre autres, que le marxisme se défendait peut-être du temps de Marx, mais qu'on n'est plus au temps de Marx, et qu'en voie de conséquence ses théories sont aujourd'hui dépassées. Question de bon sens !

Curieusement, personne, à mon humble connaissance, n'a encore dit ni écrit que le libéralisme se défendait peut-être du temps d'Adam Smith, mais qu'on n'était plus au temps d'Adam Smith.

Aucun journaliste non plus, lors de la traditionnelle messe pascale sur la place Saint-Pierre de Rome, n'a encore émis l'opinion que le christianisme se défendait peut-être du temps du Christ, mais qu'on n'était plus au temps du Christ.

Etre dépassé semble donc être une propriété spécifique et intrinsèque du marxisme. Il y a des choses comme cela, qui font partie de l'ordre du monde : le beaujolais nouveau est arrivé, mais le marxisme est dépassé. Vous ne voudriez tout de même pas que ce soit l'inverse ?

Démonstration du théorème

Donc, le marxisme est dépassé, c'est une affaire entendue. Pour en savoir davantage sur le pourquoi du comment, donnons la parole au camarade Attali, grand admirateur de Marx devant l'Éternel (mais surtout pas d'Engels !). Selon Attali, donc, les théories de Marx sont vraiment géniales. Hélas, on ne peut plus les appliquer aujourd'hui :

« Il n'est plus possible de définir les classes sociales ; bourgeoisie et prolétariat ne sont plus deux groupes sociaux en opposition absolue ; les salariés eux-mêmes sont divisés en groupes de plus en plus nuancés ; certains d'entre eux sont désormais des actionnaires ; des cadres gèrent des entreprises sans en être propriétaires et s'approprient une partie du profit, les innovateurs, les artistes prennent de l'importance financière. À côté de l'argent, le savoir devient un capital déterminant ; c'est par lui que passe une partie majeure du profit, et il est impossible de mesurer le coût de production d'un objet par les heures de travail nécessaires pour le produire. Enfin, la mesure de la plus-value est de plus en plus incertaine.[1] »

---

[1] Jacques Attali, *Karl Marx ou l'esprit du monde.*

Il est clair, après cette explication lumineuse, que non seulement Marx est aujourd'hui dépassé... mais qu'il l'était déjà en son propre temps.

Du temps de Marx déjà, mesurer la plus-value était plus facile en théorie qu'en pratique. En pratique, la plus-value se forme dans la production, où s'applique la loi de la valeur, mais se réalise sur le marché, où règne la loi de l'offre et de la demande. La plus-value effectivement empochée par un capitaliste particulier n'est pratiquement jamais égale à celle qui a été produite dans ses ateliers.

De même, mesurer le coût de production par les heures de travail est une opération à laquelle personne ne se livrait dans la pratique même du temps de Marx – ou de Ricardo d'ailleurs. Ce qui n'empêche pas qu'*en dernière analyse* la valeur d'un objet soit bien du temps de travail. Le marxisme n'a pas pour objet d'aider les patrons à tenir leur comptabilité. Il cherche à montrer les mécanismes invisibles qui agissent dans les profondeurs de l'économie capitaliste et qui en expliquent l'évolution.

Il n'était pas davantage possible de « définir les classes sociales » il y a un siècle et demie qu'aujourd'hui. C'est le propre de la société bourgeoise, précisément, que les classes sociales n'y sont pas « définies », contrairement aux sociétés féodale ou esclavagiste. Non seulement aucune loi n'interdit à un ouvrier de devenir patron, pas plus qu'elle ne prémunit un chef d'entreprise contre la faillite, mais il existe une foule de situations intermédiaires, par exemple celle de l'ouvrier qui a un lopin de terre, ou dont la femme tient une épicerie. Tout cela était vrai du temps de Marx et n'a donc rien d'une nouveauté.

Quant aux salariés d'aujourd'hui qui ont des actions dans leur entreprise, pour l'immense majorité, c'est néanmoins leur salaire qui les fait vivre, et non leurs trois francs six sous placés en actions.

« Les salariés eux-mêmes sont divisés en groupes de plus en plus nuancés ». La grande révolution que voilà en effet ! Que monsieur Attali se donne la peine de relire *Germinal* : il y trouvera une classe ouvrière divisée en porions, haveurs, piocheurs, pelleteurs, galibots, trieuses et laveuses de charbon sur le carreau de la mine, mécaniciens et techniciens de toutes sortes, tous payés à des tarifs différents, avec des rivalités soigneusement entretenues par les patrons. C'est précisément le but du marxisme que de faire prendre conscience à ces travailleurs de leur appartenance à une même classe par-delà leurs intérêts catégoriels, comme par-delà leur nationalité. Et ce n'était pas plus facile du temps de Zola qu'aujourd'hui !

La notion de classe pour les nuls

La bourgeoisie, du reste, est tout aussi divisée « en groupes de plus en plus nuancés » que la classe ouvrière. Entre l'épicier du coin et le milliardaire, entre l'avocat d'affaires et le garagiste, entre le paysan céréalier de la Beauce et le PDG d'une multinationale de l'agroalimentaire, les « nuances » ne sont pas moindre qu'entre le manœuvre et l'ouvrier qualifié ou entre l'aide-soignante et l'infirmière. Ce qui n'empêche pas la bourgeoisie d'être la bourgeoisie ni la classe ouvrière d'être la classe ouvrière. Le tout est de savoir ce qu'on met derrière les mots.

La notion de classe est une abstraction. Autrement dit, une simplification de la réalité. Dans la réalité, la société est constituée de millions d'individus, tous uniques, tous différents. Cela aussi, Marx le savait parfaitement, de même que les historiens bourgeois qui, avant lui, ont dégagé le concept de classe sociale.

Faire d'une classe sociale une simple collection d'éléments quasiment identiques et interchangeables est une vision typiquement stalinienne, dans la plus pure tradition du « réalisme socialiste » des années 1930. Cette notion-là de « classe » a une bonne raison d'être dépassée aujourd'hui : c'est qu'elle n'a jamais existé. Pas chez les marxistes dignes de ce nom en tout cas.

Il n'y a pas de « déterminisme » mécanique non plus dans la théorie marxiste. Nous sommes tous conditionnés par la société dans laquelle nous avons grandi, c'est une banalité de le dire. Manipulés même, bien souvent – jusque dans le vocabulaire que nous utilisons et par le biais duquel, à notre insu, la société nous transmet ses valeurs et ses préjugés. Mais chaque individu n'en conserve pas moins son libre arbitre. S'il n'en était pas ainsi, d'ailleurs, le changement serait tout simplement impossible et le marxisme n'aurait aucune raison d'être.

En tant qu'individus, le bourgeois et le prolétaire ne sont pas, n'ont jamais été en « opposition absolue ». Ils sont formés des mêmes atomes, des mêmes cellules, vivent sur la même petite planète et descendent des mêmes australopithèques. Ce qui n'empêche nullement la bourgeoisie et le prolétariat d'être en opposition absolue *en tant que classes sociales* – à condition toutefois de comprendre ce que recouvre ce concept effectivement « simplificateur » et « réducteur » (mais ni plus, ni moins simplificateur et réducteur que bien d'autres concepts).

Chez Marx et Engels, la notion de classe n'avait rien d'un fétiche. Ils savaient bien que tous les problèmes de la vie ne se posent pas en termes de classes. Seulement les grandes questions de l'histoire et de la société – mais ces questions-là, en revanche, ils se refusaient à les poser autrement.

Dire que le marxisme est dépassé, ça va finir par être dépassé

Ce qui est « dépassé » chez Marx s'avère être principalement tout ce qui a été compris de travers ; tout ce qui a été appris comme une formule toute faite sans réfléchir à son contenu. Mais décréter que le marxisme est dépassé n'est le plus souvent que substituer une formule stéréotypée d'aujourd'hui à des formules stéréotypées d'hier.

Car enfin, peut-on nous dire ce qui a changé depuis l'époque de Marx ? Bien des choses sans doute ; mais essentiellement ceci que le mode de production capitaliste, qui ne concernait alors qu'une poignée de pays, s'est depuis étendu à l'ensemble de la planète ; qu'il s'est emparé de toute l'activité économique, ou peu s'en faut ; et que parallèlement la classe ouvrière s'est partout développée, au point que même dans les pays du Tiers Monde elle est aujourd'hui plus nombreuse proportionnellement à ce qu'elle était en France au milieu du XIX° siècle, ou en Russie en 1917.

Bien sûr, la classe ouvrière n'a pas seulement grandi. Elle a aussi connu de profondes transformations. Dans les pays les plus développés, les emplois tertiaires sont devenus prépondérants par rapport aux emplois industriels. La classe ouvrière, aujourd'hui, ce ne sont plus seulement les ouvriers d'usine, ce sont aussi les employés de bureau, les techniciens, les agents des transports, le personnel hospitalier, la majeure partie des enseignants. Même des catégories plus favorisées comme les ingénieurs (ou la plupart d'entre eux en tout cas) ne sont plus aujourd'hui que des prolétaires un peu moins mal lotis que les autres. Qu'ils en aient conscience ou non est un autre problème.

Bien sûr aussi, on ne peut pas être marxiste aujourd'hui exactement comme on l'était en 1917. La révolution à l'heure d'Internet et du téléphone portable ne ressemblera pas en tous points à la prise du Palais d'Hiver par les bolcheviks – on est bien d'accord. D'ailleurs, ce chapitre a été écrit à l'aide d'un ordinateur et non d'un porte-plume.

Cela dit, le marxisme est aussi peu dépassé aujourd'hui qu'il n'était prématuré lorsque Marx et Engels ont publié le *Manifeste communiste*. En 1848, le capitalisme était loin d'avoir épuisé toutes ses potentialités révolutionnaires. Il représentait le progrès par rapport à la vieille société monarchique qui prédominait encore dans presque toute l'Europe. Il avait devant lui des décennies d'expansion et d'essor économique, dont même les ouvriers ont pu quelque peu bénéficier.

Aujourd'hui, le capitalisme est au bout du rouleau. Son caractère parasitaire s'aggrave chaque jour un peu plus, l'économie réelle étant complètement sous la domination des marchés spéculatifs. Partout, les profits ne sont maintenus qu'en s'en prenant au pouvoir d'achat des classes populaires. 1,2 milliard d'habitants de la planète survivent actuellement avec moins d'un dollar par jour, et 2,8 milliards avec moins de deux dollars par jour. Dans les pays riches eux-mêmes, des millions de gens font les poubelles ou vont manger à la soupe populaire. Et cette société n'a aucun avenir à offrir aux jeunes, auxquels tout le monde répète qu'ils doivent se préparer à vivre moins bien leurs parents.

Les têtes pensantes de la bourgeoisie, comme Joseph Stieglitz, avouent elles-mêmes leur pessimisme.

Alors, peut-on encore être marxiste en 2009 ?

À cette excellente question, je ferai une réponse de Normand.

En 2009, peut-être pas. Mais en 2010, ça se pourrait bien.

Sommaire

DEUXIÈME PARTIE

TROISIÈME PARTIE

Sommaire du tome II

Aujourd'hui c'est un petit joint qu'il te faut,

demain tu finiras toute la bouteille

Le protocole de Péta-aux-Schnocks

Quelle planète allons-nous laisser à nos enfants ?

Marché et Organisations
Cahiers d'Economie et de Gestion de la Côte d'Opale
(MOCEGCO)

L'Harmattan

Cahiers d'économie et de gestion thématiques dont le but est de promouvoir la recherche originale sur les relations de plus en plus étroites qui se tissent entre le marché et les organisations. Les acteurs économiques de taille, de puissance et de pouvoir différents dont les intérêts peuvent être convergents, complémentaires ou, le plus souvent, antagoniques, ont tendance à organiser les marchés. La raison du marché, pourtant, est la référence stratégique pour l'entreprise ainsi que pour les institutions publiques de décision économique.

Direction : Sophie Boutillier (économie), Gérard Dokou (gestion), Blandine Laperche (économie), Dimitri Uzunidis (économie, directeur de publication), Eric Vernier (gestion)

Numéros parus :

N°1 : Artisanat. La modernité réinventée, 2006

N°2 : La petite entreprise, elle a tout d'une grande. De l'accompagnement aux choix stratégiques, 2006

N°3 : Tourisme et Innovation. La force créative des loisirs, 2007

N°4 : Le travail. Formes récentes et nouvelles questions, 2007

N°5 : Les universités et l'innovation. L'enseignement et la recherche dans l'économie des connaissances, 2007

N°6 : Entrepreneuriat et accompagnement. Outils, actions et paradigmes nouveaux, 2008

N°7 : Développement durable des territoires. Economie sociale, environnement et innovations, 2008

N°8 : Développement durable et responsabilité sociale des acteurs, 2009

N°9 : Gouvernance : exercices de pouvoir, 2009

N°10 : Le travail collaboratif. Une innovation générique, 2009

http://riifr.univ-littoral.fr/?page_id=40

contact : Dimitri Uzunidis, uzunidis@univ-littoral.fr

Collection « L'esprit économique »

fondée par Sophie Boutillier et Dimitri Uzunidis en 1996
dirigée par Sophie Boutillier, Blandine Laperche, Dimitri Uzunidis

Dernières parutions

► ***Série Economie et Innovation***
C. MERLIN, *Les services publics en mutation. La Poste innove*, 2006.
L. DOLIQUE, *Risques globaux et développement durable. Fausses pistes et vraies solutions*, 2007.
C. ROCHET, *L'innovation, une affaire d'Etat. Gagnants et perdants de la troisième révolution industrielle*, 2007.
T. POUPARD, *Service attitude. Pour que les commerçants prennent du plaisir dans la vente et les clients dans l'achat*, 2007.
S. BOUTILLIER, D. UZUNIDIS (dir.), *La gouvernance de l'innovation. Marché et Organisations*, 2007.
C. GALLOUJ, *Les agences privées de l'emploi. Conseil, intérim et outplacement*, 2007.
D. LANGLET., *L'industrie dans la tourmente de la finance*, 2008.
C. FAURIE., *Conduire le changement. Transformer les organisations sans bouleverser les hommes*, 2008.
M. ROCCA, *Le management de la performance du travail. Bonheur des règles et tyrannie des valeurs*, 2009.
L. ROJAS, *l'industrie stéphanoise : de l'espionnage industriel à la veille technologique 1700-1950*, 2009.
► ***Série Le Monde en Questions***
H. KRIFA-SCHNEIDER (éd.), *L'Élargissement de l'Union Européenne. Quels enjeux et défis majeurs ?*, 2007.
P. BAUCHET, *Régulation et mondialisation. Le modèle américain revu par l'Europe*, 2007.
J. MACHROUH, *Justice et développement selon l'Organisation Mondiale du Commerce*, 2008.
S. MADAULE, *L'aide publique au développement. L'abécédaire de la réforme*, 2008.
D. K. NGUYEN, *Libéralisation financière et marchés émergents*, 2008.
M. RICHEVAUX, D. C. TOP, *La protection des droits des travailleurs dans l'Union Européenne*, 2008.
O. GARANINA, *La Russie dans l'économie mondiale*, 2009.
► ***Série Krisis***
P. D. GROSJEAN, *L'engagement pour les travailleurs. De l'aporie du salariat vers l'investariat*, 2007.
D. SAINT-GEORGES, *Le libéralisme est une chose morale*, 2008.
J.-L. CRAVERO, *Développement et prospérité des nations. Pour un nouveau paradigme en économie*, 2008.
GAUCHER R., *Bonheur et économie. Le capitalisme est-il soluble dans la recherche du bonheur ?*, 2009.
C. MIQUEL, *L'apocalypse de 2030. Récit d'une crise annoncée et de ses conséquences*, 2009.
E. DUSSEL, *La production théorique de Marx. Un commentaire des Grundrisse*, 2009
► **Série *Clichés***
L. ROJAS, *Histoire de révolution technologique. De l'exploitation artisanale à la grande industrie houillère de la Loire*, 2008.
S. BOUTILLIER, D. UZUNIDIS (dir.), *La Russie européenne. Du passé composé au futur antérieur*, 2008.
R. VOLPI, *La négociation. Pain, paix, liberté*, 2009.
► ***Série Cours Principaux***
S. CHARLES, *Macroéconomie hétérodoxe. De Kaldor à Minsky*, 2006.
M. RICHEVAUX, D. TOP, *Les grands principes du droit communautaire de travail*, 2007.
C. FAURIE, *Méthodologies de conduite du changement en entreprise*, 2007.
B. TONGLET, *Histoire économique (500-2007). Critique de la méthode*, 2007.
J. RIBOUD, *La monnaie réelle*, 2008.
E. KERMARREC, *Problèmes économiques contemporains. Grands thèmes*, 2008.

L'HARMATTAN, ITALIA
Via Degli Artisti 15 ; 10124 Torino

L'HARMATTAN HONGRIE
Könyvesbolt ; Kossuth L. u. 14-16
1053 Budapest

L'HARMATTAN BURKINA FASO
Rue 15.167 Route du Pô Patte d'oie
12 BP 226
Ouagadougou 12
(00226) 76 59 79 86

ESPACE L'HARMATTAN KINSHASA
Faculté des Sciences Sociales,
Politiques et Administratives
BP243, KIN XI ; Université de Kinshasa

L'HARMATTAN GUINÉE
Almamya Rue KA 028
En face du restaurant le cèdre
OKB agonoy BP 3470 Conakry
(00224) 60 20 85 08
harmattanguinee@yahoo.fr

L'HARMATTAN CÔTE D'IVOIRE
M. Etien N'dah Ahmon
Résidence Karl / cité des arts
Abidjan-Cocody 03 BP 1588 Abidjan 03
(00225) 05 77 87 31

L'HARMATTAN MAURITANIE
Espace El Kettab du livre francophone
N° 472 avenue Palais des Congrès
BP 316 Nouakchott
(00222) 63 25 980

L'HARMATTAN CAMEROUN
Immeuble Olympia face à la Camair
BP 11486 Yaoundé
(237) 458.67.00/976.61.66
harmattancam@yahoo.fr

570068 - Juin 2014
Achevé d'imprimer par

1livre.com
du rêve à la réalité !

www.ingramcontent.com/pod-product-compliance
Lightning Source LLC
LaVergne TN
LVHW010950061026
849535LV00006B/1653
* 9 7 8 2 2 9 6 1 0 6 9 6 3 *